역사학자가 쓴

인수대비

Grand Queen Insu written by historian

역사학자가 쓴

인수대비

조선 왕실 최고 여성 지식인의 야망과 애환

한희숙

솔과학

Contents
차례

한 여성의 치열한 삶을 통해
조선전기 왕실의 역사와 인생을 얘기하다

세월은 빨라 벌써 강산이 세 번 바뀌고도 몇 년이 더 흐른 20대 초반의 일이다. 생일을 맞은 선배언니에게 책 선물을 할까 하고 서점을 서성이다 한 권의 책을 발견했다. 내용을 살펴보니 20세기 말이라는 시점에 맞지 않게 유교적이고 무겁다고 생각했지만 여성의 생활에 유익한 말이 많았다. 특히 결혼한 여성에게는 복잡한 가족·친족 관계 속에서 원만한 삶을 살아가는 데 유익한 지혜를 제공해줄 고전이라는 생각이 들었다. 나는 필요한 다른 책들과 함께 그 책을 구입했고, 제일 앞장 빈 공간에 생일을 축하한다는 글귀까지 써넣었다.

그런데 그 책은 아직까지 주인에게 전해지지 못하고 내 책장에 꽂혀 있다. 그 책은 바로 인수대비(소혜왕후)가 쓴

『내훈』으로, 한문 원본과 그 번역을 함께 실어놓은 것이었다. 역사 공부를 막 시작한 터라 내심 그 책에 대한 호기심이 컸던 모양이다. 조금만 먼저 읽어보고 주려던 욕심에 선배언니에게는 결국 다른 책을 선물했고, 그 책은 나의 소유가 되었다. 인수대비와는 그렇게 우연히 만났다.

그 후 나는 신분이니 저항이니 하는 사회사에 더 관심을 두느라 이 책이 내 책장에 꽂혀 있다는 사실마저 잊어버렸고, 책을 찾다가 눈에 띄어도 그다지 주목하지 않았다. 그러다가 여성사에 점점 관심을 가지게 되면서 이 책을 다시 보게 되었고, 이것을 쓴 인수대비에 대해서도 좀 더 살펴보고 싶었다.

여성에게 문자 교육이 제대로 이루어지지 않았던 조선시대에 여성이 여성을 위해 책을 썼다는 것이 무엇보다 흥미로웠다. 이 책이 바로 우리나라 여성이 쓴 최초의 책이라는 점도 매우 놀라웠다. 인수대비는 어떤 삶을 살았으며, 왜 이 책을 썼을까? 이러한 의문에서 오래 전에 썼던 논문이 「소혜왕후의 생애와 『내훈』」(2005)이라는 글이다. 그런데 지금 보니 내용이 소략하고 그때는 생각지 못했던 부분도 많이 생겼다.

이후 왕실 여성들의 삶과 지위에 대해 관심이 발동하면서 폐비 윤씨의 처지를 살펴보게 되었다. 공교롭게도 폐비 윤씨는 인수대비와 떼려야 뗄 수 없는 악연이 된 그녀의 며느리였다. 폐비 윤씨는 왜 폐비가 되고 죽임까지 당하게 되었을까? 왜 폐비의 죽임문제를 두 여성의 고부갈등으로만 보려는 시각이 강할까? 다른 면은 없을까? 무엇이 가장 큰 원인이었을까? 두 왕실 여성에 대한 이해는 서로 미묘한 상반된 입장을 나타내고 있었지만, 결코 투기나 고부갈등의 문제만이 아니라는 것을 알 수 있었다. 이때 쓴 논문이 「조선 초기 성종비 윤씨 폐비·폐출 논의 과정」(2006) 「조선 성종대 폐비 윤씨 사사사건(賜死事件)」(2007) 「연산군대 폐비윤씨 추봉존숭(追封尊崇) 과정과 갑자사화」(2008) 등이다. 이 글들에서도 인수대비는 큰 비중을 차지하고 있었다.

이후 인수대비는 어떤 가문의 출신이며, 가족 관계는 어떻게 되었을까 하는 궁금증의 일환으로 그녀의 아버지 한확의 생애를 살펴보았다. 한확은 두 명의 누이를 명나라에 공녀로 보낸 뒤 누이들이 명 황제의 후궁이 되자 황제의 친척으로서 명 황제의 총애를 받으며 명나라에서 관직을 지냈다. 또한 조선으로 돌아와 관직생활을 하면서 명과 조선을 잇는 외교관 역할을 했고, 세종대에서 세조대까지 걸쳐 조선 왕실에 매우 큰 영향을 끼친 인물이다. 그의 일생을 살펴본 논문이 「조선 초기 한확의 생애와 정치활동」(2012)이다.

이러한 연구 중심에는 인수대비가 있었다. 그녀는 성종대를 전후한 조선 초기 정치사를 이해하고, 왕실 여성들의 삶과 권력관계를 이해하는 데 매우 중요한 위치에 있었다.

그리고 또 많은 시간이 흘렀다. 그 사이 드라마나 소설 등을 통해 인수대비에 대한 대중의 관심이 높아졌는지 여러 차례 특강도 하게 되었다. 논문이나 특강내용이 여기저기 블로그에 올라있거나, 무단으로 인용되기도 했다. 인수대비의 생애에 대해 책으로 내보면 어떻겠느냐는 주변의 권유도 있었다. 이참에 인수대비의 삶을 정리해보는 것도 좋겠다는 생각이 들었다. 인수대비의 생애를 최대한 복원해가는 과정은 당시 왕실의 역사를 살펴보는 과정이기 때문이다.

하지만 이미 수백 년 전에 죽은 인물에 대한 자료들을 모아 복원하는 것이 과연 얼마나 의미 있는 일이며, 진실에 가까울 수 있을까 하는 의구심도 들었다. 그럴수록 기록들을 좀 더 면밀히 검토하여 객관적으로 그녀에게 다가가려고 노력할 수밖에 없었다.

책을 쓰는 과정에서 얻은 또 하나의 글이 「조선 초 명선덕제 후궁 공신부인 한씨가 조선에 끼친 영향」(2017)이다. 인수대비의 고모로 명나라에 공녀로 가서 황제의 후궁이 된 공신부인은 친정인 청주 한씨 가문뿐만 아니라 조선 왕실에 매우 큰 영향을 끼쳤다.

인수대비는 21살에 어린 3남매의 어머니이자 청상과부가 되는 매우 고통스러운 운명적 순간에도 좌절하거나 체념하지 않고 왕실의 맏며느리로서의 임무를 충실히 수행했다. 자신의 어린 아들을 성군으로 만들고 그의 왕권을 강화하기 위해 최선을 다했으며, 옥 같은 며느리를 얻기 위해 『내훈』을 썼고, 왕실 여성들의 부덕과 기강을 강화하기 위해 며느리 폐비 윤씨의 죽임에 깊이 관여했다. 또 국가의 억불정책에도 불구하고 왕실의 안녕을 위해 불교를 숭상했다. 그리하여 언관들로부터 '임금이 부인의 말을 쓰면 닭이 요물을 낳는다'는 비난까지 받았다. 하지만 이 책을 쓰면서 그녀의 야망과 삶은 결과적으로 조선 왕실을 지켜내고 15세기 조선왕조의 발전을 뒷받침한 역사적 의미가 있음을 알 수 있었다.

고백컨대, 그 동안 인수대비에 대해 잘 안다고 생각해 왔던 것은 오만이었다. 인수대비와 작별하고 원고를 탈고해야 하는 이 시점에도 아직 그녀에 대해 모르는 점이 더 많다는 것이 솔직한 심정이다. 현재 그녀에 대한 평가가 『내훈』을 쓴 조선 최고의 여성 지식인', 혹은 '며느리를 죽인 악독한 시어머니' 라는 매우 상반된 면을 보이고 있지만 글을 써갈수록 인수대비는 점점 더 팔색조같이 여러 개의 낯선 얼굴로 다가왔다. 68년에 걸친 그녀의 긴 인생은 매우 다양한 여러 면모를 갖고 있기 때문이다.

인수대비와 교감을 나누고 그녀의 생각과 처지를 이해할 더 많은 시간이 필요했는지도 모르겠다. 그녀의 얘기를 더 많이 들어주었어야 했는데, 오히려 나의 일방적인 생각만

늘어놓은 건 아닐까 싶기도 하다

그러나 인수대비가 살았던 15세기의 역사를 살펴보면서 21세기의 오늘을 볼 수 있었고, 그녀의 인생을 들여다보면서 옛 왕실 여성이 지닌 삶의 애환과 오늘날 여성의 권리와 지위를 비교해볼 수도 있었다. 인간의 삶엔 보편성과 특수성이 있고, 역사는 오늘을 비추는 거울이자 방향키이기 때문이다.

그동안 부족한 원고나마 쓸 수 있도록 독려하고 기다려주신 솔과학의 김재광 대표님에게 깊이 감사드린다. 대표님의 독려가 없었다면 이러저러한 핑계를 대며 아직도 미완의 원고는 컴퓨터 속에서 잠자고 있을 것이고, 나는 눈앞에 닥친 일들로 허우적거리며 지내고 있을 것이다. 그리고 이 부족한 책을 종손과 종부로서 딸만 다섯 키우시느라 맘고생 많으셨던 돌아가신 부모님 영전에 바친다. 또 늘 옆에서 격려를 아끼지 않는 남편 백병주 교수에게도 고마움을 전하며, 여러 차례에 걸친 원고수정 때문에 너무 많은 고생을 하면서도 오직 예쁜 책이 나올 수 있도록 편집에 힘써 주신 이수정 디자이너에게도 깊이 감사드린다.

2017년 늦여름
배롱나무 붉게 꽃핀 산촌서실에서

여는 글

왜 인수대비인가?

우리에게 인수대비는 여러 편의 드라마와 영화, 소설 등을 통해 며느리 폐비 윤씨를 죽인 매우 냉혹하고도 엄격한 시어머니로 이미지화되어 있다. 이 이미지는 올바르며, 그녀를 대표하는 것일까? 그녀는 왜 후세인들에게 이런 이미지를 남겼을까? 과연 그녀는 어떤 여성이었을까? 그녀의 삶은 조선 왕실의 역사에 어떤 의미를 남겼으며, 21세기를 사는 우리에게 어떤 의미가 있을까? 이는 조선 왕실의 역사와 인수대비에게 관심이 있는 사람들이라면 한번쯤 생각해보았을 물음들이다. 그 답을 찾기 위해서는 일단 인수대비의 삶 전체를 살펴볼 필요가 있다.

조선의 제9대 왕 성종의 어머니인 인수대비는 세종 19년(1437) 9월에 좌의정을 지낸 청주 한씨 서원부원군(西源府院君) 한확(韓確: 1403~56)의 3남 6녀 중 여섯째 딸로 출생했다. 세종

19년은 아버지 한확이 둘째 딸을 세종의 서자인 계양군(桂陽君) 이증(李璔)에게 시집보내 세종과 사돈이 된 해였다. 또한 세종이 집권하던 때로 조선왕조 건국 후 어느 정도 정치적인 안정이 이루어지고 문화가 발달하여 성리학적인 유교사상이 양반층을 중심으로 발전해가던 시기였다. 그리고 이전에 다소 껄끄러웠던 명나라와의 외교적인 관계도 어느 정도 안정적인 단계에 접어든 평화로운 시기였다. 그녀의 집안으로서도 명 황실과 사돈관계를 맺고 최고의 지위와 부를 누리던 전성기였다.

인수대비는 집안의 위세가 가장 절정에 이른 때에 태어났다. 그녀는 세종을 비롯한 조선 왕실과 밀접한 혼인관계를 맺은 청주 한씨 가문에서 태어나 유교적인 교육을 받으면서 어려서부터 정치적 영향력과 권력의 힘을 경험하면서 성장했다. 특히 두 고모가 명나라 황제의 후궁이 되었고, 아버지가 명나라와 조선에서 벼슬을 지내기도 했던 매우 특이하고도 지위가 높은 가문 출신이다. 요즘 유행어로 금수저 중에서도 금수저 출신이다.

인수대비는 내외법과 남녀유별 사상이 점차 심화됨에 따라 여성에게 사회적 정치적 활동이 금지되고, 오직 딸과 아내와 어머니로서의 삼종지도(三從之道)만이 요구되던 조선시대에 제한적이나마 왕의 어머니로서 자신의 뜻과 주장을 피면서 정치와 여성교육에 큰 영향을 끼쳤던 여성이었다. 당시로서는 장수하여 68년이란 긴 삶을 누리며 실로 파란만장한 생애를 살다간 왕실 여성이자, 조선시대 최고의 여성 지식인이었다.

왕가의 맏며느리로 들어가 혼인하자마자 시아버지 수양대군이 계유정난을 일으키고, 단종을 몰아내고 왕위에 오르는 것을 몸소 지켜보았다. 그러나 결혼한 지 4년, 세자빈이 된 지 불과 2년 3개월 만에 남편이 죽음으로 인해 그 자리를 내놓아야 했다. 그때 그녀는 세 아이의 어머니이자 21살의 청상과부였다. 그러나 어린 둘째 아들을 왕으로 만들면서 33세에 다시 궁으로 들어가 성종대와 연산군대에 걸쳐 35년 동안 대비로 살면서 우리나라 여성 최초로 『내훈』이라는 여성 교훈서를 저술했다. 그리고 아들의 왕권 강화에 걸림돌이 되었던 며느리 윤씨를 폐비시키고 죽이는 데 적극 동조했다. 그리고 불교를 신봉하여 왕실의 안녕과 가족들의 장수와 죽은 이에 대한 명복을 빌며, 불경간행과 사찰 중수 등 불교를 수호하기도 했다.

그러는 동안 오직 그녀가 가장 바랐던 것은 성종의 왕권강화와 태평성대를 이루는 것이었다.

그런데 조선 후기 이긍익이 쓴 『연려실기술』 제6권 「성종조 고사본말(故事本末), 윤씨의 폐사(廢死)」 기록에는 인수대비에 대해 다음과 같이 이야기하고 있다.

• 처음에 윤비가 원자를 낳아 임금의 사랑이 두터워지자 교

만하고 방자하여 여러 후궁들【양가(良家)의 엄씨와 정씨】을
투기하고 임금에게도 공손하지 못했다. 어느 날 임금의 얼
굴에 손톱자국이 났으므로 인수대비(소혜왕후)가 크게 노하
여 임금의 노여움을 돋우어 외정(外廷)에서 대신에게 보이
니 윤필상 등은 임금의 뜻을 받들어 의견을 아뢰어 윤비를
폐하여 사제로 내치도록 했다.『기묘록』

- 윤씨는 폐위되자 밤낮으로 울어 끝내는 피눈물을 흘렸는
  데 궁중에서는 훼방하고 중상함이 날로 더했다. 임금이 내
  시를 보내어 염탐하게 했더니, 인수대비가 그 내시를 시켜,
  "윤씨가 머리 빗고 낯 씻어 예쁘게 단장하고서 자기의 잘
  못을 뉘우치는 뜻이 없다."고 대답하게 했다. 임금은 드디
  어 그 참소를 믿고 죄를 더 주었던 것이다.『기묘록』

　　이 기록은 김육(金堉 : 1580~1658)이 쓴『기묘록』에 실린
것을 이긍익이 인용한 것이다. 그런데 이 기록은 인수대비의
이미지를 만드는 데 가장 큰 공헌을 한 1등공신이다. 인수대
비를 다룬 영화나 드라마·소설들은 한결같이 이 기록을 매
우 흥미롭게 다루며 빠트리지 않고 재현하기 때문이다. 이 두
내용에 따르면 성종의 어머니인 인수대비가 성종의 노여움을
돋우어 며느리 윤씨를 쫓아내게 했다. 더욱이 인수대비가 내
시로 하여금 거짓 보고를 하도록 시켜서 성종이 윤씨를 더 미

워하고 지를 더하여 죽이게 했다. 싱퓽은 윤씨를 폐비시키거나 죽일 의사가 별로 없었는데 인수대비가 후궁들의 참소를 믿고 윤씨를 쫓아내고 죽이게 했으며, 인수대비는 매우 다혈질적이고 후궁들의 참소만을 믿고 감정적으로 행동하는 여성 같이 그려져 있다. 왜 이런 이미지가 만들어졌을까.

이러한 이미지를 만든 일차적인 원인은 연산군에게 있다. 연산군은 생모 죽음에 대한 복수극을 벌인 갑자사화 과정에서 생모 폐비 윤씨의 죽음을 후궁들의 '참소' 때문이라 보았다. 성종을 사이에 두고 폐비 윤씨를 시기한 후궁들이 일러바치는 참소를 믿고 인수대비가 윤씨를 미워한 나머지 사약을 내리게 한 것이라 생각했다. 연산군에 의해 후궁들의 참소와 인수대비의 잘못된 판단은 기정사실처럼 되었고, 이후 많은 기록들에서 인수대비는 독한 시어머니로 그려지게 된 것이다.

그런데 『연려실기술』에 발췌된 『기묘록』은 임진왜란과 병자호란이 발발했던 조선 초유의 국난 시기를 살았던 김육이 충청도 관찰사로 있으면서 대동법과 균역법의 시행을 건의하는 상소를 올렸던 인조 16년(1638)에 간행되었다. 일명 『기묘제현전(己卯諸賢傳)』이라고도 한다. 이 책은 폐비 윤씨가 죽임을 당한 사사(賜死)사건이 있은 지 무려 150년이 지난 뒤에 쓰인 것이다. 깊은 궁중 속에서 이루어진 일로 당대의 대신들도 잘 알지 못해서 성종에게 해명해 달라고 요구하던 일을 150년이 지난 뒤에 얼마나 정확하게 기록할 수 있었을까? 김육은 고증에 앞서 전해 오는 이야기를 자신의 책에 기록했다. 여성에 대한 차별이 심화되고 특히 여성의 정치적 활동이 더 금기시 되던 17세기에 성종의 잘못보다는 인수대비의 오판을 강조함으로써 지극히 사적인 왕실 여성들의 참소와 고부갈등에서 빚어진 사건으로 이해했다. 게다가 18세기 후반에 이긍익이 다시『연려실기술』에 재수록하면서 인수대비는 조선 왕실 여성 가운데 가장 못된 대비라는 부정적인 이미지로 부각되었다.

　　그러나 이러한 이미지만으로 인수대비를 이해하는 것은 큰 오류이다. 인수대비는 여러 얼굴을 가진 여성이다. 그녀는 조선 왕조 최초의, 그리고 최고의 여성 지식인이었다. 조선시대 그 어느 여성보다 똑똑하고 강한 도덕성을 지닌 왕의 어머니로 학식과 정치적 감각을 두루 갖추었다. 그녀는 왕실 여성들뿐만 아니라 사대부 여성들을 위한 교육서조차 제대로 없던 조선시대에『내훈』이라는 훈육서를 만들어 우리나라 최초의 여성 저술가가 되었다.『내훈』은 조선시대 여성상을 정립하는데 지대한 공헌을 했고, 내명부를 비롯한 양반여성들을 훈육하는 기본 윤리서 역할을 했다. 인수대비는 우리나라 최초의 여성 저술가로 당대 매우 뛰어난 여성 유학자이자, 최고의 지적 수준을 대변하는 왕실 여성이었다.

인수대비는 조선이 성리학을 추구한 유교국가임에
도 왕실의 안녕과 가족의 명복을 빌기 위해, 또 국가의 태평성
대를 위해 불교 신앙에 심취하여 숭불정책을 주장한 여성이
었다. 성종대에 이르면 성리학이 심화되어 가면서 불교에 대
한 억압은 더욱 심해졌다. 조선은 건국 후 100년 정도의 시간
이 흐르면서 성리학적인 유교사회로 발전되어 갔다. 그 과정
에서도 인수대비는 사찰중수, 불경간행 등 불사에 대한 지속
적인 관심과 기여를 행하고, 승려가 되는 것을 금지하는 도첩
제 실시를 반대했다. 결과적으로 왕실불교뿐만 아니라 조선
의 불교문화를 유지시키는 데 큰 공헌을 했다.

또한 인수대비는 대명관계에서 조선 왕실이 어려움에
처할 때마다 명 황제의 후궁인 고모 공신부인을 통해 이를 해
결하기 위해 노력한 보이지 않는 외교가였다. 남편 덕종의 추
증이나 며느리 윤씨 폐비 사사사건, 성종의 계비 정현왕후의
책봉, 연산군의 세자 책봉 등 어려움이 있을 때마다 공신부인
의 힘을 빌려 명나라 황제의 책봉을 얻어냈다. 이것은 왕권의
안정과 직결된 문제들이었다.

그리고 손자 연산군이 왕위에 오른 후 생모의 비사를
알고 폐행을 일삼자 이를 걱정하며 저지시키려고 노력한 왕
실의 최고 어른이었다.

왕실은 공적인 존재이지만 지극히 사적인 존재이기도 했다. 인수대비의 행위에는 공적인 측면과 사적인 측면이 아울러 공존하고 있었다. 지위의 변화에 따라 그녀의 역할과 영향력도 달라졌다. 특히 대비로 있으면서 그녀가 성종의 통치에 끼친 영향력은 매우 컸다. 성종의 정치에 간여하여 유신들로부터 '대비가 정사에 간여하여 요물인 세 발 달린 닭이 나타났다', '암탉이 울면 집안이 망한다.'는 비판을 듣기도 했지만 인수대비가 없었다면 성종도 성종의 치세도 없었을 것이다. 인수대비는 강인하고도 강직한 왕의 어머니였다.

지금까지 인수대비는 많은 작품에 등장하여 사람들의 입에 많이 오르내렸다. 드라마나 영화도 여러 편 만들어졌고, 소설도 여러 책 간행되었다. 그런데 대부분 흥미를 돋우기 위해 특정 부분만을 과장해 왔다. 특히 아들을 왕으로 만들기 위해 오로지 권력에만 집착하는 어머니이자 후궁들의 참소만 믿고 며느리 폐비 윤씨를 죽음으로 몰고 간 매우 독한 시어머니로 그리거나, 마치 당시 정치가 모두 인수대비의 손아귀에서 움직이는 것같이 묘사하기도 한다. 그러나 이것은 분명 잘못이다. 당시 역사적 상황에 대한 깊은 이해 없이 개인을 특정 이미지로 정형화시키거나 무엇이든 마음대로 할 수 있는 권력의 화신같이 묘사하는 것은 지양해야 한다. 역사왜곡과 특정 인물에 대한 그릇된 통념을 강화할 수 있기 때문이다.

한편 학계에서도 그동안 인수대비(소혜왕후)에 대한 연구가 비교적 많이 이루어져 왔다.[1] 주로 『내훈』을 중심으로 그의 지적 활동에 집중되어 있거나, 불교 옹호와 관련된 연구, 생애와 관련된 연구, 그리고 글쓰기에 대한 연구들이 역사학과 여성학, 국문학 분야에서 두루 이루어졌다. 그러나 대부분 부분적으로 특정 주제 중심으로 강조되고 있어 아직 그녀의 전체적인 면모가 종합적으로 이루어지지 못했다.

따라서 이 책에서는 지금까지의 연구들에 힘입어 인

1 김지용, 1968, 「내훈에 비춰진 이조여성들의 생활상」, 『숙대아세아여성연구』 7.
    이상교, 1983, 「『내훈』과 『사소절』을 통해서 본 조선시대 여성교육 내용의 일연구」, 성균관대학교 대학원 석사학위논문.
    육완정, 1996, 「소혜왕후의 『내훈』이 강조하는 여성상」, 『이화여대언문논집』 14.
    최연미, 2001, 「소혜왕후 한씨 『내훈』의 판본고」, 『서지학연구』 제22집.
    고은강, 2002, 「내훈연구-유학의 여성윤리」, 『태동고전연구』 18, 한림대 태동고전연구소.
    신동준, 2003, 『연산군을 위한 변명』, 지식산업사.
    이경하, 2004, 「소혜왕후의 불교옹호발언과 젠더권력관계」, 『한국여성학』 제20권 1호.
    한희숙, 2005, 「조선 초기 소혜왕후의 생애와 『내훈』」, 『한국사상과 문화』 27.
    이경하, 2006, 「15세기 최고의 여성 지식인, 인수대비」, 『한국고전여성문학연구』 12권
    김세서리아, 2009, 「조선 전기 가족 인식에 대한 여성철학적 성찰-소혜왕후의 『내훈』과 친불교적 발언을 중심으로」, 『한국여성철학』 제11권.
    기윤혜, 2011, 「조선전기 인수대비 간행 불서의 분석」, 경북대학교 문헌정보학 석사학위논문.
    김훈식, 2011, 「15세기 한 · 중 『내훈』의 여성윤리」, 『역사와 경계』 79.
    한희숙, 2013, 「소혜왕후, 최초의 여성 저술가」, 『도서관』 387, 국립중앙도서관.
    이숙인, 2014, 「소혜왕후: 최초의 여성 저술가」, 『내일을 여는 역사』 제56호.

수대비가 어떠한 여성이었는지를 다시 묻고자 한다. 그리고 여성의 사회활동과 정치활동이 금지된 당시에 오직 아들 성종의 왕권강화와 태평성대 조선을 만들기 위해 노심초사하며 왕가의 맏며느리로서, 어머니로서, 할머니로서, 여성의 생애주기를 모두 거치며 한 나라의 세자빈과 대비로써 살다간 그녀의 68년의 삶 속에 얽혀 있는 야망과 애환을 살펴보려 한다. 15세기 조선 왕실의 역사를 날줄로, 개인사를 씨줄로 하여 인수대비의 실체에 다가가 보고 싶다.

이를 위해 그동안 필자가 써온 관련 연구들에 바탕을 두되[2], 기존의 다양한 연구 성과를 많이 참고했다. 아울러 기록

2 한희숙, 2005, 「조선 초기 소혜왕후의 생애와 『내훈』」, 『한국사상과 문화』 27.
-----, 2005, 「조선 초기 성종비 윤씨 폐비·폐출 논의 과정」, 『한국인물사연구』 제4호.
-----, 2006, 「조선 성종대 폐비 윤씨 사사사건」, 『한국인물사연구』 6.
-----, 2007, 「조선 전기 봉보부인의 역할과 지위」, 『조선시대사학보』 43.
-----, 2008, 「연산군대 폐비윤씨 추봉존숭 과정과 갑자사화」, 『한국인물사연구』 제10호.
-----, 2009, 「조선전기 이세좌의 생애와 갑자사화」, 『조선시대사학보』 50.
-----, 2010, 「조선 태조·세종대 세자빈 폐출 사건의 의미: 현빈 유씨, 휘빈 김씨, 순빈 봉씨를 중심으로」, 『한국인물사연구』 14.
-----, 2012, 「조선 성종 8년 왕비의 친잠례 시행과 그 의미」, 『아시아여성연구』 제51권 1호.
-----, 2012, 「조선 초기 한확의 생애와 정치활동」, 『한국인물사연구』 18.
-----, 2013, 「소혜왕후, 최초의 여성 저술가」, 『도서관』 387, 국립중앙도서관.
-----, 2015, 「조선 초기 대군들의 이혼사례와 처의 지위」, 『여성과 역사』 22.
-----, 2017, 「조선 초 명 선덕제 후궁 공신부인 한씨가 조선에 끼친 영향」, 『여성과 역사』 26

에 나타난 인수대비의 행직을 죄내한 정리하여, 그녀의 삶을 복원해 보고자 했다. 이 작업은 조선 초기 왕실의 역사와 그 중심에 있었던 인수대비의 삶을 역사적으로 쫓아가는 일이다.

인수대비는 세종 19년에 태어나 문종 즉위년에 수양대군의 며느리로 왕가의 여성이 된 후 군부인, 세자빈, 대비의 삶을 살다가 연산군 10년에 세상을 뜰 때까지 단종, 세조, 예종, 성종, 연산군 등 여러 왕대를 거쳤다. 그녀를 부르는 이름 또한 살아서는 정빈(貞嬪), 수빈(粹嬪), 인수왕비, 인수왕대비, 인수대비, 덕종비로, 죽어서는 소혜왕후로 불리는 등 그 위상에 따라 매우 다양했다. 그러나 혼돈을 줄이기 위해 이 책에서는 가능한 한 세자빈 시절은 수빈 한씨로, 나머지 시기는 인수대비로 통일하여 서술하고자 한다.

이 책은 전문 학술 연구에 바탕을 두고 있지만, 되도록 많은 사람들이 쉽게 읽고 이해할 수 있도록 어려운 용어는 풀어서 서술하고자 했다. 가능한 한 딱딱한 학술적 표현을 줄이고, 대표적인 책이나 논문을 제외하고는 일일이 주석을 달지 않았으며, 『조선왕조실록』을 비롯한 원자료는 본문 속 괄호 안에 출전을 정리했다. 어려운 용어도 괄호 안에 보충설명을 했다. 나이는 우리식으로 썼다. 그래도 부족하고 미진한 감이 없지 않다. 독자 여러분의 많은 질정을 바란다.

1

당대 최고의 가문에서
태어나다

고려말 조선 초
거가대족(巨家大族) 청주 한씨

옛날 사람들이 모두 거족(巨族)을 귀히 여겼는데, 진(晉) 나라의 왕(王)·사(謝)와 당(唐)나라의 최(崔)와 노(盧)가 이것이다. 우리나라 거가대족은 모두 주(州)·군(郡)·토성(土姓)으로부터 나왔으나, 옛날에 번창하다가 지금 쇠잔한 것과 옛날에 한미하다가 지금 번창한 것을 아울러 기록하면 파평 윤씨·한양 조씨·이천 서씨·여흥 민씨·수원 최씨·양천 허씨...청주 한씨... 등이다.(『용재총화』 제10권)

인수대비는 세종 19년(1437)에 청주 한씨 서원부원군 양절공 한확의 3남 6녀 가운데 6녀로 태어났다. 청주 한씨는 성종대 관료인 성현이 지은 『용재총화』에 의하면 당대 대표적인 거가대족, 즉 손꼽히는 큰 가문이었다.

그런데 당대 최고의 지위를 자랑하던 가문인 청주 한씨는 고려시대에는 그렇게 큰 가문이 아니었다. 조선 건국 후 특히 인수대비의 아버지인 한확의 출세 이후 더욱 큰 거가대족이 되었다. 그렇다면 청주 한씨는 어떻게 거가대족이 되었을까. 이를 이해하기 위해 먼저 한확을 중심으로 한 조선 초기

청주 한씨 계보도를 보면 〈표1〉과 같다.[3]

〈표 1〉 조선 초기 청주 한씨 계보도

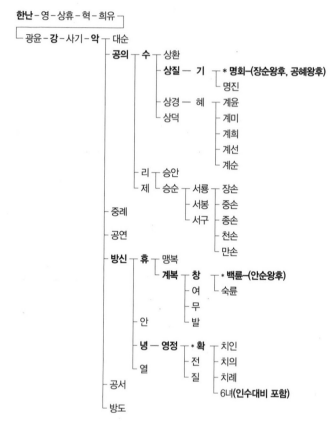

* 은 왕비의 아버지
청주 한씨 중앙종친회 : http://www.cheongjuhan.net/ 참고

---

3   한확의 가문에 대해서는 한희숙, 2012, 「조선 초기 한확의 생애와 정치활동」,
    『한국인물사연구』 18 참고.

청주 하씨 한화이 가게는 힌닌(韓蘭)을 시조로 한다. 한난은 신라 말 고려 초의 인물로 청주 방서동에 근거지를 두고 학교를 일으키는 한편, 네모난 우물과 무농정(務農亭)이라는 정자를 짓고 그 일대 황무지를 개간하여 큰 호족이 된 인물이라고 전해진다. 그는 고려 태조 11년(928)에 태조 왕건이 후백제 견훤을 정벌할 때 공을 세운 개국벽상공신(開國壁上功臣)으로 삼중대광태위(三重大匡太尉)라는 지위에 올랐다고도 한다.

그러나 청주 한씨는 고려 후기 충렬왕대까지는 크게 떨치지 못한 듯 충선왕 즉위년에 공포된 왕실과 혼인할 수 있는 자격을 부여 받은 이른바 재상지종(宰相之宗) 15가문에 들지 못했다. 이것은 고려시대에 청주 한씨의 위상이 그다지 높지 않았음을 의미한다.

그러다가 한난의 후손인 한강(韓康)이 고려 충렬왕 때 판삼사사를 역임하면서 가문의 기반을 다졌다. 그는 고종 때 과거에 급제하고 충렬왕 3년(1277)에 세자첨사부(世子詹事府)의 벼슬인 세자 조호(調護)가 되었으며, 7년 6월에 지밀직사사로 황제의 생일을 축하하기 위해 원나라에 다녀왔다. 이후 그의 자손들은 중국과 밀접한 관계를 가지며 벼슬살이를 했다. 이때가 청주 한씨 가문이 처음으로 중국왕조와 관련을 갖게 된 출발점으로 생각된다. 이후 금주(金州)의 수령, 예부낭중(禮部郎中)에 제수되었고, 공부시랑 간의대부 국자대사성 한림학사(工部侍郎 諫

議大夫 國子大司成 翰林學士)를 지냈다. 역사책인 『고금록(古今錄)』을 편찬했으며, 지밀직사사 · 판삼사사에 올랐다가 뒤에 찬성사에 이어 중찬으로 벼슬을 마쳤다.(『고려사』 권28, 세가 권28, 충렬왕1, 4년; 권29, 세가 권29, 충렬왕2, 5년, 7년, 8년, 10년; 세가 권30, 충렬왕3, 13년, 14년; 세가 권32, 충렬왕5, 29년; 권107, 열전 20, 한강) 이러한 한강의 벼슬살 이가 청주 한씨 가문의 성장에 밑거름이 되었다.

이후 청주 한씨 가문은 인수대비의 아버지인 한확의 고조부가 되는 한악(韓渥: 1274~1342)이 수상인 중찬을 역임하면서 그 지위를 더욱 높였다. 한악은 충선왕 2년(1310)에 우대언을 거쳐 충숙왕 8년(1321)에 지밀직사사가 되어 왕이 원나라에 갈 때 호종했다. 그는 당시 고려의 왕위를 노리던 심양왕 고(暠)가 충숙왕을 참소하자 뛰어난 지략으로 위기를 모면하게 하여 인정을 받았다. 이때의 공으로 선력좌리공신(宣力佐理功臣) 1등이 되고 상당부원군(上黨府院君)에 봉해졌다. 그는 한어(漢語)와 몽골어에 능하여 외교관으로서의 역할을 충실히 했다.

한악은 대순(大淳), 공의(公義), 중례(仲禮), 공연(公衍), 방신(方信), 공서(公瑞), 방도(方道) 등 일곱 아들을 두었는데, 이 가운데 공의와 방신의 후손들은 조선 초기에 왕의 장인이 되었다. 즉 한악의 아들 한공의(1307~65)는 딸들을 예종과 성종에게 시집보낸 한명회의 고조부가 되고, 한방신은 딸을 세조의 아들 덕종에게 시집보낸 한확의 증조부이자, 딸을 예종에게 시집보낸 한백륜의 고조부기 된다. 따라서 세조~성종대 세자빈과 왕비를 배출한 청주 한씨 가문 출신의 한확, 한명회(1415~87), 한백륜(1427~74) 등은 모두 한악을 공동조상으로 하는 친인척이다. 한확은 한악의 4대손이고, 한명회와 한백륜은 5대손이다. 따라서 한확이 한명회나 한백륜에 비해 항렬이 높다. 한확과 한명회는 9촌간이 되고, 한확과 한백륜은 7촌간, 한명회와 한백륜은 10촌간이 된다. 인수대비와 한명회는 친족의 범위는 넘어섰지만 10촌 사이로 매우 가까운 일가였다. 이들 3사람은 모두 딸들을 덕종, 예종, 성종에게 시집보냄으로써 청주 한씨 훈척가문을 형성했다.

한명회의 할아버지 한상질(韓尙質: ?~1400)은 조선 건국에 적극 참여하여 청주 한씨 가문의 위상을 더욱 높였다. 그는 공민왕 23년(1374)에 대군들의 공부를 돕는 대군시학(大君侍學)을 지냈고, 우왕 6년(1380)에 좌랑으로서 문과에 급제한 뒤 공양왕 때는 형조판서를 거쳐 여러 관직을 역임했다. 공양왕 2년(1390) 6월에는 명나라 황태자의 생일을 축하하기 위하여 천추사의 임무를 띠고 명나라에 가서 윤이(尹彝)·이초(李初) 사건에 대해 해명했다. 윤이·이초 사건은 공양왕이 이성계 일파에 의해 즉위하자 명나라에서 고려사람 윤이와 이초가 공양왕은 종실이 아니라 이성계의 친척이며, 공양왕과 이성계가 장차 군사를 일으켜 명나라를 공격할 것이라고 말한 사건이다. 한상질은 이것이 사실이 아니라 무고임을 설명하고 돌아왔다. 그리고 조선 건국에 깊이 참여하여 예문관학사로서 주문사(奏聞使: 중국에 외교적으로 알릴 일이 있을 때 임시로 파견했던 비정기적인 사절)를 자청해 명나라에 가서 '조선'이라는 국호를 승인받아 왔다. 이러한 공로로 태조 2년에 첨서중추원사에 이어 양광도관찰출척사가 되고, 태조 6년(1397)에 경상도관찰출척사를 거쳐, 그해 예문춘추관대학사가 되는 등 고위직을 두루 역임했다.(『고려사』 권44, 세가44, 공민왕 7; 세가45, 공양왕1; 권116, 열전29, 남은, 『태조실록』 권3, 2년 2월 11일 병술; 권4, 2년 9월 13일 을묘; 『정종실록』 권3, 2년 1월 10일 을해)

그런데 한확의 증조부이자 인수대비와 8촌 사이인 한백륜의 고조부 한방신(韓方信: ?~1376)은 휴(休), 안(安), 녕(寧), 열(烈) 등 4명의 아들을 두었다.(『고려사』 권107, 열전20, 한강, 한방신) 그는 고려 후기 무신으로 공민왕 초에 자주 승진하여 추밀원직학사로 나가 동북면병마사가 되었다. 홍건적의 난에 안우(安祐) 등과 함께 경성을 수복한 공으로 1등공신에 책봉되었다. 이어 정당문학으로 승진했으며, 공민왕 12년(1363)에 원나라가 덕흥군(德興君)을 고려왕으로 세워 요양성 병사를 몰아 침입해 오자, 동북면도지휘사가 되어 화주에 주둔하며 동북쪽을 방비했다. 또 이듬해 여진의 삼선(三善)과 삼개(三介)가 부족들을 꾀어서 쳐들어오자 이를 방어하다가 패했으나, 다시 휘하의 여러 장수들을 나누어 삼면으로 공격하여 대파하고 양주를 모두 수복했다. 그 공으로 서원군(西原君)에 봉해졌으며, 원나라에서도 홍건적을 평정한 공으로 봉훈대부 비서감승(奉訓大夫 秘書監丞)이 되었다. 뒤에 찬성사가 되었다. 한방신 역시 청주 한씨 가문의 성장에 크게 기여했다.

그런데 한방신의 아들 한안(韓安: ?~1374)은 자제위(子弟衛)에 속했다가 공민왕 시해사건에 가담했다. 자제위는 공민왕이 재위 21년(1372)에 설치한 특별한 관청이다. 공민왕은 노국공주를 잃은 후 심경의 변화를 일으켜 날로 변태적으로 변해 가면서 젊고 외모가 잘생긴 청년들을 뽑아 이곳에 두고 좌우에서 시중을 들게 하는 한편, 대언(代言) 김경흥(金慶興)으로 하여금 이들을 총괄하게 했다. 그리하여 한안을 비롯한 홍륜(洪倫)·권진(權瑨)·홍관(洪寬)·노선(盧瑄) 등의 미남들이 왕의 총애를 받았다. 그러나 결국 자제위로 인해 비빈들과 자제위 사이에 풍기가 문란해졌으며 이로 인하여 공민왕이 죽음을 당하는 시역(弑逆) 사건이 일어났다. 한안은 이 사건으로 인해 원주에 유배되어 죽임을 당했다. 이 사건 때문에 한안의 동생이자 인수대비의 증조부인 한녕은 불운을 겪어야 했다. 한녕의 출생과 죽은 해, 관직 상황에 대한 자료가 없는 것도 이를 말해 준다. 한확의 묘지명에는 한녕이 벼슬살이에 뜻이 없었다고 쓰여 있지만 사실 벼슬에 나아가지 못했다. 따라서 청주 한씨 가문 내에서도 한확 집안은 다른 집안에 비해 그 세력이 약했다. 한녕은 죽은 뒤에야 증손녀인 인수대비의 후광으로 정헌대부 병조판서에 증직되었다.

한녕의 아들이자 인수대비의 할아버지인 한영정(韓永叮: ?~?)의 생몰년 역시 불분명하며 그의 관력 또한 명확하지 않다. 다만 간단히 순창군 지사를 지냈다고만 전해진다. 그는 이후 태종대 좌명 3등 공신이자 병조참판을 지냈던 의성군(義城君) 김영렬(金英烈)의 딸과 결혼하여 확(確)과 전(碩), 질(硃) 등 3남 2녀를 두었다.[4] 한영정은 태종대와 세종대 두 번에 걸쳐 두 딸을 모두 명나라에 공녀로 보냈다. 장녀는 명나라 영락제 성조의 후궁 여비(麗妃)가 되었고, 차녀는 명나라 선덕제 선종의 후궁 공신부인(恭愼夫人)이 되었다. 조선이 상국으로 섬기는 명나라에서 두 딸이 황제의 후궁이 되자 가문의 지위는 다시 크게 높아졌다. 이로 인해 아들 한확이 출세하자 한영정은 서성부원군에 추봉되었으며, 대광보국숭록대부 영의정부사에 증직되었다.

한확의 가계는 한안이 공민왕시해 사건으로 죽임을 당한 일로 한때 위축되었지만 누이들이 명 황제의 후궁이 되면서 명 황실과 사돈이 되어 그 어느 가문보다도 비약적으로

---

4   청주 한씨 한영정 가문에 대해서는 한충희, 1995,「조선초기 청주한씨 영정(~1417 이전, 지군사증영의정)계 가계연구」,「계명사학」6 참고.

성장했다. 그리고 이를 바탕으로 세종, 수양대군(후의 세조)과 사돈이 되는 등 왕실의 인척으로 부상했다. 세조는 정치적 측근이자 사돈으로 청주 한씨 가문과 손을 잡았다. 자신의 며느리뿐만 아니라 손자며느리도 청주 한씨 가문에서 선택했다. 청주 한씨 가문은 〈표 2〉에서 보이는 바와 같이 덕종(세조의 맏아들 의경세자 추존), 예종, 성종대에 걸치는 짧은 시기에 4명의 왕비를 배출했다.

〈표 2〉 예종-성종 대 왕비의 가문

왕	왕비	왕비가문			
		본관	부	조부	증조
덕종	소혜왕후 한씨(1437~1504)	청주	한확	좌의정	한영정 순창군사	한녕	녹사
예종	장순왕후 한씨(1445~1461)	청주	한명회	영의정	한기	감찰	한상질	평양윤
	안순왕후 한씨(?~1498)	청주	한백륜	우의정	한창		한계복	군사
성종	공혜왕후 한씨(1456~1474)	청주	한명회	영의정	한기	감찰	한상질	평양윤
	폐비 윤씨(1455~1482)	함안	윤기견	판봉상시사				
	정현왕후 윤씨(1462~1530)	파평	윤호	우의정	윤삼산	검교중추	윤곤	우참찬

명 황제의 후궁이 된 고모들

첫째 고모, 강혜장숙여비(康惠莊淑麗妃)

사신 황엄(黃儼)·해수(海壽)가 한씨·황씨를 데리고 돌아가는데, 한씨의 오빠 부사정 한확, 황씨의 형부 녹사(錄事) 김덕장(金德章), 근수(根隨)하는 시녀 각 6인, 화자(火者) 각 2인이 따랐다. 길옆에서 보는 자가 눈물을 흘리지 않는 이가 없었다.(「태종실록」, 권34, 17년 8월 6일 기축)

인수대비에게는 두 명의 고모가 있었다. 태어나 한 번도 본 적은 없었지만 그 고모들은 직접적 또는 간접적으로 조선 왕실과 친정 가문에 큰 영향을 끼쳤다. 두 고모는 모두 공녀로 뽑혀서 명나라에 들어가 황제의 후궁이 되었다. 이로 인해 인수대비의 친정인 한확 가문은 매우 비약적으로 성장했다.

큰고모는 명나라 제3대 황제 영락제(성조, 재위기간: 1403~24)의 후궁이었던 강혜장숙여비(康惠莊淑麗妃)였다. 비록 후궁이라도 황제의 총애를 받으며 측근에서 모셨기 때문에 황제의 권력과 권위를 빌릴 수 있는 높은 지위에 있었다. 그런 만큼 조선 왕실에서도 청주 한씨 가문을 만만히 볼 수 없었다.

조선은 건국 초기에는 명나라의 요구에 의해 공녀를 바쳐야 했다. 공녀는 고려 후기 원나라의 요구로 시작되어 공민왕의 반원정책으로 끝났으나, 원을 이은 명도 조선에 공녀를 요구해 왔다. 명나라에서는 미모를 갖춘 어린 처녀들을 주로 요구했는데, 이는 황제의 시중을 드는 궁녀를 조달하기 위해서였다. 또 명나라에서는 황제의 식사 장만이나 유희를 위하여 요리와 가무에 능한 여자를 얻으려고 했다. 실제로 명 황제 영락제(성조)와 선덕제(선종)는 특별히 조선의 요리를 좋아하여 여러 차례에 걸쳐 요리를 잘하는 여자를 요구했다. 공녀는 조선이 명에 바쳐야 할 조공(朝貢)과 불가분의 관계에 있었던 일종의 공물이었다.[5]

명나라에서 처녀를 보내라는 통보가 오면 조선은 곧바로 진헌색(進獻色)을 설치하여 처녀선발을 맡아보게 하고, 전국에 금혼령을 내렸다. 진헌색에서는 경차관과 환관들을 지방에 파견하여 각 도의 관찰사와 함께 처녀들을 뽑아 보내도록 했다. 그러면 최종 결정권은 명나라 사신에게 주어졌다. 명사신들은 1차적으로 외모가 뛰어난 처녀를 뽑았다. 인수대비의 고모들도 공녀로 뽑힌 걸 보면 분명 인물이 매우 뛰어났던

---

5   공녀에 대해서는 정구선, 2002, 『공녀-중국으로 끌려간 우리 여인들의 역사』, 국학자료원; 임상훈, 2013, 「명초 조선 공녀의 성격」『동양사학연구』 122; 임상훈, 2013, 「명초 조선 공녀 친족의 정치적 성장과 대명외교활동: 권영균과 한확을 중심으로」『명청사연구』 39 참고.

모양이다.

명나라에서 공녀를 요구한 것은 태종 때부터 중종 때까지 약 110여 년간에 걸쳐 모두 12회였다. 그 가운데 5회는 명나라의 사정으로 중지되었고, 실제 공녀가 보내진 것은 태종과 세종 때에 걸친 20여 년간 7회였다. 태종 때 3회, 세종 때 4회였으며, 평균적으로 3년마다 공녀를 보냈다. 처음에는 공녀만 보냈으나 나중에는 음식을 잘하는 집찬녀와 노래와 춤을 잘하는 가무녀도 보내졌다. 이 기간에 명나라에 끌려간 공녀의 수는 처녀가 16명, 그녀들을 수종하는 여종이 48명, 집찬녀가 42명, 가무녀가 8명으로 모두 114명이었다. 평균적으로 보면 1회에 16명씩 보낸 셈이다. 조선 초에 공녀로 명나라에 간 여성들의 수와 그 대우를 보면 〈표3〉과 같다.[6]

인수대비의 첫째 고모는 태종 17년(1417)에 공녀로 명나라에 갔다. 이보다 앞서 같은 해 4월에 통사 원민생(元閔生)이 북경에서 돌아와 황제가 미녀를 요구한다고 전했다. 이에 전국에 혼인을 금지하는 금혼령을 내리고 각도에 사람을 보내어 처녀를 골라 뽑게 했다. 그 결과 태종은 7월 16일에 경복궁 근정전에 한씨와 황씨 등 10여 인을 모으고, 황엄(黃儼)·해수(海壽) 등 두 사신으로 하여금 고르게 했다. 이때 인수대비의 첫

6   임상훈, 앞의 논문, 「명초 조선 공녀의 성격」의 도표들을 참고하여 재작성함.

째 고모 한씨가 제1등으로 뽑혔고, 황씨가 함께 선발되었다.

〈표 3〉 조선 초기 공녀의 수와 대우

차수	년도	성명	나이	명에서 받은 품위	공녀와 기타 여성 수
1	태종 8년 11월	권씨	18	현인비(顯仁妃), 현비(賢妃)	공녀 5명, 여종 16명
		임씨	17	순비(順妃)	
		이씨	17	소의(昭儀)	
		여씨	16	첩여(婕妤)	
		최씨	14	미인(美人)	
2	태종 10년 10월	정씨	18	없음	공녀 1명, 여종 4명
3	태종 17년 8월	황씨	14	없음	공녀 2명, 여종 12명
		한씨	미상	**강혜장숙여비**	
4	세종 9년 7월	성씨	17	없음	공녀 7명, 집찬녀 10명, 여종 16명
		차씨	17	없음	
		안씨	11	없음	
		오씨	12	없음	
		정씨	14	없음	
		최씨	13	없음	
		노씨	12	없음	
5	세종 10년 10월	**한씨**	17	**공신부인(恭愼夫人)**	공녀 1명
6	세종 11년 7월				집찬녀 12명, 가무녀 8명
7	세종 15년 11월				집찬녀 20명
합계				공녀 16명, 기타 여성 98명 =114명	

경회루에서 사신에게 연회를 했다. 경복궁에 거둥하여 처녀 황씨·한씨 등 10여 인을 근정전에 모으고, 두 사신으로 하여금 고르게 하니, 한씨를 제일로 삼았다. 선택이 끝나자 잔치를 베풀고, 이어 안마(鞍馬)를 각각 한 필씩 주었다. …두 사신이 한씨를

황씨 집에 모이게 하고 나가 보았다.

『태종실록』 권34, 17년 7월 16일 기사)

처녀 황씨는 부령을 지낸 황하산의 딸로 한씨와 마찬 가지로 용모가 아름답고 수려하며 품위가 있었다. 이들은 곧 이어 8월 6일에 북경으로 출발했다. 이때 한확은 황씨의 형부 인 녹사 김덕장과 함께 두 처녀를 데리고 북경까지 동행했다. 이때 한확의 나이가 18세였던 걸로 보아 누이의 나이는 19~20 세 정도로 추측된다.

한확은 그의 누이가 공녀가 되는 것을 반대하지 않았 다. 오히려 이를 계기로 위축되었던 가문을 성장시키고자 했 다. 그들이 명나라에 들어간 여정과 명 황제를 만난 일 등은 태종 17년 12월 20일(신축)에 노귀산 · 원민생 · 한확 · 김덕장 이 북경에서 돌아와 태종에게 아뢴 말에서 잘 알 수 있다.

지난 10월 초 8일에 황씨 · 한씨가 통주(通州)로부터 먼저 들 어가고, 신 등은 초 9일에 북경에 들어가서 10일에 조현(朝見)하 니, 황제가 신을 보고 먼저 웃으며 선유(宣諭)하기를, '너희들이 왔구나. 황씨가 약을 먹었느냐?' 하기에, 원민생이 대답하기를, '노중에서 병이 심하여 지극히 걱정했습니다.' 하니, 황제가 말 하기를, '국왕이 지성으로 보내어 왔으니, 참 어려운 일이다. 한씨 여아는 대단히 총명하고 영리하다. 네가 돌아가거든 국왕께 자세히 말하라.' 하고 한확을 광록소경(光祿少卿)으로 삼고 물건을 대단히 후하게 주고, 황씨·한씨 두 여자의 집에 금·은·비단 따위의 물건을 주었습니다.

(『태종실록』 권34, 17년 12월 20일 신축)

이때 한씨는 황제로부터 대단히 총명하고 영리하다고 칭찬을 받았다. 아마도 한씨는 자신이 처한 현실상황을 빨리 파악하고 잘 적응했던 모양이다. 공녀를 보낸 집안에 대한 대가는 결코 적지 않았다.[7] 황제는 조선의 여성을 취한 만큼 공녀들의 집안에 후한 물건들을 내려 주었다. 그리고 한확을 명나라 벼슬인 광록소경에 임명하고 집에 금·은·비단 등의 값진 물건들을 내려 주었다.

이후 한씨는 영락제의 후궁이 되어 총애를 받았다. 그런데 한씨와 함께 공녀로 간 황씨는 나중에 숫처녀가 아닌 것이 들통이 나서 조선 정부의 입장을 곤란하게 할 뻔한 일이 발생했다. 『태종실록』의 기록에 따르면 그 일의 자초지종은 다음과 같다.

처음에 황씨가 북경에 가기 전에 형부 김덕장이 황씨

---

7   임상훈, 앞의 논문, 「명초 조선 공녀 친족의 정치적 성장과 대명외교활동: 권영균과 한확을 중심으로」참고.

가 거처하는 방 창문 밖에 앉아 있는 것을 사신 황엄(黃儼)이 보고 크게 성을 내어 꾸짖었다. 황씨는 북경에 들어가는 도중에 복통이 일어나 의원이 여러 가지 약을 썼지만 아무런 효험이 없었다. 황씨는 약 대신 김칫국을 먹고 싶다고 했다. 황엄은 원민생에게 김칫국이 무슨 물건이냐고 물었고, 원민생은 김치 담그는 법을 자세히 말했다. 그러자 황엄은 얼굴빛이 변하면서 "사람의 살을 먹고 싶다고 한다면 내가 다리를 베어서라도 바치겠으나, 이러한 황무지에서 어떻게 그런 물건(김치)을 얻을 수 있느냐."며 어려움을 표했다. 황씨의 복통은 낫지 않아 밤마다 몸종이 손으로 그 배를 문질러 주었다. 그러던 어느 날 밤에 황씨가 소변을 볼 때에 음부에서 한 물건이 나왔는데 크기가 가지만 한 가죽으로 싼 살덩이였다. 황씨가 유산을 한 것이었다. 몸종이 화장실에 버렸으나, 일행들이 모두 이를 알고 소문을 냈다. 황씨의 몸종이 비밀히 말한 것을 보면 황씨가 조선을 떠날 때에 황씨의 형부 김덕장이 나무 빗한 개를 준 일이 있다고 했으나, 황제의 사신은 모두 모르는 일이었다. 후에 황제가 황씨가 처녀가 아닌 것을 알고 화가나 꾸짖자 그제야 "일찍이 형부 김덕장의 이웃에 있는 조예(皀隷: 관아에 속한 심부름꾼)와 간통했다."고 실토했다. 이에 황제는 성을 내며 조선을 문책하려고 칙서까지 작성했다. 그런데 당시 황제의 총애를 받고 있던 궁인 양씨가 이 사실을 알고 한씨에게 그 일을 얘기했다. 이 사실을 안 한씨는 울면서 황제에게 애걸하기를 "황씨는 집에 있는 사람인데, 우리 임금이 어떻게 그것을 알리오."라고 하면서 조선 왕의 잘못이 아니라며 선처를 호소했다. 황제가 감동하여 한씨에게 명하여 황씨를 벌주게 하자 한씨가 황씨의 뺨을 때렸다.(세종 6년 10월 17일 무오)

이 일은 자칫하면 명과 조선 사이의 심각한 외교적인 문제로 번질 뻔한 사건이었다. 그러나 한씨의 지혜로 무마되었다. 한씨는 명 황제의 신뢰와 총애를 많이 받았고 명 황실 내에서의 지위도 높았다. 명 사신들이 조선에 올 때마다 그의 어머니 안부를 묻고, 문안인사를 대신했다. 그러나 세종 6년(1424)에 영락제가 북정(北征) 길에 올라 타타르를 정벌하던 중에 죽자 여비 한씨는 순장을 당했다. 한씨가 죽임을 당하던 날의 상황을 보면 정말 비참하기 짝이 없다.

사신이 말하기를, "전후로 〈중국에〉뽑혀 들어간 〈우리나라 여자〉 한씨 등이 모두 대행황제에게 순사(殉死)했다."고 했다…. 황제가 죽자 궁인으로 순장된 자가 30여 인이었다. 죽는 날 모두 뜰에서 음식을 먹이고, 음식이 끝난 다음 함께 마루에 끌어올리니, 곡성이 전각을 진동시켰다. 마루 위에 나무로 만든 작은 평상을 놓아 그 위에 서게 하고, 그 위에 올가미를 만들어 머리를 그 속에 넣게 하고 평상을 떼어 버리니, 모두 목이 메어져 죽게 되었다. 한씨가 죽을 때 (유모) 김흑(金黑)에게 이르기를, "낭(娘)아 나는 간다. 낭아 나는 간다."고 했는데, 말을 마치기 전에 곁에 있던 환관이 걸상을 빼내므로 최씨와 함께 죽었다. 여러 죽는 자가 처음 마루에 올라갈 때, 인종(仁宗)이 친히 들어와 고별하자, 한씨가 울면서 인종에게 이르기를, "우리 어미가 노령이니 본국으로 돌아가게 하옵소서."하니, 인종이 분명히 허락하고, 한씨가 죽은 다음 인종이 김흑을 돌려보내려고 했다.

『세종실록』 권26, 6년 10월 17일 무오)

한씨는 명나라에 간 지 겨우 7년 만에 영락제가 죽자 갑작스레 불행한 죽음을 맞았다. 꽃다운 20대 중·후반에 황제의 여자라는 이유 때문에 강제로 죽임을 당했다. 이후 여비에게 봉작과 시호가 더해지고 어진 행실이 표창되었다. 한씨는 명나라에서 7년밖에 살지 못했지만 황제의 총애를 받았기 때문에 그 사이에 친정인 청주 한씨 가문에 끼친 영향은 매우 컸다. 인수대비는 아직 태어나기 전이라 고모 여비에 대한 얘기는 후에 성장하면서 전해 들었다.

둘째 고모, 공신부인(恭愼大人)

황제는 사설감 태감(司設監太監) 왕거(王琚)를 보내어 공신부인 한씨에게 제사 지낸다. 그대는 온유경신(溫柔敬愼)하여 아름답고 착함이 칭찬하기에 족하며, 궁중에 일을 맡아 오랫동안 공로가 드러났고, 수복(壽福)이 강녕(康寧)하여 마땅히 큰 복을 누릴 것인데, 병으로 세상을 떠났으니 부음을 듣고는 슬퍼하고 한탄한다. 이에 특별히 공신부인을 추증하고 관원을 보내어 제사지내며, 아울러 담당 관리에게 명하여 장사지내게 했다. 아아! 살아서는 어질고 착했으며 죽어서는 영화로운 이름을 받았다. 인생이 이와 같으면 유감이 없을 것이니 그대는 흠향할지어다.   (『성종실록』 권162, 15년 1월 4일 임진)

인수대비의 둘째 고모는 첫째 고모와 마찬가지로 명나라에 공녀로 가서 명나라 제5대 황제 선덕제(선종, 재위기간: 1425~35)의 후궁이 되었다. 둘째 고모는 언니인 여비가 명 황실에 공녀로 들어간 지 10년 만에, 죽은 지 불과 4년 만에 또 공녀로 뽑혀 명나라에 들어갔다. 그리고 명 황제의 후궁이 되어 57년이란 긴 세월을 명 황실에서 살았다. 그녀가 죽자 황제는 공신부인이라는 시호를 내리고 제사를 지내 주었다.

명 황제 영락제가 죽자 제4대 황제인 홍희제(인종)가 즉위했다. 그러나 10여 개월 남짓 만에 죽었다. 이어 황제가 된 선덕제는 다시 한확의 누이동생을 후궁으로 삼고 싶어 했다. 여비의 절개를 높이 평가한다는 명목과 아울러 한영정의 둘째 딸이 아름답다고 알려졌기 때문이었다.

공신부인 한씨는 태종 10년(1410)에 태어났다. 17살이 되는 세종 9년(1427) 5월에 공녀로 뽑혀 명나라에 가기로 되어 있었다. 그런데 마침 병이 나서 가지 못했다. 천만다행이라고 생각했을 것이다. 언니의 전철을 밟지 않으려는 그녀의 태도 또한 자못 완강했다.

처녀 한씨는 한영정의 막내딸이다. 맏딸은 명나라 태종 황제(영락제)의 궁에 뽑혀 들어갔다가, 황제가 죽을 때에 따라 죽었다. 창성(昌盛)과 윤봉(尹鳳)이 또 막내딸의 얼굴이 아름답다고 아뢰었으므로, 와서 뽑아 가게 되었다. 병이 나자 그 오빠 한확이 약을 주니, 한씨가 먹지 않고 말하기를, "누이 하나를 팔아서 부귀가 이미 극진한데 무엇을 위하여 약을 쓰려 하오." 하고, 칼로 제 침구를 찢고 마련해 두었던 재물을 모두 친척들에게 흩어 주었다. 침구는 장래 시집갈 때를 위하여 준비했던 것이었다.

(『세종실록』 권36, 9년 5월 1일 무자)

한씨는 공녀로 가지 않으려고 끝까지 몸부림쳤지만, 한확은 작은 누이가 공녀로 가는 것을 반대하지 않았다. 누이가 병이 나자 빨리 낫도록 약을 주었고, 이에 대해 한씨는 오빠 한확에게 화를 냈다. 다행히 병으로 인해 일단 공녀로 가는 것은 피할 수 있었다. 그러나 결국 이듬해 세종 10년에 명에서는 공녀를 뽑기 위해 다시 사신을 파견하여 한씨를 데리고 갔다. 한번 가면 다시는 고국 땅을 밟기 어려운 멀고도 외로운 명나라로 가게 되었다. 한씨가 공녀로 명나라에 갈 때 주변 사람들의 시선은 곱지 않았다.

한확은 다시 진헌사 총제 조종생(趙從生), 화자(조선 시대에 명나라에 보내던 12, 3세부터 18세쯤까지의 환관 후보자) 2명과 함께 여동생을 데리고 명으로 갔다. 한확을 비난하는 사람들도 있었지만 한확은 누이들을 명 황제의 후궁으로 들여보냄으로써 부와 권력을 잡았다. 당시 도성 안 사람들과 사족녀들은 한씨가 공녀로 명나라에 가는 행차를 바라보며 불쌍하다고 탄식했다. "그의 형 한씨가 영락궁인(永樂宮人)이 되었다가 순장당한 것만도 애석한 일이었는데, 이제 또 가는구나." 하고, 눈물을 흘리는 자도 있었다. 이때 사람들은 명나라에 가는 한씨를 보고 '산송장'이라고 했다.(세종 10년 10월 4일 임오) 순장은 조선 사람들에게 충격적이었고, 한씨가 또 언니와 같은 운명을 맞을까 걱정했던 것이다.

다행히도 공신부인은 당시 사람들의 예상과는 달리 '산송장'이 되지 않았다. 그녀는 명 황실에서 57년이나 살면서 4명의 황제를 모시며 74세로 사망하여 오히려 천수를 누렸다.

그뿐만 아니라 제9대 명 황제인 성화제(헌종)의 존중을 받아 명 황실 내에서 '모사(姆師)', '여사(女師)', '노노(老老)'라 불리었고, 그녀의 언니가 강혜장숙려비(康惠莊淑麗妃)라는 시호를 받은 것처럼 공신부인(恭愼夫人)이라는 시호까지 받았다. 그녀는 57년 동안 명 황실의 여성으로 살면서 다시는 고국인 조선 땅을 밟지 못했지만, 조선에 끼친 영향은 매우 컸다.

명과 조선을 오가며 출세한 아버지 한확

한확은 청주사람이니, 고려 시중 한강(韓康)의 먼 후손이다. 누이가 명나라에
뽑혀 들어가서 태종 문황제의 여비가 되었다. 황제가 한확에게 입조(入朝)하
도록 명하여 특별히 친하고 후하게 융숭하게 대접하며 항상 옆에 있게 하
고, 특히 광록시소경을 제수했다. 이때에 태종이 세종에게 선위하고 사신을
보내어 명(命)을 청하니, 황제가 한확을 정사(正使)로 삼고 광록시승(光祿寺丞)
유천(劉泉)을 부사로 삼아 와서 고명을 주었다. 그 뒤에 입조(入朝)를 명한 것
이 3, 4차례였다.

황제가 인종 황제의 딸로 아내를 삼게 하려 하니, 한확이 노모가 집에 있음
으로써 사양하여 그만두었다. 세종께서 한확이 재기(才器)와 도량(度量)이 있
다 하여 판한성부사를 제수하매, 이조·병조판서를 역임하여 오래 전선(銓選)
을 맡았으나, 사람들의 이간하는 말이 없었다. 의정부 좌찬성에 승진했는
데, 세조가 정난(靖難)하자 1등공신으로 삼아 서성부원군을 봉하고, 여러 번
승진하여 좌의정에 이르렀다. 세조가 왕위에 오르자 또 좌익공신으로 책명
하고 서원부원군으로 고쳐 봉했다. （『세조실록』 권5, 2년 9월 11일 무인）

인수대비의 아버지 한확은 종조부 한안이 공민왕 시
해에 연루된 이후 할아버지 · 아버지가 큰 벼슬을 하지 못해
가세가 약한 집에서 자랐다. 그러나 두 누이가 명 황실의 후궁
이 되면서 그 후광에 힘입어 크게 출세하기 시작했다. 그는 태
종 17년(1417)에 명의 요구에 따라 그의 큰누이가 공녀로 뽑히

자 진헌부사(進獻副使)의 직책을 띠고 명에 갔다. 이때 한확의 나이 18세로 부사정(정7품의 무관직)이라는 직책을 가졌는데 누이가 공녀가 된 대가로 받은 혜택인 듯하다.

한확은 젊은 시절 누이들이 명 황제의 후궁이 되자 황친(皇親)으로서 극진한 대접을 받았다. 그는 명나라에 머물면서 명의 관직을 받았다. 그가 북경에 있을 때 명 황제는 거의 매일 그를 불러서 궁중에서 밥을 먹게 할 만큼 서로 친밀한 관계를 유지했다.(세종 2년 5월 6일 계유) 이후 조선에 돌아와서는 명나라 사신이 입국할 때마다 선위사(宣慰使)가 되어 그들을 접대했다. 명 황제는 한확은 물론 그의 아들이나 친척들도 해마다 사신으로 오도록 하여, 아들, 조카들도 번갈아 북경을 드나들며 명 황실과 돈독한 관계를 유지했다. 대명 외교관계에 있어 한확을 비롯한 그 친족들은 중요한 역할을 했다.

명과 조선 조정에서는 공녀의 가족이나 친척들을 위로하고 회유하기 위하여 관직이나 물품 하사 등 각종 혜택을 주었다. 예컨대 태종 9년 2월에 명 황제는 조선에서 바친 공녀 권씨를 먼저 불러들여 현인비(顯仁妃)로 봉하고, 그 오빠 권영균(權永均)을 3품인 광록시경(光祿寺卿)에 제수했다. 그리고 채단 60필, 채견 3백 필, 비단 10필, 황금 2정, 백은(白銀) 10정, 말 5필, 말안장 2면, 옷 2습, 초(鈔) 3천 장 등 값비싼 물품들을 많이 하사했다. 그 나머지도 모두 차등 있게 벼슬을 봉했다. 임첨년

(任添年)은 홍려시경(鴻臚寺卿: 4품)에, 이문명(李文命)과 여귀진(呂
貴眞)은 광록시소경(光祿寺少卿: 4품)에, 최득비(崔得霏)는 홍려시
소경(鴻臚寺少卿: 5품)에 임명했다. 또 이들에게도 각각 채단 60
필, 채견 3백 필, 금 10필, 황금 1정, 백은 10정, 말 4필, 안장 2
면, 옷 2벌, 초 3천 장 등을 하사했다. 또 이문화(李文和)와 임첨
년의 집안 아들인 김화(金和)에게는 각각 말 2필과 안장 하나
를 하사했다. 이와 같이 공녀로 간 여성의 오빠나 친족들은 여
러 가지 혜택을 받았다.

　　한확 역시 두 명의 누이 덕분에 큰 혜택을 받았다. 태
종 18년(1418)에 명 황제가 불러 북경에 가서 황제의 보살핌과
남다른 대접을 받았으며, 봉의대부(奉義大夫) 광록시소경에 제
수되었다. 이때 황제가 임명하는 사령을 보면 그의 인물됨과
황제의 총애를 엿볼 수 있다.

　짐이 생각건대, 여러 경(卿)의 벼슬 중에 광록(光祿)이 매우 중
　요하니 덕행이 두드러지게 드러난 자가 아니면 이 직임에 있
　을 수 없고, 친구로서 탁월하거나 특별한 자가 아니면 이 관직
　에 현달할 수 없으니, 어찌 명신(名臣)의 영광스러운 벼슬만 되겠
　는가. 또한 이로써 우대하고 총애하는 자를 발탁하기도 한다. 너
　한확은 돈실한 자질을 타고났고 성실한 뜻을 품어서 재주와 꾀
　가 무성히 드러났으며 실로 나의 내척(內戚)이기에 이 벼슬을 특

별히 내려준다. 운운. 더욱 성실하고 부지런히 힘써서 삼가 총명 (寵命)을 받들어 공경할지어다. ("국조인물고」 권1, 상신相臣)

명 황제는 한확을 '나의 내척(부인의 친척)'이라 하여 후하게 대접하고 광록시소경에 임명했다. 명나라 법전인 『대명회전(大明会典)』에 의하면 광록시는 왕실의 제향(祭饗: 제사), 연로(宴勞: 잔치), 주례(酒醴: 제사나 궁궐에서 사용되는 술이나 단술), 선수(膳羞: 음식) 등의 일을 맡은 기관이다. 장관은 경으로 1인(3품)이며, 부장관은 소경으로 2인(4품)인데 광록시경을 보좌했고, 그 밑에 승(丞)과 주부(主簿)가 있었다. 그러니 한확은 광록시의 두 번째 자리를 얻은 것이다.

그런데 한확이 단지 내척이기 때문에 벼슬을 받은 것만은 아니었다. 그가 '돈실한 자질을 타고났고 성실한 뜻을 품어서 재주와 지략이 크게 드러났기' 때문이었다. 한확은 자질과 능력, 처세술이 뛰어난 인물이었다. 황제가 인종(仁宗: 홍희제)의 딸을 한확의 아내로 삼게 하려고 할 만큼 출중했다. 즉 한확을 명 황실의 부마로 삼으려 했던 것인데, 한확은 노모가 집에 있다는 이유로 사양했다.(세조 2년 9월 11일 무인, 한확 졸기) 이처럼 한확에 대한 명 황제의 배려는 아주 각별하여 조선의 사신이 알현할 때면 그의 안부를 친히 묻기도 했다.

한확은 조선에서도 황제의 친척이라고 하여 특별대우

를 받았다. 그기 제후국인 조선 왕실에 큰 영향을 끼칠 수 있
는 위치에 있었기 때문이다. 태종 18년(1418)에 세종이 즉위하
여 명나라에 사신을 보내어 고명(誥命)을 청하자, 한확을 총애
했던 영락제는 세종의 고명을 한확을 통해 전했다. 한확을 명
나라의 정사(正使)로 삼고 명나라 사람 홍려시승(鴻臚寺丞) 유천
(劉泉)을 부사로 삼아 고명을 내려 주었다. 영락제가 한확을 얼
마나 총애했는지는 그에게 '영화를 보여주고 싶어서' 북경으
로 불렀다는 말에서 알 수 있다. 한확은 세종이 왕위계승을 하
게 된 사유를 설명하고 그 인준을 청하기 위해 고부청시승습
사(告訃請諡承襲使)로서 명나라에 들어갔다. 이듬해에는 다시 명
의 책봉사가 되어 고명을 받들고 조선에 돌아왔다.

한확은 명과 조선 두 나라 사이의 교량 역할을 했다.
명나라 황제의 총애를 받았기에 조선 왕실에서도 그의 위상
은 높았다. 세종은 명 황제가 내려준 자신의 고명을 받아온 한
확을 무시할 수 없었다.

세종은 한확을 더욱 총애했다. 그리고 한확의 겸손함
을 높이 샀다. 한확이 세종에게 고명을 하사할 때 세종은 의
례에 따라 명나라 사신에게 절을 해야 했으나, 한확은 명의 정
사(正使)라기보다는 조선의 신하로서 세종에게 예의를 지켰다.
세종이 명나라 사신과 함께 예를 행하려 하자 한확은, "감히
그럴 수 없다."며 정사의 자리에 앉기를 사양했다. 그러자 세

종은 한확에게 자리에 앉아 예를 받을 것을 강권했고, 마지못해 자리에 앉게 되었다. 그러나 한확은 명나라 사신에게 베푸는 잔치에는 나오지 않았다.(세종 1년 1월 19일 갑자) 여기에서 한확의 뛰어난 처신술을 볼 수 있다. 한확은 명의 정사임을 내세우지 않았고, 황친이 되었다 하여 결코 오만하지 않았으며, 조선의 신하임을 잊지 않았다. 세종 역시 이러한 점을 높이 사서 그를 중용하기 시작했으며, 그의 가족을 더욱 우대했다. 한확은 청주 한씨 가문의 위상을 거가대족으로 확실하게 굳혔다.

한확은 조선과 명나라의 조공 외교 관계에 중요한 역할을 했다. 세종 2년 1월 광록시소경으로서 예조참판 하연(河演)과 함께 북경에 가서 후지(厚紙: 두꺼운 종이) 3만 5천 장과 석등잔(石燈盞: 돌로 만든 등잔) 10벌을 바치고, 금·은의 공물을 면제해 줄 것을 청했다. 금과 은은 고려 말년부터 바쳐 왔는데 이것은 조선의 입장에서 매우 힘든 부담이었다. 이에 태종은 일찍이 사람을 보내어 다른 물건으로 대신할 것을 청했으나 이루어지지 않았다. 그런데 이전해인 세종 1년에 명나라 사신으로 왔던 황엄(黃儼)이 원민생에게 "내년에 그대가 한확과 함께 같이 와서 금·은의 감면을 청하면 뜻대로 될 것"이라고 귀띔했다. 이에 세종은 2년에 한확을 파견했고, 그는 더 이상 조선이 명에 금·은을 바치지 않도록 명 황제를 설득했다. 명 황제는 그의 말을 들어주었다.

이와 같이 명 황제에게 절대적인 신임을 받고 있던 한확은 조선 왕들로부터 높은 대우를 받았다. 세종이 태종과 함께 강원도에서 대규모로 강무할 때 양녕대군, 효령대군, 공녕군(恭寧君) 이인(李祵), 우의정 이원, 광록시경 권영균 등과 함께 왕의 수레를 따르기도 했다.(세종 1년 11월 3일 계묘)

또 세종 5년(1423) 3월에 한확의 모친 김씨가 죽자 명 황제 영락제는 이듬해 7월에 사신을 파견하여 제사를 지내 주었다. 이때 황제와 후궁 한씨가 각각 제문을 보내왔다. 그 가운데에는 "황제는 내관 왕현을 보내어 비(妃)의 어머니 김씨의 신령에 제사지내며 말씀드리노라. 착한 딸을 낳아서 궁중의 빈(嬪)이 되게 했다."는 황제의 글과, "황비(皇妃)는 삼가 내관 왕현을 보내어 어머니 김씨의 신령에 제사지내며 말씀드립니다. 여식이 연약한 체질로 궁중의 빈(嬪)으로 뽑히어 황상(皇上)의 은총을 받아 부귀를 누리옵고 융숭한 하사가 온 집의 영광이라"는 등의 내용이 있다.(세종 6년 7월 4일 정축)

그러나 세종 6년(1424) 영락제가 죽고, 이어 누이 여비가 순장 당하자 한확은 황친으로서 명나라에서 하던 관직생활을 버리고 조선으로 돌아왔다. 세종 7년부터는 조선에서 관직생활을 했다. 여비의 죽음은 그에게 매우 큰 타격을 주었다. 명나라에 있어야 할 명분이 사라졌고, 황친(皇親)으로서의 위상도 사라졌다.

하지만 세종은 그에 대한 예우를 결코 소홀히 하지 않았다. 그 단적인 예로 세종 7년(1425) 9월에 한확이 간통사건으로 사헌부의 탄핵을 받게 되었을 때 세종이 그를 두둔하며 비호했다. 집의 정연(鄭淵)·헌납 윤맹겸(尹孟謙) 등은 장군절제사(掌軍節制使) 한확이 전감무 김성정(金成鼎)의 서녀 고미와 간통했다며 논핵하기를 청했다. 고미는 일찍이 시녀로 궐내에 있던 것을 어미 집에 보냈는데, 한확이 간통하다가 그녀의 어미에게 들켜 고소를 당했다. 원래 궁녀는 왕의 여성으로 인식되어 다른 남성과 결혼할 수 없었다. 물론 간통도 허용되지 않았다. 이에 헌사에서는 사실을 조사하여 논죄하기를 청했다. 그러나 세종은 "이 사람은 내가 죄줄 수 없는 사람"이라며 허락하지 않았다.(세종 7년 9월 28일 갑자) 한확은 18살 때 조선에서 정7품의 부사정이었으나 26세에 종 2품의 장군절제사를 역임하는 등 매우 빠른 승진을 했다.

세종 10년에 한확은 다시 한 번 누이를 공녀로 진헌하여 황친(皇親)이라는 특수한 지위와 권력을 누리게 되었다. 이 누이가 곧 공신부인이다. 한확은 막대한 권력을 얻고, 본격적으로 조선에서 고속으로 출세가도를 달리기 시작했다. 세종 17년(1435)인 30대 중후반부터 조선의 주요 관직을 두루 거치며 정치 활동을 했다. 그는 세종 17년 7월에 정2품의 자헌중추원부사(資憲中樞院副使)가 되고, 8월에 종2품의 지중추원사(知中

樞院事)가 되었다. 다시 명나라 왕속이 된 그는 조선 조정 내에서 출세가 매우 빨랐다. 드디어 세종 19년에는 둘째딸을 세종의 서자인 계양군(桂陽君) 이증(李璔)에게 시집보내 세종과 사돈을 맺었다.(세종 19년 12월 9일 병인) 그해에 6녀인 인수대비가 출생했다. 인수대비는 한확이 세종의 신임을 받고 출세 가도를 달리며 왕실의 사돈이 된 해에 태어났다.

이어 한확은 세종 21년 4월에 판한성부사, 7월에는 경기도 관찰사, 세종 22년 7월에 지중추원사, 22년 8월에 병조판서, 22년 12월에 함길도 도관찰사가 되는 등 고속 승진을 계속했다. 세종 27년 1월에는 지중추원사 겸병조판사, 6월에는 이조판서가 되자 '누이 때문에 소경(少卿)에 제수되고 드디어 임금이 알게 되어 감사와 병조를 거쳐 이조판서에 임명되었다'는 비판과 아울러 '전선(銓選)의 임무가 중한데, 한확은 학문이 짧은데다 또 대체에도 어두워 조정에서 그를 못마땅해 한다'는 비난을 받기도 했다. 또한 세종 27년 한확의 동생이자 이계령(李繼寧)의 사위인 한질이 중추도사로 부곡첨(副曲籤)이 되고 이계령이 상서녹사로 직장에 승진되자 간원들은 상피법(친족 또는 기타 관계로 같은 곳에서 벼슬하는 일이나 청송(聽訟), 시험관 따위를 피하게 한 법)을 어겼다고 비판했다. 이에 한확도 연루되어 사적인 정을 멋대로 행했다는 비판을 받았다. 그의 빠른 승진과 아우들의 출세에 대해 주변의 곱지 않은 시선도 많았지만 이를 막지는 못했다.

이후 한확은 문종이 즉위하자 판중추원사로 개성부에 가서 명나라 사신을 접대했고, 문종 1년 2월에는 사은사로 북경에 가서 고명을 하사한 것을 사례하고, 5월에 돌아왔다. 그리고 단종 즉위년 7월에는 문종의 국상을 당하여 원접사(조선 시대 명나라와 청나라의 사신을 맞아들이던 관직 또는 관원)가 되었고, 8월에는 평양 선위사(조선시대 여러 나라의 사신이 입국했을 때 그 노고를 위문하기 위하여 파견한 관리)가, 9월과 12월에는 개성부 선위사가 되고, 이어 좌찬성이 되었다. 한확은 이때 명에 가지는 않았으나 명에서 오는 사신을 대접하기 위해 원접사, 선위사가 되어 외교적 임무를 수행했다.

세종과 사돈관계였던 한확은 단종 1년에 다시 수양대군과 사돈이 되었다. 바로 6째 딸 인수대비의 혼인을 통해서였다. 이때 인수대비는 17세로 수양대군의 장남인 도원군(桃源君)과 혼인을 했다. 그녀는 수양대군의 며느리이자 문종의 조카며느리로 명실상부하게 왕실의 일원이 되었다. 한확은 단종 1년(1453)에 수양대군이 어린 단종을 보필하며 권력을 장악하고 있던 김종서 일파를 제거한 계유정난을 일으키자, 9촌 관계에 있던 한명회와 수양대군의 이복동생이자 자신의 사위인 계양군 이증 등과 함께 참여하여 그를 적극적으로 도왔다. 그 누구보다도 적극적으로 참여했던 한확은 이후 정난 1등공신에 책봉되었다 ㄱ 서열은 정인지 다음이며 한명회보나 더 높았다. 이때 인수대비는 대군가의 맏며느리로 정치와 권력의 힘에 대해 듣고 알기에 충분한 나이였다.

계유정난 직후 한확은 수양대군을 보호하는 데 큰 관심을 두었다. 그는 박종우·정인지·허후 등과 의논하여 단종에게 수양대군의 신변을 군사로 철저하게 호위해 줄 것을 청했다. 이에 단종은 진무(鎭撫)로 하여금 갑사·별시위 각 50명, 총통위·방패 각 20명을 거느리고 수양대군을 밤낮으로 호위하게 했다. 이어 전권을 장악한 수양대군은 좌찬성 한확을 우의정으로 삼고자 했다. 한확은 도원군이 자신의 사위이고 수양대군이 수상이 된 상황에서 우의정이 되면 남의 말을 듣게 될 것이라며 사양했다. 그러나 곧 우의정이 되었다.(단종 1년 10월 15일 무술) 한확은 왕실의 사돈으로 정승이 되었다. 그리고 단종 1년 11월부터 단종 2년 1월에 이루어진 단종비 간택에도 수양대군, 효령대군 등과 함께 참여했다. 초간, 재간, 삼간에 모두 참여할 정도로 신임을 받았다.

이어 수양대군이 단종을 몰아내고 왕위계승에 성공하자 한확은 좌익 1등공신이 되고 곧 이어 좌의정에 봉해졌다. 그는 정난공신에 이어 좌익공신에 거듭 책봉됨으로써 권력과 부·명예를 더욱 확장했다. 아울러 한확의 가문은 비약적으로 성장했다. 한명회와 한백륜도 세조와 사돈이 되어 왕실의 외척이 되었다. 또한 이를 주도했던 한확과 한명회를 중심으로 청주 한씨들이 대거 공신에 책봉되었다. 이들의 후광으로 자손들 중에는 승지 13명, 참판 14명, 판서 9명, 찬성 4명, 의정 4명, 부원군 4명이 배출되었다. 세조대에서 성종대에 이르는 시기에 공신에 책봉된 청주 한씨들을 보면 〈표 4〉와 같다.[8]

〈표 4〉 조선 초기 공신에 책봉된 청주 한씨

성명 \ 구분	정난 공신	좌익 공신	적개 공신	익대 공신	좌리 공신	비고
한확	1등	1등				인수대비 아버지. 두 누이가 각각 명의 영락제, 선덕제의 후궁이 됨.
한명회	1등	1등		1등	1등	장순왕후와 공혜왕후 아버지
한명진	3등					한명회의 동생
한서귀	3등					한명회와 7촌간
한종손		3등				한서귀의 조카
한계미		3등	3등		2등	한명회의 6촌
한계순				1등	3등	한계미의 동생
한백륜				3등	2등	안순왕후 아버지
한계희				3등	2등	한계미의 동생
한치형					3등	한확의 조카
한치인					4등	한확의 아들
한치의					4등	한확의 아들
한보					4등	한명회의 아들
한치례					4등	한확의 아들
한의					4등	한계미의 아들

8   정두희, 1983, 『조선초기 정치지배세력연구』, 일조각 참고.

한확의 대표저 외교 활동 중에서 빼놓을 수 없는 것은 세조의 등극 및 세자의 책봉과 관련된 명 출사이다. 세조는 비록 성공적으로 왕위에 등극했지만, 명분이나 정통성에 하자가 있어 명의 고명(誥命: 중국 황제가 제후국의 국왕을 인준(認准)하는 임명장)을 받기가 쉽지 않았다. 명에 사신을 보내 명을 설득하고, 명의 허락을 받아야만 그 정통성이 인정될 수 있었다. 이에 세조는 왕위 찬탈 후 곧바로 단종에게 왕위를 자신에게 양위한다는 사위주본(辭位奏本)과 자신이 왕위를 이어받는다는 승습주본(承襲奏本)을 쓰게 했다. 1년 윤 6월에는 예조판서 김하(金何)와 형조 참판 우효강(禹孝剛)을 명나라에 보냈다. 왕위를 양보한다는 사위(辭位)와 왕위를 물려받는다는 승습(承襲)에 대한 명 황제의 윤허를 청하기 위해서였다. 승습주본의 내용은 다음과 같다.

국왕 신 [휘(諱)]가 어려서부터 병이 있었고 또 잔약한 나이에 승습(承襲)하니 국내에 변란이 많아 사직의 일을 신 [휘(諱)]에게 위임하여 임시 승습하게 했습니다. 신이 스스로 생각하건대, 이 어리석은 자질로써 감히 이어 받을 수 없어 재삼 사양했으나 결국 그 말씀을 얻지 못하고 이미 경태(景泰) 6년 윤6월 11일에 권도로 승습하여 전전긍긍하고 황공하여 어찌 행동해야 할지를 모르겠습니다. (『세조실록』, 권1, 세조 1년 윤6월 29일 계유)

그러나 이 글을 읽은 명 황제는 조선에서 일어난 이 엄청나게 큰 정치적 사건의 과정을 그대로 믿지 않았다. 경태제(景泰帝: 명나라 제7대 황제)는 이것이 정상적으로 이루어진 양위가 아님을 이미 짐작하고 있었던 듯했다. 경태제는 같은 해 8월에 단종에게 칙서를 내리며 '왕이 기왕 나라 일을 처리하기 어렵다면 양보하라'고 했다. 그러나 한편으로는 으나 '왕은 반드시 유(瑈: 세조)가 과연 평소 사람 됨됨이와 일을 행함이 나라 사람들이 믿고 따르기에 적합한지 자세히 살펴보아야 한다. 실제로 이렇다면 즉시 아뢰어라. 짐은 왕을 위해 처리할 것이니 간사한 아첨에 혹하지 말고 그 속임수에 빠지지 말라.'(『명대종실록』권257, 경태 6년 8월 을유)고 주문했다. 단종의 갑작스런 양위를 청하는 글에 경태제는 세조를 의심했다. 이런 어려운 상황에서 세조는 지속적으로 명에 주청하여 자신의 염원인 명의 고명을 받아내고자 했다. 그러나 경태제의 의심은 여전히 지워지지 않았다.[9]

그런 만큼 세조가 명 황제의 허락을 받기가 쉽지는 않았다. 자료에는 보이지 않지만 경태제의 의심을 풀어주는 데에는 한확의 누이인 공신부인의 역할이 작용했을 것으로 짐작된다. 결국 경태제는 의심을 하면서도 세조의 고명과 관복(冠服: 관

9 임상훈, 앞의 논문, 「명초 조선 공녀 친족의 정치적 성장과 대명외교활동: 권영균과 한확을 중심으로」 참고.

과 의복)·채단(綵段) 등을 내려 주었다. 세조는 이에 대한 사례와 아울러 맏아들 도원군을 세자로 승인해 달라는 청을 올리기 위해 한확을 명에 파견했다. 한확은 이 두 가지 막중한 사명을 띠고 명으로 출발했다.(세조 2년 5월 9일 정축) 기록이 없어 확인이 되지 않지만 한확은 경태제에게 세조 즉위의 정당성에 대해 해명하고 이를 인정해 준 것에 대해 감사해 했다. 또 도원군의 세자 책봉을 주청하고 임명장을 받아냈다. 한확이 자신의 임무를 모두 잘 수행할 수 있었던 배후에는 누이 공신부인의 힘이 컸다.

그런데 한확에게는 이 사행길이 현세에서의 마지막 길이었다. 그는 세조의 고명사은과 세자 책봉 문제를 해결하고 돌아오다가 칠가령에서 병을 얻어 단주 사하포에서 죽었다. 이때 그의 나이 57세였고, 인수대비는 20세였다. 부음을 들은 세조는 예관(禮官)을 보내어 압록강 가에서 널[板]을 갖추게 하고, 도승지 한명회에게 명하여 장사(葬事)를 호송하게 했다.(세조 2년 9월 11일 무인)

한확이 죽은 이후에도 세조의 배려는 돈독했다. 세조는 사육신 사건 이후 연루된 신하들의 노비를 처리할 때 한확에게 20구를 내려 주었다. 또 그들의 토지를 종친과 대신들에게 나누어 줄 때 한확에게 땅을 내려 주었다. 또 세조는 한확의 부모와 처에게 작위를 주었으며, 은사(임금이 은혜로써 신하에게 물건을 내려 주던 일)가 후세들에게 영원토록 미치게 하는 등

후한 상을 내렸다.

한확은 부모의 덕으로 관직에 진출한 음서 출신도 아니고 과거 출신도 아니었지만 재상의 자리에까지 올랐다. 청주 한씨 가문 출신이라는 점과 누이들의 후광으로 관직에 진출했다. 그러나 그의 능력과 처세술도 매우 뛰어났다. 용모와 품성이 좋으며, 성실했기 때문에 그에 대한 인물평은 비교적 좋은 편이었다. 문종대에는 '한확은 풍채가 아름답고 사리를 통달했으므로, 비록 과거 출신은 아니지만 능히 처결하여 경국제세(經國濟世)의 계략이 있고, 아부하고 편당(偏黨)드는 사심은 없었다.'고 했다. 졸기에는 '한확이 풍채와 용모가 응중(凝重: 침착하고 사람의 됨됨이가 가볍지 않음) 준정(峻整: 준엄하고 바름)하고, 성품과 도량이 온화 간이(簡易: 간단하고 쉬움)하여 사람을 대하고 물건을 접함에 온화한 기색이 애애(藹藹: 부드럽고 포근하여 평화로운 기운이 있는 모양)하나, 일에 임하여 결단함에는 그럭저럭하는 것이 없었다.'고 했다. 이러한 점은 그의 시호를 양절(襄節) 즉 '일로 인하여 공이 있는 것이 양(襄)이고, 청렴한 것을 좋아하여 스스로 이기는 것이 절(節)'이라 한 것에서도 알 수 있다.(세조 2년 9월 11일 무인) 한확은 뒤에 권람, 한명회와 함께 세조의 묘정에 배향되었다.(『연려실기술』 제5권 세조조 고사본말 世祖朝故事本末) 그리고 조선 후기에 정조는 한확은 왕실과 인척 관계를 맺고 세상을 뒤덮는 공적을 이룩했다고 칭송했다.(정조 22년 8월 29일 경신)

▲ 한확의 묘, 남양주.〈사진제공: 한국학중앙연구원〉

▲ 한확의 신도비.
인수대비가 부친의 묘에 비가 없음을 슬퍼하자 성종이 명하여, 연산군 원년(1495)에 이 비를 세웠다.〈사진제공: 문화재청〉

한확의 관직 이력과 생애를 정리해 보면 〈표5〉와 같다.

〈표 5〉 한확의 관력과 생애

년도	나이	관력 및 생애	비고
정종 2년(1400)	1세	출생	
태종 17년	18세	진헌부사(進獻副使) 부사정으로 명나라 영락제의 후궁으로 선발된 누이 한씨와 황씨를 데리고 명에 감. 광록시소경이 됨.	
세종 즉위년	19세	세종 즉위 고명사신으로 명에 다녀옴.	
세종 2년	21세	북경에 가서 금은 바치는 것을 면제해 줄 것을 요청함 고명을 받들고 옴.	
세종 5년	24세	어머니 김씨 죽음.	
세종 6년	25세	명 황제가 사신을 보내 사제(賜祭)함. 북경에 가서 황비 한씨에게 진향함. 누이 여비 한씨 죽음.	
세종 7년	26세	북경에서 돌아옴. 장군절제사(掌軍節制使).	

년도	나이	관력 및 생애	비고
세종 10년	29세	여동생 한씨가 공녀로 뽑힘에 따라 진헌사(進獻使)로 여동생을 데리고 명에 감.(후에 명나라 선덕제의 후궁이 됨) 광록시 소경.	
세종 12년	31세	선위사로 황주에 감.	
세종 13년	32세	선위사로 의주에 감.	
세종 15년	34세	중국 사신을 선위(宣慰)함.	
세종 17년	36세	중국 사신을 선위(宣慰)함. 자헌중추원부사. 지중추원사.	
세종 19년	38세	2녀를 계양군 이증에게 시집보냄. 인수대비 출생.	세종과 사돈 맺음.
세종 20년	39세	장인 홍여방 죽음. 중추원사. 성문출입문제로 파면당함.	
세종 21년	40세	판한성부사. 경기도 관찰사, 의정부찬성.	
세종 22년	41세	지중추원사. 병조판서. 함길도도관찰사.	
세종 25년	44세	동지중추원사. 판한성부사.	
세종 26년	45세	의금부제조. 병조판서.	
세종 27년	46세	지중추원사 겸판병조사. 이조판서.	
세종 29년	48세	판중추원사. 평안도도관찰사.	
세종 30년	49세	평안도도관찰사 겸병마도절제사.	
세종 32년 문종 즉위년	51세	판중추원사 아내 홍씨 죽음. 의금부제조.	
문종 1년	52세	사은사로 북경 다녀옴. 판중추원사.	
단종 즉위년	53세	명사신을 맞기 위한 원접사, 개성부 선위사 · 좌찬성.	
단종 1년	54세	6녀가 수양대군의 장남 도원군과 혼인. 정난 1등공신에 책봉됨. 우의정. 서원부원군. 단종비 간택에 참여함.	수양대군과 사돈이 됨. 계유정난.
단종 2년	55세	우의정, 진보사.	
단종 3년 세조 1년	56세	우의정으로 중국사신을 맞이함. 종묘의 집사. 좌의정. 좌익1등공신에 책봉	세조 즉위.
세조 2년	57세	사은사 고명사신으로 명에 감. 세자 책봉도 주청함. 돌아오는 길에 죽음.	
성종 1년		세조의 배향 공신에 정해짐.	

왕실·명문가 자녀와 혼인한 형제들

인수대비의 아버지 한확은 이조판서를 지낸 홍여방
(洪汝方)의 딸과 혼인하여 치인(致仁)·치의(致義)·치례(致禮) 등
아들 셋과 딸 여섯을 두었고, 첩 소생으로 아들 여섯을 더 두
었다. 태종 4년(1404)에 태어난 어머니 남양 홍씨는 조선조 개
국공신인 남양군(南陽君) 집현전 대제학 문경공(文景公) 길민(吉
旼)의 손녀이자, 한양부윤 정부(鄭符)의 외손녀이다. 인수대비
의 외할아버지인 홍여방은 인순부윤, 평안도·경상도 도관찰
사, 전주부윤, 한성부판사 등 다양한 관직을 거쳐 이조판서가
되었고, 인수대비가 태어난 이듬해인 세종 20년에 죽었다. 인
수대비의 가계도를 그려보면 다음 〈표6〉과 같다.

어머니 홍씨는 인수대비가 혼인하기 전인 문종 즉위
년(1450)에 죽었으나 그녀의 형제자매들은 아버지 한확과 고모
들의 후광으로 대부분 재력과 명망이 있는 가문의 자녀들과

혼인했다.

〈표6〉 인수대비 가계도

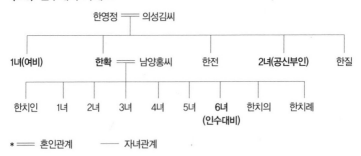

* ══ 혼인관계　　── 자녀관계

오빠 한치인(1421~77)은 개국 2등공신인 조반(趙胖:
1341~1401)의 손녀와 결혼했다. 조반은 여러 차례 명나라를 다녀
온 외교통이다. 조선 건국에 기여하여 개국공신 2등에 책봉되
고 복흥군(復興君)에 봉해졌으며, 중추원지사가 되었다. 태조 3
년(1394) 6월에는 이방원(후의 태종)과 함께 명나라에 표문(表文)을
올렸고, 11월에는 이방원을 수행하여 다시 명나라에 다녀오기
도 했다. 한치인은 23살이 되던 세종 26년(1444)에 문음으로 세
자 우세마에 제수되었고 여러 번 벼슬을 옮겨 공조정랑 · 사재
감판사, 가선대부 전주부윤, 정2품의 자헌대부가 되었다. 조카
성종이 즉위한 뒤 좌리공신이 되고, 돈녕부지사가 되어 외척의
핵심인사가 되었다.(성종 8년 9월 11일 을해, 한치인 졸기)

동생 한치의(1440~73)는 군사(郡事) 이항전(李恒全)의 딸
과 혼인했다. 이항전은 세조 1년(1455) 12월 사직(司直)으로 세

조의 즉위를 도와 죄익원공공신 3등에 책록된 인물이다.(세조 1년 12월 27일 무진)

동생 한치례(1441~99)는 세종의 사위인 연창위(延昌尉) 안맹담(安孟聃: 1415~62)의 딸, 즉 세종의 딸인 정의공주의 딸과 혼인했다. 안맹담은 세종 10년(1428)에 정의공주와 혼인하여 죽성군(竹城君), 연창군(延昌君)에 봉해진 인물이다. 즉 한치례는 세종의 외손녀와 혼인했다.

이와 같이 3형제가 모두 공신가문 또는 왕의 외손과 혼인했다. 이들은 조카 성종이 즉위하자 좌리공신에 책봉되었으며, 고모가 명 황제의 후궁으로 있은 덕에 황제의 명령으로 자주 성절사의 직책을 띠고 북경을 다녀왔다. 그런데 이들이 누린 부귀영화에 대해서 『성종실록』의 사신(史臣)은 매우 비판적으로 쓰고 있다. 즉 '한치례는 한확의 아들이며, 한확의 누이는 중국 조정에 뽑혀 들어가 선종(宣宗)의 후궁이 되고, 아보(阿保)의 공으로 성화제에게 총애를 받았다. 또 칙령으로 한씨의 족친을 해마다 성절사로 충원하여 명 조정에 들어가게 하므로, 한치례 및 그의 형 한치인 · 한치의, 사촌들인 한치형(韓致亨) · 한충인(韓忠仁), 조카인 한한(韓僴) · 한찬(韓儧) · 한건(韓健)이 서로 번갈아 가면서 북경에 들어갔다. 그리하여 금대(金帶)와 서대(犀帶)를 띠는 것이 모두 황제의 칙지에서 나왔으며, 금 · 은 · 비단 등의 물품을 내려 줌이 매우 많아서 한씨의 일족은 정동(鄭同: 조선출신의 명 환관)으로 인하여 앉아서 부귀를 취하고 해를 나라에 끼침이 이루 말할 수 없었다.'(성종 10년 7월 4일 무오)라고 비판했다. 인수대비의 오빠를 비롯한 족친들도 모두 고모 공신부인의 덕으로 높은 권세를 누렸다.

인수대비의 둘째 언니는 세종 19년에 세종의 후궁 신빈(愼嬪) 김씨 소생인 계양군(桂陽君) 이증(李璔)에게 시집갔다. 계양군은 세종의 아들이자 세조의 이복형이기도 했다. 따라서 언니는 세종의 며느리 정선군부인(旌善郡夫人)으로 인수대비에게는 시숙모가 되었다. 계양군은 세조가 즉위할 때 좌익공신이 되었고, 세조가 무척 총애했다. 나머지 언니들도 비교적 당대 명문가 집안의 아들들과 혼인했다. 인수대비 형제들의 혼인 관계를 정리해 보면 〈표 7〉과 같다.

〈표 7〉 인수대비 형제들의 혼인 관계

한확의 자녀	처 또는 남편	처부 시부	비고
1남 치인	배천 조씨	좌참찬 조서안	처는 개국 공신 조반의 손녀.
1녀	이계령	한성부윤 이사후	이계령은 해주목사 지냄.
2녀	계양군 이증	세종	계양군은 세종의 후궁 신빈 김씨 소생.
3녀	김자완	호조참의 김중서	김자완은 현령, 전라도 익산에 삶.
4녀	최정		최정은 감찰, 돈녕부 첨정·도정 지냄.
5녀	권집	예조판서 권총	사직. 태종 3녀 경안공주의 손자.
6녀(인수대비)	의경세자 이장	세조	성종의 모.
2남 치의	전의 이씨	지풍천군사 이항전	
3남 치례	죽산 안씨	연창위 안맹담	처부 안맹담은 세종의 사위.

2

왕비가 될 꿈,
그 꿈이 무너지다

수양대군이 맏아들 도원군과의 혼인

사정전에 임어하여 상참을 받고, 이어서 조그마한 술자리를 베풀고 나인으로 하여금 음악을 연주하게 했다. 임금이 입시한 여러 신하들에게 친히 술을 내리고 세자가 잔질을 하여 술을 돌리는 것도 또한 이와 같이 했다. 임금이 세자에게 이르기를, "매사에 네 장인의 말을 따르면 실수가 적을 것이다." 하니, 장인은 곧 좌의정 한확이었다. … 임금이 말하기를, "의정의 말은 진정 세자를 아끼는 소리이다. … 내 일찍이 세자에게 이르기를 '복이 많은 사람으로 네 장인만 한 사람이 없다. 옛사람 중에서 구하여도 역시 쉽게 얻지는 못할 것이다.'라고 했다.("세조실록』 권2, 1년 8월 18일 신유.)

세조 1년 사정전 술자리에서 세조는 아들 의경세자에게 장인 한확을 칭찬하며, 그의 말을 잘 들으면 실수가 없을 것이니 명심하도록 명했다. 세조가 극구 칭찬한 한확은 바로 인수대비의 아버지이다.

인수대비의 어린 시절 행적은 자료가 없어 알기가 어렵다. 다만 거가대족 집안의 가장 융성한 시기에 태어났고, 후에 『내훈』을 지은 것으로 보아 어릴 때부터 유교교육을 받았고 글공부에 관심을 가지고 여러 고전을 읽었을 것으로 여겨진다.

수양대군은 윤번의 딸 파평 윤씨와 혼인하여 2남 1녀를 두었다. 맏아들은 도원군이고, 둘째아들은 후에 예종이 되는 해양군이다. 인수대비는 17살이 되던 단종 1년(1453)에 한살 아래인 수양대군의 맏아들 도원군(桃源君) 장(暲)(1438~57)과 혼인했다.

도원군은 대군의 아들인데도 세종 20년에 궁중에서 태어났다. 왕세자를 제외한 왕의 모든 자녀들은 혼인을 하면 궁 밖으로 나가 살아야 했다. 그러나 세종과 세종비의 특별한 사랑과 배려로 수양대군의 부인은 궁궐에서 도원군을 낳았다. 당시 세종은 여러 가지 불미스러운 일로 인해 두 번이나 맏며느리인 세자빈을 내쫓았다. 이로 인해 왕실에는 세자빈이 없었다. 자연히 세종 부부는 둘째 며느리인 수양대군의 부인 윤씨의 출산에 관심이 많았다. 첫 번째 손자로 태어난 도원군을 세종은 친히 안아주고 데리고 다니는 등 매우 귀여워했다. 도원군은 체격이 준수하고 숙성하며 용모 또한 단아하여 세종의 총애를 많이 받았다. 세종 27년 정월에 정의대부(正義大夫: 종친계 종2품 하계)가 되고 도원군에 봉해졌고, 단종 1년(1453) 정월에 승헌대부(承憲大夫: 종친계 정2품 하계)로 승진되고, 4월에 성균관에 입학했다.

도원군과 인수대비의 결혼은 매우 정략적이었다. 김종서와 대립하고 있었던 수양대군은 자신의 정치적 입지를 넓히기 위해서 큰아들 도원군과 당대 최고의 세두가였던 한확의 막내딸의 결혼을 추진했다. 인수대비의 혼인은 아버지 한확과 수양대군의 의지가 맞아 떨어졌기 때문에 가능한 것이었다. 수양대군은 당시 명나라 황친으로 이름을 떨치던 한확과 사돈을 맺고 싶어 했고, 한확 또한 왕실과 사돈을 맺고 싶어 했다. 인수대비는 수양대군의 이복동생인 계양군의 처제이자 조카며느리였다. 또한 수양대군의 부인 윤씨의 형부인 홍원용(인수대비의 외삼촌)의 생질녀(누이의 딸)였고, 외사촌언니인 홍이용의 딸 강녕부부인은 세종의 일곱 번째 아들인 평원대군의 부인이었다. 이렇게 인수대비의 친정은 여러모로 세종 · 수양대군, 남양 홍씨, 파평 윤씨 가문과 혼맥이 얽혀 있었다. 이들의 관계를 보면 〈표 8〉과 같다.

〈표 8〉 한확과 조선 왕실 · 홍여방 · 윤번 가문의 혼인관계

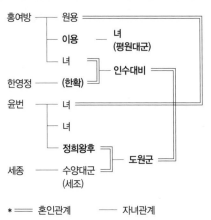

인수대비는 혼인 당시 도원군이 대군의 적장자로 정의대부의 품계를 가졌기 때문에 종2품의 현부인(縣夫人)의 외명부를 받았을 것으로 보인다.

혼인한 지 얼마 되지 않아 인수대비는 시아버지 수양대군이 김종서를 제거하는 계유정난을 일으켜 권력을 장악하는 과정을 직접 곁에서 보았다. 계유정난에는 아버지 한확을 비롯해 온 집안이 참여했다.

인수대비는 이 엄청난 권력다툼을 통해 왕가의 맏며느리로서 겪어야 할 정치적 경험을 몸소 체험하고, 권력의 쓴맛 단맛을 모두 알게 되었다. 도원군은 계유정난 성공 후 흥록대부(興祿大夫: 종친계 정1품 하계)에 제수되었다. 인수대비는 단종 2년(1454)에 18세의 나이로 잠저에서 첫 아들인 월산군을 낳았다. 수양대군의 첫 번째 손자이자 대를 이어갈 맏아들이었다.

세조의 즉위와 세자빈 책봉

그 빈(嬪)을 책봉하는 교서는 이러했다. "세자는 나라의 근본이므로 의당 어진 배필이 있어서 함께 종사(宗社)의 중책을 계승하여야 할 것이다. 아! 너 한씨는 원훈(元勳: 훈신)의 번성한 세족(世族)이며, 예의로 이름난 가문으로서 일찍 장자의 배필이 되니, 유순하고 따사로우며 은혜롭다. 이에 세자를 세움에 즈음하여 마땅히 너의 작위와 호칭도 바르게 하여야 할 것이므로, 명하여 왕세자빈으로 삼으니, 그 은총의 명을 영광되게 받고, 더욱 아름다운 경륜에 힘써야 할 것이니, 공경하라."(『세조실록』, 권1, 1년 7월 26일 기해)

인수대비가 결혼한 지 2년이 좀 넘은 단종 3년(1455) 윤 6월 11일(을묘)에 시아버지 수양대군이 단종을 폐위하고 왕위에 올랐다. 이 2년간은 인수대비의 삶에 엄청난 경험과 변화의 시간이었다. 종친부인에서 다음 왕비가 될 세자빈으로 신분상승이 이루어졌기 때문이다. 계유정난 이후 수양대군이 왕이 되자 자연히 남편 도원군은 세자에 책봉되었다. 세조는 1년 7월 26일(기해)에 근정전에 나아가 도원군 이장(李暲)을 왕세자로 책봉하고, 며느리를 왕세자빈으로 삼았다. 세자책봉 교서를 보면 '예로부터 성왕(聖王)이 모두 세자를 세웠으니, 대개 장차 제왕의 자리를 부탁하여 종묘를 받들려는 것이다. 너 원자 이장은 적장자로 태어났으니, 춘궁(春宮: 세자궁)에 있어 합당하므로 너에게 명하여 왕세자로 삼으니, 너는 힘써 배우고 태만하지 말 것이며, 힘써 삼선(三善: 부자·군신·장유의 도)을 행하면서 군병을 어루만지고 국사를 감시하여, 길이 큰 기업(基業)을 공고히 하길 바란다.'고 했다. 또 책문에는 '임금이 명을 받으면 반드시 세자를 세우니, 이는 종묘와 사직을 소중히 여기는 까닭이다. 원자 이장은 적장자이니, 이는 곧 종통이 돌아가는 곳이므로, 너를 책봉하여 왕세자로 삼는다. 너는 이 은총의 명을 받고 임금의 자리가 쉽지 않음을 생각하고, 오직 바른 사람을 가까이 하고 공경하는 덕을 힘쓰면 왕조의 경사가 될 것이다.'고 했다.(세조 1년 7월 26일 기해)

남편이 세자로 책봉되는 날 인수대비도 현부인에서 왕세자빈으로 책봉되었다. 왕비와는 다소 거리가 있었던 대군의 며느리에서 일약 차기 왕비가 될 자격을 획득한 것이다. 인수대비에게 주어진 세자빈의 칭호는 정빈(貞嬪)이었다. 그러나 정빈은 태종의 부인 원경왕후(元敬王后)가 세자빈이었을 때의 호칭과 겹쳤기 때문에 세조 11년 7월에 수빈(粹嬪)으로 고쳤다.(세조 11년 7월 27일 임신) 따라서 왕비가 되기 전의 인수대비는 정빈 한씨로, 또 수빈 한씨로 불렸다.

세자빈이 된 그녀는 엄청난 권력의 힘을 직접 경험했

다. 고모들이 명 황실이 후궁이 되었듯이 그녀는 조선왕조의 왕비가 될 수 있었다. 지금까지 삶의 공간과는 다른 궁궐로 들어가게 되었으며 궁녀를 비롯한 많은 시종들을 거느리게 되었다. 그녀는 왕비가 될 희망에 부풀어 있었다. 뿐만 아니라 자신의 아들이 왕이 되어 대비가 될 수 있다는 기대를 가졌다. 또한 세자빈이 된 후 사촌시동생인 단종의 폐위, 시삼촌인 안평대군과 금성대군의 죽음, 세조의 정권탈취에 반대하는 사육신사건을 비롯한 단종복위사건 등 피비린내 나는 권력 싸움 과정을 통해 권력이 얼마나 무섭고 힘이 있는가를 경험했다. 권력이란 저절로 주어지지 않으며, 그것을 지키기 위해, 또 살아남기 위해서는 어떻게 해야 하는지도 알게 되었다. 왕실은 일반 사가와는 다른 매우 정치적이며 절대 권력의 산실임도 피부로 느꼈다.

세조는 2년 8월 23일(경신)에 의경세자의 첩으로 3명의 소훈(昭訓: 세자의 첩, 종 5품)을 간택하여 뽑아 들였다. 조선시대 세자의 소실들은 〈표 9〉에 보이는 바와 같이 그 칭호와 품계가 나뉘어 있었다.

〈표 9〉 조선시대 세자 소실의 칭호와 품계

품계	종2품	종3품	종4품	종5품
칭호	양제	양원	승휘	소훈

이때 들인 소실들은 태일전지기(太一殿直) 윤기(尹沂)·
전 사직(司直) 신선경(愼先庚)·수의교위(修義校尉) 권치명(權致命)
의 딸들로 모두 양반 출신이었다.(세조 2년 8월 23일 경신) 수빈 한
씨는 세자빈이 된 대가로 남편의 첩 3명을 받아들여야 했다.
투기는 금지되었고, 이에 순응해야 했다.

호사다마라고 했던가? 세조 2년 9월에 친정아버지 한
확이 죽었다. 세조는 2년 4월에 명나라에서 고명과 관복·온
갖 비단을 내려준 것에 사례하고 세자 책봉을 주청하는 표문
을 올리게 했다. 이때 한확이 표문을 받들고 명나라에 가서 세
자 책봉을 청했다. 그런데 황제의 허락을 받고 조선으로 돌아
오는 길에 죽었다. 아버지 한확의 죽음은 수빈 한씨에게는 매
우 큰 슬픔과 타격을 주었다. 가장 든든한 후원자를 잃은 것이
다. 친정 부모를 모두 잃은 수빈 한씨는 미래의 왕비가 되기
위해서는 시부모인 세조와 정희왕후를 잘 섬겨야 함을 왕실
생활 속에서 이미 체험했다. 문종의 두 부인이 세종의 눈에 벗
어나 쫓겨난 것을 잘 알고 있기 때문이다. 그녀는 세조 내외를
부도(婦道:며느리로서 마땅히 해야 할 도리)로써 섬기며 효부가 되기
위해 더욱 더 노력했다.

이해에 수빈 한씨는 동궁에서 두 번째 자녀인 태안
군주(후의 명숙공주)를 낳았다. 유일한 딸이었다. 이어 세조 3년
(1457) 7월에는 둘째 아들이자 후에 성종이 되는 자산군을 출산

했다. 수빈 한씨는 이경(세자)와의 사이에 아들 둘과 딸 하나를 낳았다. 연이어 자녀들을 생산한 것으로 보아 부부사이가 매우 좋았던 것 같다. 그녀는 세자빈으로서 왕조를 이어갈 아들들을 낳았고, 자신을 총애하는 세조 부부와 함께 부러울 것 없는 생애 최고의 삶을 누렸다. 2남 1녀의 어머니로서 장차 왕비가 되기 위해 부덕(婦德: 여성으로서 지녀야 할 덕)을 쌓기만 하면 되었다.

그러나 불행은 자신도 모르는 사이에 다가왔다. 남편 의경세자가 병들어 시름시름 앓고 있었다.

남편 의경세자의 죽음과 출궁

비바람 무정하여 모란꽃이 떨어지고,
섬돌에 펄럭이는 붉은 작약이 주란(朱欄: 붉은 칠을 한 난간)에 가득 찼네.
명황(明皇)이 촉 땅에 가서 양귀비를 잃고 나니
빈장(嬪嬙: 임금의 수청을 들던 궁녀)이야 있었건만 반겨 보지 않았네.

(『세조실록』 권9, 3년 9월 2일 계해)

　　젊은 나이였음에도 병약했던 의경세자는 자신의 죽음
이 머지않았음을 예견하고 있었다. 왕세자의 자리에 올랐지
만 비바람 앞에 떨어지는 모란꽃이나 작약 같은 자신의 처지
를 안타까워했다. 그러한 그의 마음은 자신이 병을 얻었을 때
쓴 위의 시에 잘 나타나고 있다. 이 시를 병 수발 드는 사람에
게 보이자, 사람들은 그 시가 상서롭지 못한 것을 알고 의경세
자의 병세를 매우 걱정했다. 결국 의경세자는 수빈 한씨가 둘
째 아들 자산군을 낳은 지 두 달도 안 된 세조 3년 9월에 20세
의 나이로 죽었다. 수빈 한씨는 이제 겨우 21살로, 2남 1녀를
둔 청상과부가 되었다.

　　의경세자가 처음 병에 걸렸을 때 세조는 몹시 근심하

여 즉시 옛 집으로 피병히게 하고 도사(禱祀: 신령이나 부처에게 기도하여 제사를 지냄)와 의약을 극진히 했다. 이에 병이 조금 쾌유되자 세조는 기뻐하여 옆에서 약 시중을 든 자와 시위하느라 수고가 많았던 사람들을 한 자급씩 승진시켜 주었다.

그러나 얼마 되지 않아 병이 다시 심해져 끝내 죽자 세조와 정희왕후는 너무 슬퍼 밥을 먹지 못하고 조회와 시장을 5일간 열지 않았다. 그리고 30일 동안 소복(素服)을 입었다. 종친·백관들과 일반 백성들도 모두 슬퍼하고 애통해 했다.(세조 3년 11월 24일 갑신) 의경세자의 졸기에는 '세자가 본궁 정실(正室)에서 죽었다. 세자는 용모와 생김새가 아름답고 성품이 온화하고 순량하며, 공경하며, 학문을 좋아하고 해서(楷書)를 잘 썼다. 세조와 정희왕후가 애도하니, 시종한 여러 신하들이 마음 아파하지 않는 자가 없었다.'(세조 3년 9월 2일 계해)고 했다.

그런데 전해 오는 얘기에 의하면 의경세자는 단종의 어머니 현덕왕후 권씨의 저주 때문에 죽었다는 소문도 있었다. 『연려실기술』 문종조고사본말 소릉의 폐위와 복위(昭陵廢復)조에는 다음과 같은 얘기가 실려 있다.

하룻밤에 세조가 꿈을 꾸었는데 현덕왕후(단종의 어머니)가 매우 분노하여, "네가 죄 없는 내 자식을 죽였으니, 나도 네 자식

을 죽이겠다. 너는 알아두어라." 했다. 세조가 놀라 일어나니, 갑
자기 동궁(의경세자, 덕종)이 죽었다는 기별이 들려왔다. 그 때문에
소릉을 파헤치는 변고가 있었다.　　　　　　　　　『축수편(逐睡篇)』

　　그러나 『세조실록』의 기록을 대조해 보면 이 꿈 이야
기는 사실이 아니다. 『세조실록』 권9, 세조 3년 10월 21일(신해)
조에 의하면 '노산군(단종)이 스스로 목매어서 죽으니, 예(禮)로
써 장사지냈다.'고 기록되어 있다. 단종의 죽음이 자살인지 타
살인지는 역사의 의문으로 남겨둔다고 해도 이 기록대로라면
의경세자는 단종보다 먼저 죽었다. 우연의 일치일 수 있지만
비슷한 시기에 먼저 의경세자가, 이어 단종이 죽었다. 그렇지
만 훗날 사람들은 의경세자의 죽음을 세조의 업보 즉 단종을
쫓아내고 죽인 대가라고 말하고 싶었던 것이리라.
　　의경세자의 죽음에 가장 큰 충격을 받은 사람은 수빈
한씨였다. 아버지의 상중에 또 남편이 연이어 죽는 불행을 겪
어야만 했다. 친정아버지 한확의 객사와 남편의 요절로 그녀
에게는 부모도 없고 남편도 없고, 갓 태어난 핏덩이 등 키워야
할 어린 자녀들만 남았다. 더욱이 남편이 왕위에 오르지 못하
고 요절했기 때문에 왕비가 될 꿈을 접어야 했다. 실제 왕세자
빈의 지위는 불과 2년 3개월 정도에 지나지 않았다.
　　남편 의경세자가 죽자 차기 왕이 될 자리는 자신의 맏

아들이자 세조의 장손인 월산군에게 주어지지 않았다. 세종은 세자 문종이 살아 있었기 때문에 어린 단종을 세손으로 책봉했지만, 세조는 세자가 죽자 그 자리를 그의 둘째 아들인 해양대군 즉 예종에게 물려주었다. 이때 세조의 나이가 이미 40이 넘었기 때문에 아버지가 없는 4살짜리 월산군을 세손으로 책봉하기에는 미래가 불안정했다. 세조는 자신이 어린 단종의 자리를 빼앗은 것과 같은 일이 다시 반복되기를 원하지 않았다. 월산군과 세조의 둘째 아들 해양대군의 나이 차이는 불과 4살밖에 나지 않았지만 '한 다리가 천리'라는 속담과 같이 손자보다는 아들이 더 가까운 존재였다.

세자 자리는 8살 난 해양대군에게 넘어갔다. 8살은 세자로 책봉하기에 부족하지 않은 나이였다. 조선시대 정상적인 왕위 계승에 있어서 왕세자가 책봉되는 나이는 대략 7~8세 정도였다. 문종도 8세에 세자에 책봉되었고, 단종은 8세에 세손에 책봉되었다가 10살에 세자에 책봉되었다.

이러한 상황에 수빈 한씨는 매우 서럽고 가슴 아팠다. 아버지 한확이 살아 있었다면 사정은 달라질 수도 있었겠지만 상황을 바꾸기는 매우 어려웠다. 세조의 결정이기에 따를 수밖에 없었다. 세자빈의 칭호에는 변함이 없었지만 실질적인 자리는 내주어야 했다.

이후 세자는 세조의 최측근인 한명회의 딸과 혼인했

다. 새로운 세자빈 한씨는 세종 27년(1445)에 태어나 세조 6년 (1460)에 16세의 나이로 세자빈이 되었다. 한씨가 세자빈이 된 데에 90쪽는 세조의 의지가 컸다. 맏며느리로 한확의 딸을, 둘째 며느리로 한명회의 딸을 맞아들였다. 수빈 한씨와 새로운 세자빈 한씨는 11촌 관계로 먼 일가였다. 그러나 세자빈 한씨는 불행하게도 이듬해 아들 인성대군을 낳고 산후열 때문에 17세로 요절했다. 인성대군도 3세에 요절했다. 한씨는 세자빈 시절에 죽었기 때문에 예종이 왕으로 즉위한 후에 왕비로 추존되었다. 곧 장순왕후이다.

　세조는 세자의 두 번째 부인을 역시 청주 한씨 가문의 좌의정 한백륜의 딸로 지명했다. 한씨는 처음에 세자의 후궁인 소훈으로 입궁했다. 세조는 바로 세자빈을 뽑지 않고 일단 세자의 후실들을 뽑아 들였다. 예종이 왕이 되기까지 세자빈의 자리를 비워두었다. 의경세자의 세자빈인 수빈 한씨가 있고, 또 손자들도 있었기 때문이다. 그러나 세조는 죽기 직전 병이 점점 위중해지자 세자에게 왕위를 잇도록 명하고, 소훈 한씨를 왕비로 삼았다. 이가 곧 오랫동안 인수대비와 함께 살았던 안순왕후 한씨이다. 이와 같이 세조는 며느리들을 한확, 한명회, 한백륜 등 모두 청주 한씨 가문에서 차례로 뽑아 들였다. 그 가운데 인수대비의 항렬이 제일 높았다. 한확과 한백륜이 7촌 사이였기 때문에 인수대비는 시집으로는 안순왕후의

윗동서가 되고, 친정으로는 9촌 아주머니가 되었다. 예종의
계비가 된 안순왕후 한씨는 제안대군과 현숙공주를 낳았다.
당시 세조의 가계를 살펴보면 〈표 10〉과 같다.

〈표 10〉 세조의 가계

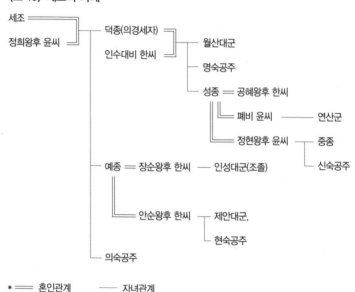

* ═══ 혼인관계   ── 자녀관계

　　시동생이 세자로 책봉되자 남편 없는 궁에서 사실상
전(前) 세자빈으로 전락한 수빈 한씨는 자신의 처지에 대해 많
은 것을 생각했다. 세조에 대한 섭섭함과 아울러 현실의 냉혹
함도 느꼈다. 또한 상황을 타개하기 위한 방안도 모색했다. 자
신과 아이들의 미래에 대해서도 고민했다. 그녀는 왕실의 맏
며느리였고, 의지할 사람은 시부모인 세조 내외뿐이었다. 권

력은 시부모에게 있었고, 현실은 녹록하지 않았다. 그러나 비록 자신은 왕비가 못 되더라도 아들의 일은 알 수 없었다. 아직 포기하기에는 일렀다. 수빈 한씨는 남편이 못 이룬 꿈을 아들을 통해 이루려는 야망의 끈을 놓지 않았다. 아들이 왕이 되면 비록 왕비의 꿈은 이루지 못하더라도 대비가 될 수는 있었기 때문이다. 이 일에는 많은 정치적 변수와 행운이 따라야 했지만 결코 이루지 못할 꿈은 아니었다. 아직까지 문종과 단종을 제외하면 왕위 계승은 정치적 변수에 의해 이루어졌다. 그렇기에 그녀는 세조 부부에게 신임을 얻는 일이 가장 중요하다는 것을 알았다. 이들에게 더욱 더 잘함으로써 자신의 지위를 잃지 않으려고 노력했다.

그러나 계속 궁궐 안에서 생활할 수는 없었다. 궁궐 안에서 생활할 수 있는 사람은 왕과 왕비, 세자와 세자빈, 대비, 결혼하지 않은 왕의 자녀들뿐이었다. 세자를 제외하고는 결혼한 자녀들은 모두 궁궐 밖에서 살아야 했다. 남편이 죽은 (전)세자빈은 궁궐에서 생활할 수 없었다. 세자궁은 새 세자부부의 공간이었기 때문에 비워 주어야 했다.

세조는 수빈 한씨에게 특별히 궁궐에서 살아도 좋다고 했지만 자식들과 궁궐을 떠나 사가로 나가야 했다. 이를 가엾게 여긴 세조는 재위 5년 10월에 살 집을 지어주도록 명했다. 세조는 의경세자의 사당인 효정묘(孝靖廟)를 세우고 수빈 한씨의 집을 그 옆에 짓도록 했다.(세조 5년 10월 7일 을묘) 이 집은 후에 작은 아들 자산군이 왕위에 올라 수빈 한씨가 다시 궁궐에 들어가자 큰아들 월산군의 사저가 되었다. 이후 임진왜란 때 선조가 의주로 피난했다가 한양으로 돌아왔을 때 궁궐이 거의 불에 타서 거처할 곳이 없자 임시로 거처하기도 했다. 후에 광해군이 이곳에 새 궁궐을 지어 경운궁 즉 오늘날의 덕수궁이 되었다.

이 집은 수빈 한씨가 처음에 정빈으로 불렸기 때문에 정빈궁이라 했다. 후에 세자빈호가 수빈(粹嬪)으로 바뀜에 따라 수빈궁이라 불렸다. 집은 매우 사치스럽게 지어진 듯한데, 세조가 세자빈의 궁을 사치스럽게 지었다고 선공감 제조 황효원(黃孝源)·김개(金漑)등을 꾸짖은 일이 있었다.

이 앞서 선공 제조 황효원·김개가 정빈궁(貞嬪宮)을 지으면서 제조가 지나쳤으므로 임금이 이를 꾸짖고 나무랐는데, 이에 이르러 와서 아뢰니, 임금이 불러 보고 말하기를, "지난번에 경(卿) 등이 세자궁을 너무 사치하게 지어서 내가 생각하기에는 불가하여 즉시 명하여 고치게 했는데, 경등은 어찌 내 뜻을 본받지 않고 감히 더욱 사치하게 지었는가? 궁궐은 검소함을 숭상함이 마땅하거늘, 더구나 빈궁 같은 것이랴? 대저 사람의 타고난 복과 나라에서 주는 녹봉은 수(數)가 있는 것이며, 재력은 오로지 백성에게서 나오는 것이니, 사치를 숭상하면 반드시 재물을 다하는 데 이를 것이다. 재물이 다하면 반드시 그 백성을 상하게 되니, 경등이 어찌 생각하지 아니함이 심한가?"

(『세조실록』 권30, 9년 4월 18일 정축)

이 집을 화려하게 지은 데에는 수빈 한씨의 입김이 작용했기 때문이다. 궁궐을 나와야 하는 처치이기에 수빈 한씨는 자신과 왕실의 적통인 왕손들이 살 집을 크고 화려하게 짓고 싶었다. 세조 5년에 짓기 시작한 이 집은 세조 9년 4월 즈음에 완공되었다. 그때까지 수빈 한씨는 아이들과 함께 세조와 정희왕후의 사랑을 받으며 궁궐에서 생활했다. 이후에도 홀로 된 맏며느리가 안쓰러웠던 세조 부부는 손자들을 궁궐에서 키웠다. 아직 세조에게 왕손들은 수빈 한씨의 자식들밖에 없었다. 예종의 아들 제안대군은 세조 말년인 12년(1466)에 가서야 태어났다. 집이 완성된 후 수빈 한씨는 정빈궁에서 생활했다. 세조는 정희왕후와 함께 정빈궁에 들리기도 했다.

그러나 궁궐을 떠나 사가로 돌아온 그녀의 심정은 어떠했을까. 쉽게 헤아리기 어려울 정도로 참담했을 것이다. 그녀는 조선 왕실의 맏며느리인 만큼 몸은 비록 궁 밖에 있었지만 그 위상을 유지하기 위해 노력했다. 결코 맏며느리의 위상을 잃고 싶지 않았다. 두 아들을 주로 궁 안에서 키웠으며, 아

들들의 교육과 자신이 한문 연미를 게을리 하시 않았다. 아랫
사람들에게 매사에 엄격하고 빈틈이 없었다. 세조 부부는 그
녀를 가리켜 '폭빈(暴嬪)' 즉 '사나운 세자빈'이라 불렀다.

인수대비가 세조의 잠저 때부터 밤낮으로 정성껏 시부모를
섬겼고, 세자빈으로 책봉된 뒤에는 더욱 부도(婦道)를 삼가니 세
조가 효부(孝婦)라는 도장을 만들어서 내렸다. 대비는 천품이 엄
정하여 왕손들을 기르되 조금이라도 과실이 있으면 덮어 주지
않고 곧 얼굴빛을 바로 하고 경계했으므로 시부모는 농담으로
폭빈(暴嬪)이라 했다. (『연려실기술』 제5권 세조조 고사본말)

　　홀어미인 수빈 한씨는 맏며느리로서 세조 내외를 정
성껏 모셔 '효부'라는 도장을 받았다. 또 자녀 교육에도 엄격
하여 아들이 공부를 게을리 하거나 거슬리는 행동을 하면 호
되게 야단을 쳤다. 수빈 한씨는 엄하고 바른 성격의 소유자로
자식들에게 과실이 있으면 얼굴빛을 바로 하고 경계했다. '엄
격' '강인' '강직' 이런 단어들은 자식을 둔 양반가 과부들의 속
성을 반영하고 있다. '애비 없는 자식' '과부 자식'에 대한 편견
과 상실감을 극복하는 길은 어머니의 강한 도덕성과 자식에
대한 엄격성에 있었다.
　　그 결과 성종은 일찍부터 총명함과 담대함을 키웠다.

『성종실록』에는 성종의 성품에 대해 이렇게 기록하고 있다.

천순 원년 정축년(1457, 세조 3년) 7월 30일 신묘에 왕은 동궁
에서 탄생했는데, 이해 9월에 덕종이 죽으니, 세조가 왕을 궁중
에서 양육했다. 왕은 타고난 자질이 특별히 준수하고, 기상과 도
량이 보통 사람보다 뛰어나므로, 세조가 대단히 사랑하여 신사
년(1461, 세조 7년) 정월에 자산군으로 봉했다. 왕이 일찍이 동모
형 월산군 이정(李婷)과 더불어 궁중의 처마 아래에서 글을 읽고
있을 때 마침 요란한 천둥소리가 나고, 어린 환관이 곁에 있다
가 벼락을 맞아 죽으니, 모시고 있던 사람들은 놀라서 넘어지며
기운이 쭉 빠지지 않은 이가 없었는데도, 왕은 조금도 두려워하
는 기색이 없이 언어와 행동이 침착하여 평상시와 다름이 없으
므로, 사람들이 모두 이를 기이하게 여겼다.

(『성종실록』 권1 총서)

조금은 꾸며진 이야기겠지만 성종의 이러한 담대한
성격은 아마도 수빈 한씨를 닮은 것이 아니었을까? 무엇보다
도 수빈 한씨의 한 치의 흐트러짐도 용납하려 하지 않는 엄격
하고 바른 성격은 후에 며느리들을 경계하고 단속하는 데서
여실히 드러난다. 나아가 며느리 윤씨를 폐비시키고 죽이는
데에도 발현되었다.

자녀들의 혼인

    사가에서 세조의 맏며느리로 살아가던 수빈 한씨는 2
남 1녀의 자식들을 교육시키고 키워 모두 혼인 시켰다. 자식
들의 혼인에는 시아버지 세조의 힘이 크게 작용했고 그 결정
에 따랐다. 그러나 수빈 한씨의 역할과 입김도 작용했다. 그녀
는 자신의 자녀들을 권세 있는 집안과 혼인시키기를 원했다.

    먼저 맏아들 월산군은 세조 12년(1466) 8월에 13세의
나이로 병조참판 박중선(朴仲善)의 딸과 혼인했다. 월산군은 박
중선의 딸을 세종의 손자 영순군(永順君) 이부(李溥)의 집에서
친영(신랑이 신부집에 가서 예식을 올리고 신부를 맞아오는 예)했다. 이
때 종친과 재추(宰樞)들이 모두 시복(時服: 문무백관이 입시할 때나
공무를 볼 때 입던 옷) 차림으로 신랑과 신부를 호위했다. 세조는
첫 손자의 혼인이 궁금했는지 사복시(司僕寺) 담 밑의 높은 곳
에 누각을 만들고 올라가 정희왕후와 함께 이를 구경했다. 또

한 세조는 예조판서 강희맹(姜希孟)에게 명하여 궁온(宮醞:임금이 신하나 백성에게 내려 주던 궁중의 술)을 가지고 이부의 집에 가서 종친과 재추들에게 접대하도록 했다. 손자며느리가 되는 월산군의 부인 박씨를 상원군부인(祥原郡夫人)으로 삼았다.(세조 12년 8월 19일 무오)

월산군의 장인 박중선은 돈녕부부지사 박거소(朴去疎)와 영의정 심온(沈溫)의 딸이자 세종비 소헌왕후의 동생인 청송 심씨의 아들이다. 즉 박중선의 이모부가 세종으로, 세조와는 이종사촌이 된다. 그는 왕실의 외척이었으나 어려서 아버지를 여의고 음서로 충순위(忠順衛)에 들어갔다가 부호군으로 선전관을 겸했다. 세조 6년(1460) 7월에 무과에 장원하여 훈련원부사가 되었다. 이어 훈련원지사·예빈시소윤·통례문부지사·군기감판사를 역임하고 곧 병조지사가 되었다. 이후 세조 9년(1463)에 병조참의를 거쳐 세조 12년(1466)에 병조참판이 되어 오위의 부총관(副摠官)을 겸했다. 이해에 월산군의 장인이 됨으로써 다시 왕실과 인연을 맺었다. 월산군의 부인 박씨와 이후 중종반정을 일으키는 핵심인물인 박원종은 남매지간이었다.

월산군이 혼인한지 4개월 뒤에 고명딸 태안군주도 혼인을 했다. 태안군주(泰安郡主)는 세조 12년(1466) 12월에 12세의 나이로 좌의정 홍응(洪應)의 아들 홍상(洪常)과 혼인하여 수빈 한씨의 외가인 남양 홍씨 가문의 며느리가 되었다. 홍상은 태안군주(泰安郡主)를 세조의 사위인 의빈(儀賓) 정현조(鄭顯祖)의 집에서 친영했다.(세조 12년 12월 19일 병진) 태안군주는 성종이 즉위한 뒤 아버지 의경세자를 덕종으로 추존하자 명숙공주에 추봉되었다. 이에 홍상은 당양위(唐陽尉)에 책봉되었다. 두 사람 사이에 아들 하나를 두었다.

둘째 아들 자산군(후의 성종)은 세조 13년(1467)에 당대 최고의 권력자이자 예종의 장인이었던 한명회의 딸과 혼인했다. 이때 세조가 자산군의 배필을 뽑을 때 뜻에 맞는 사람이 없었는데, 한명회의 딸이 덕스러운 얼굴을 지녔음을 알고 불러 보고서 혼인을 정했다고 한다. 친영은 그해 정월 12일에 한명회의 집에서 이루어졌다. 이때 세종의 여덟 째 아들 영응대군 이염(李琰)이 혼사를 주관했다.

자산군의 부인으로 한명회의 딸이 선택된 것은 세조와 한명회, 수빈 한씨의 뜻이 일치했기 때문이었다. 한명회는 해양대군(예종)과 혼인했던 자신의 딸이 죽자 또 다른 딸을 자산군과 혼인시켜 왕실의 외척이 되고자 했다. 세조 또한 한명회와 사돈관계를 유지하여 왕권을 강화하려고 했다. 무엇보다도 수빈 한씨 역시 자신과 아들의 지위를 강화시켜 줄 든든한 후원자가 필요했다. 이에 먼 친정 일가이자 당대 최고의 권신이었던 한명회와 사돈을 맺어 자신과 가문의 지위를 강화하고자 했다.

수빈 한씨는 세조 12년(1466) 8월에 월산군을, 그해 12월에 태안군주를, 이듬해 정월에 자산군을 혼인시켰다. 이렇게 서둘러 연달아 자녀들을 혼인시킨 것은 세조가 이미 늙고 몸이 불편했기 때문이었다. 세조는 말년에 피부병을 비롯한 질병에 시달렸다. 세상 사람들은 의경세자가 일찍 죽은 것과 세조의 피부병을 두고 그가 어린 조카 단종을 죽인 죗값을 받는 것이라고 수군거렸다.

▲ 창경궁에 있는 성종의 태실

▲ 성종의 태실비

세조는 재위 14년 9월 7일에 해양대군을 왕으로 즉위시키고 다음날 수강궁 정침에서 세상을 떠났다.(세조 14년 9월 7일 계해, 세조 14년 9월 8일 갑자) 이때 예종의 나이는 19세였고, 수빈 한씨는 32살이었다. 아들을 왕으로 만들고 싶은 그의 야망은 점점 실현하기 어려워 보였다.

그러i 비록 헛뒤 꿈이 될지언정 그녀는 자신의 야망을 떨칠 수가 없었다. 포기하기엔 아직 일렀다. 남편 의경세자와 마찬가지로 예종 역시 병약했기 때문이었다. 게다가 아직 제안대군의 나이가 매우 어려 세자 책봉을 받지 못한 상태였다. 꿈을 이루기 위해서는 정희왕후의 힘이 절대적으로 필요했다. 그녀는 자신의 뜻을 이루기 위해 더욱 더 정희왕후의 뜻을 극진하게 받들었다. 그런데 그러한 꿈의 실현이 생각보다 매우 일찍 다가왔다.

3

다시 찾은 꿈,
왕의 어머니가 되다

왕이 된 아들 성종, 다시 궁궐로

임금이 창덕궁으로 옮겨 거처하니 대왕대비도 또한 창덕궁으로 옮겨 거처했으며, 수빈도 따라갔다. 중궁은 상당군 한명회의 사제로 옮겨 거처하고, 왕대비는 경복궁으로 옮겨 거처했다. (『성종실록』 권1, 즉위년 12월 26일 을해)

맏며느리 수빈 한씨를 신임하던 왕실의 가장 어른인 정희왕후는 예종이 죽던 날에 자신의 장자인 의경세자의 둘째아들이자 한명회의 사위인 자산군을 새로운 왕으로 지명했다. 이가 곧 13살의 나이로 왕위에 오른 조선의 9대 왕 성종이다. 성종이 왕위에 올라 거처를 창덕궁으로 옮기자 수빈 한씨도 어머니의 자격으로 따라서 창덕궁으로 거처를 옮겼다. 그토록 내심 꿈꾸었던바 아들은 왕이 되고 자신은 왕의 어머니가 되었다.

그럼 성종은 어떻게 왕이 되었을까? 성종이 왕이 되기 이전인 세조 12년에 왕위 계승권을 가진 세자(후의 예종)의 아들 제안대군이 태어났다. 수빈 한씨의 아들들이 왕이 될 수 없음을 인정해야 하는 순간이었다. 수빈 한씨가 다시 궁궐로 들어가는 것은 요원한 듯 보였다. 더욱이 세자 예종이 왕이 되자 더욱 그러했다. 큰 변수가 없다면 왕위는 세조 - 예종 - 제안 대군으로 이어지게 되어 있었다.

그런데 공교롭게도 병약했던 예종은 재위 불과 14개월 만에 요절했다. 그는 사망 시 후계자에 대한 어떤 발언도 하지 못했다. 예종의 갑작스러운 죽음으로 왕의 자리가 비는 비상시국이 되었다. 아직 세자도 책봉되지 못한 상태였기 때문이다.

후계자 선택은 왕실을 비롯한 종실뿐만 아니라 신료들에게도 지대한 관심사였다. 그러나 일차적으로 국왕 선택권은 왕실에 있었으며, 그중에서도 왕실의 최고 어른인 정희왕후에게 주어졌다. 이때 예종의 아들 제안대군은 불과 4살이었고, 아직 세자에 책봉되지 못했다. 누가 상주(喪主)로 대통을 이을 것인가는 매우 긴박하고도 중요한 문제로 대두했다.

수빈 한씨 역시 이 문제에 대해 그 누구보다도 관심이 매우 컸다. 갑작스러운 상황변화에 민감하지 않을 수 없었다. 세조의 맏며느리요 두 왕손의 어머니였기 때문이다. 인생에 역전의 순간이 오기를 그녀는 얼마나 손꼽아 기다려 왔던가.

또한 이날을 손꼽아 더 기다렸던 사람이 있었으니 바로 자산군의 장인인 한명회였다.

예종이 죽자 신숙주는 권감(權□)에게 '국가의 일이 이

지경에 이르렀으니, 상주를 서둘러 여쭈어 결정해야 될 것'이라 하고는, 정희왕후의 사위인 하성군(河城君) 정현조(鄭顯祖)로 하여금 빨리 상주부터 먼저 정해야 할 것이니 대비에게 가서 직접 여쭙게 했다. 정현조가 대궐에 들어가서 아뢰고, 교지(敎旨)를 받들어 왔다갔다 한 것이 4~5차례나 되었다. 결정이 쉽지 않음을 의미했다. 한참 있다가 정희왕후가 강녕전 동쪽 편실(便室)에 나와서 신숙주와 권감 등을 불러서 들어오게 했다. 그는 한참을 슬피 울고 나서 정현조와 권감에게 명령하여 여러 원상에게 '누가 상주할 만한 사람'인지 두루 묻게 했다. 신숙주 등은 이 일은 자신들이 감히 의논할 바가 아니라며 정희왕후의 뜻을 직접 듣고자 했다. 이에 정희왕후는 세조대의 충신이자 원상인 신숙주 · 한명회 · 구치관을 비롯하여 대신들을 불러 모았다. 그리고 자산군을 왕으로 지명했다.

"원자는 바야흐로 포대기 속에 있고, 월산군은 본디부터 질병이 있다. 자산군은 비록 나이는 어리지마는 세조께서 매양 그의 기상과 도량을 일컬으면서 태조에게 견주기까지 했으니, 그로 하여금 상주하게 하는 것이 어떻겠는가?"

『성종실록』 권1, 즉위년 11월 28일 무신)

이러한 정희왕후의 결정에 신숙주 등은 '진실로 마땅

하다.'며 모두 찬성했다. 자산군이 왕으로 지명된 표면상의 이유는 제안대군이 아직 어리고 월산군은 질병이 있는 반면에 자산군은 타고난 자질이 특별히 준수하고, 기상과 도량이 보통 사람보다 뛰어나며, 세조가 대단히 사랑했다는 것이었다.

죽은 세자의 둘째 아들인 자산군이 왕이 된 데에는 여러 가지 상황과 명분이 뒷받침해주었다. 제안대군이 장성했다면 아무런 문제가 되지 않았지만 아직 너무 어려서 세자 책봉도 받지 못했고, 왕위를 이을 상황이 못 되었다. 그러면 양자를 들일 수밖에 없었다. 양자의 자격을 갖춘 가장 가까운 인물은 예종의 조카들인 월산군과 자산군이다. 그런데 월산군은 죽은 의경세자의 제사를 받들고 가문을 이어가고 있었다. 따라서 예종의 양자가 될 자격이 없었다. 양자가 될 자격은 둘째 아들 자산군에게 있었다. 자산군이 예종의 대통을 잇는 것이 보다 순리적이고 합리적인 방법이었다.

그러나 자산군이 왕이 된 데에는 보다 큰 정치적 야망들이 숨겨 있었다. 즉 정희왕후와 한명회, 수빈 한씨의 야망이 일치했던 것이다. 왕실의 안정을 바라는 정희왕후와 당시 최고의 힘을 가지고 있던 자산군의 장인인 한명회의 야심, 그리고 아들을 왕으로 만들고 싶은 수빈 한씨의 야망이 어우러진 합작품이었다. 정희왕후에게는 난국을 뒷받침해 줄 노련한 정치가가 필요했고, 한명회는 다시 한 번 자신의 사위를 왕으

로 만들고 싶었고, 수빈 한씨는 좌절되었던 왕비 자리를 대신
해 대비가 되고 싶었다. 특히 한명회는 과거 세자(예종)의 장인
이기도 했지만 그 기간은 매우 짧았고, 당시는 자산군의 장인
이자 원상(院相)으로서 큰 힘을 가지고 있었다. 한명회의 권세
를 필요로 하는 정희왕후와 수빈 한씨, 그리고 한명회, 이 3사
람은 자산군을 왕으로 세우는데 뜻을 같이했다. 그리하여 자
산군 즉 성종은 어느 날 갑자기 왕이 된 행운아 중 한 사람이
되었다.

　　당시 왕실은 월산군의 장인인 박중선보다 자산군의
장인인 한명회와 청주 한씨들의 세력을 필요로 했다. 박중선
도 지위가 낮은 것은 아니었지만 그는 무인으로 글을 잘 몰랐
던 듯하다. 성종 9년 10월에 그를 숭정대부 이조판서로 삼았는
데 이때 사신의 논평을 보면 '박중선은 문음 출신으로서 뒤에
무과의 장원으로 뽑혔는데, 글을 알지 못하고 오로지 노래와
여색만 일삼았다. 그런데 이때에 이르러 이조판서가 되었으므
로, 임금이 재가하던 날에 사람들이 모두 깜짝 놀랐다.'(성종 9년
10월 4일 임진)며 다소 비판적으로 서술하고 있다. 그는 궁궐 내
의 정치적인 실권은 별로 없었다. 정희왕후의 절대적인 신임
도 얻지 못했다. 반면에 단종의 폐위를 직접 경험했던 정희왕
후는 똑같은 일이 되풀이되지 않게 왕실의 안정을 위해 원상
한명회의 힘을 필요로 했다. 이 또한 수빈 한씨의 바람이었다.

그럼에도 성종은 왕이 될 정통성이 약했다. 제안대군이 성장할수록 더욱 그랬다. 예종의 친아들도 아니고, 의경세자의 맏아들도 아니었다. 선왕의 죽음이라는 위급한 상황 속에서 갑자기 예종의 법적인 아들이 되어 왕위를 이은 것이다. 그런 만큼 그는 제왕 교육을 받은 바도 없었다. 다만 품성이 좋고 학문을 좋아한다는 이유로 왕으로 지명되었다. 성종의 행장을 보면 후계자를 고르는데 성종이 '덕기가 숙성하여 부모에게 효도하고 형제에 우애하며 학문을 좋아하여 국무를 담당하게 되었다'고 했다.(『성종실록』 권297, 성종대왕 행장行狀) 하지만 이것은 명분 찾기에 불과했다. 즉 성종이 왕이 된 데에는 둘째 아들로 양자로 갈 수 있었다는 점보다 한명회를 신뢰하던 정희왕후와 수빈 한씨의 정치적 결탁이 더 크게 작용했다.

둘째 아들이 왕으로 즉위하자 수빈 한씨는 다시 궁궐로 들어왔다. 21살에 남편을 잃고 세자빈으로 살아야 했던 수빈 한씨는 33살에 왕의 어머니가 되어 다시 궁궐로 들어오게 된 것이다.

수렴청정은 할 수 없었지만...

13살의 어린 성종이 즉위하자 그날로 신숙주는 정희 왕후에게 수렴청정을 청했다. 수렴청정은 나이가 어린 왕이 즉위했을 때 모후나 왕실의 가장 최고 어른인 대왕대비가 대신 정사를 보는 경우 내외법(조선시대 남녀간의 자유스러운 접촉을 금지하던 관습법)에 의해 발을 드리우고 남성 관료들을 만나는 형태를 말한다. 수렴청정은 유교를 통치이념으로 하던 중국이나 우리나라에서도 가끔 있어 왔다. 조선에서는 어린 성종의 즉위와 함께 정희왕후가 처음으로 수렴청정을 하게 되었다.[10]

처음에 신숙주가 대왕대비인 정희왕후에게 수렴청정을 청하자 그녀는 사양하는 전교를 내렸다. 그 이유는 뜻밖이었다.

---

10 수렴청정 양상과 정희왕후의 수렴청정에 대해서는 김우기, 2001, 「조선 성종대 정희왕후의 수렴청정」『조선사연구』10; 한춘순, 2002, 「성종 초기 정희왕후의 정치청단과 훈척정치」, 『조선시대사학보』22; 임혜련, 2012, 「한국사에서 섭정·수렴청정권의 변화양상」『한국사상과 문화』62 참고.

태비(정희왕후)가 전교하기를, "나는 이미 박복하여 일이 이와 같으니, 심신을 화평하게 하기 위하여 스스로 수양하려고 한다. 또 나는 문자를 알지 못하지만 수빈(粹嬪)은 문자도 알고 사리에도 통달하니, 국사를 다스릴 것이다."라고 했다.

(『예종실록』 권8, 1년 11월 28일 무신)

정희왕후는 국사(國事)를 수빈 한씨에게 맡기고자 했다. 이것은 정희왕후의 노회함이 엿보이는 말이다. 왕실의 최고 어른이라고 하여 수렴청정을 사양 없이 바로 받는 것은 속보이는 일이었다. 그리고 왕의 생모가 있었기에 일단은 생모에게 양보하는 미덕을 보여 주었다. 단지 생모라는 이유만이 아니라 수빈 한씨가 문자도 알고 사리에 통달하여 국사를 다스릴 만하다는 것이었다. 수빈 한씨가 문자와 지식에 해박한 것은 자타가 공인하였다. 그러나 왕실 서열로 보면 아직 세자빈에 불과한 수빈 한씨는 수렴청정을 할 자격과 권리가 없었다. 그런데도 정희왕후는 일단 자신은 글을 알지 못하고 수빈 한씨가 글을 안다는 이유를 들어 수렴청정을 사양했다. 그만큼 수빈 한씨를 신뢰했다. 그러나 이것은 단지 형식적인 사양이었다. 유교 문화에서 사양은 거쳐야 할 절차였고, 신하들이 반대할 것이 뻔했기 때문이다. 수렴청정은 왕실의 최고 어른이 하는 것이었다.

정희왕후는 왕비로 있을 때부터 연회나 강무(講武)를 비롯해 공식적인 석상에 세조와 함께 자주 참석하여 종친·공신들뿐만 아니라 신료들을 자주 대면해 왔다. 그녀의 정치적 위상은 무시할 수 없었다. 아직 세조대의 공신들이나 정치 세력의 입김이 많이 남아 있는 상황에서 이를 견제하고 통합할 수 있는 사람은 왕실의 가장 어른인 정희왕후뿐이었다. 누구를 후계자로 지명하든 국정 운영에서 원상을 비롯한 훈구 대신의 협조를 받아야 했던 만큼 수빈 한씨가 문자를 알고 사리를 안다고 하여 수렴청정하면서 그들과 정국을 원만하게 이끌어 가기에는 정치적인 경륜이나 연륜이 아직 부족했다. 수빈 한씨 역시 정희왕후가 사양한다고 해서 덥석 받을 인물도 아니었다. 수빈 한씨는 속으로야 어떻든 수렴청정이라는 단어를 감히 입에 올리지 못할 처지였다.

이러한 속내를 잘 아는 원상과 승지 등은 정희왕후에게 다시 수렴청정을 청하는 글을 올렸다.

신 등이 가만히 생각하건대, 국가가 하늘의 노(怒)함을 만나서 화와 근심이 서로 잇따르게 되어 세조 대왕께서 향년이 장구하지 못했고, 지금 또 대행 대왕(예종)께서 갑자기 제왕의 자리를 떠나시게 되었으며, 사왕(嗣王 : 성종)이 나이가 어리니 온 나라 신민은 허둥지둥하면서 어찌할 바를 모르고 있습니다. 엎드려 생각하건대, 자성왕대비(정희왕후) 전하께서는 슬픈 정리를 조금 억제하시고, 종사의 소중함을 깊이 생각하시어 위로는 옛날의 전례(典禮)를 생각하시고, 아래로는 여러 사람의 심정을 따라서 모든 군국의 기무를 함께 들어 재단하여 사군(嗣君)이 능히 스스로 정사를 총람하기를 기다려 수렴청정을 다시 거두어들이시면 매우 다행하겠습니다. (『성종실록』 권1, 즉위년 11월 28일 무신)

결국 정희왕후는 수렴청정을 허락했다. 그녀는 곧 '지금 국가에는 일이 많아서 경비가 대단히 많이 들게 되니, 상례와 장례의 여러 가지 필요한 물품들은 중국 물건을 쓸 필요 없이 우리나라에서 쉽게 준비할 수 있는 물건으로 대체시키라.'고 명하며 국상을 준비시켰다. 성종의 즉위만큼 급한 것이 예종의 국장을 추진하는 것이었다.

그러나 성종 즉위 이듬해 심한 가뭄이 들자 정희왕후는 다시 "국가의 기무를 내가 부득이하여 임시로 함께 청단하는데, 하는 일이 천심에 합하지 않아서 이 한재를 가져왔으니, 장차 어떻게 해야 할 것인가? 인수왕비(수빈에서 인수왕비, 인수대비로 존호가 바뀜)가 총명하고 사리에 밝아서 사체(事體)를 아니, 내가 큰일을 맡기고자 하는데 어떠한가?"(성종 1년 4월 20일 무진)라고 하며 다시 수빈 한씨에게 수렴청정을 맡길 뜻을 전했다.

사실 수빈 한씨는 정희왕후가 수차례 수렴청정을 양

부합 만큼 정치적 감각과 지식을 갖춘 당찬 여성이었다. 정희
왕후도 가장 믿고 의지하는 왕실의 든든한 맏며느리였다. 하
지만 아직 정희왕후, 예종비 다음으로 서열이 낮았던 수빈 한
씨가 왕의 생모라는 이유만으로 수렴청정을 하는 것은 왕실
의 법도상 허용되지 않았다. 자신의 위상을 높여야만 가능한
일이라는 것을 잘 알고 있었다. 이번에도 원상들의 반대로 이
루어지지 못했다.

이후 정희왕후는 6년간 더 청정을 했다. 정희왕후는
발을 내리지 않고 바로 신하들과 대면하여 정사를 논하는 청
정(聽政)을 했다. 아직 성리학적인 윤리가 심화되기 전이라 청
정이 가능했다.

그러나 성종 재위 기간 동안 생모 인수대비의 입김도
매우 많이 작용했다. 성종은 많은 일들을 어머니인 인수대비
에게 먼저 아뢰고 의논하기도 했다.

세자빈에서 인수대비로

　　성종이 왕위에 올라 창덕궁으로 거처를 옮기자 수빈 한씨도 창덕궁으로 따라 갔다. 그러나 수빈 한씨가 대비가 되어 입궐한 것은 아니었다. 아들이 왕위에 올랐지만 그것은 생부 의경세자의 뒤를 이은 것이 아니라 예종의 후계자가 되었기 때문이므로, 수빈 한씨는 생모일 뿐이었다. 왕위 계승상 법적인 어머니는 예종의 부인 안순왕후였다. 따라서 궁궐에서 살 수 있는 명분이 부족했다. 그런데도 정희왕후는 수빈을 데리고 창덕궁으로 거처를 옮겨 갔다. 맏며느리이자 왕의 생모인 수빈에 대한 정희왕후의 특별한 배려였다.

　　수빈 한씨가 궁궐에서 생활하게 되자 궁에는 정희왕후, 수빈 한씨, 안순왕후 등 모셔야 할 3과부가 있었다. 조선 건국 후 이러한 상황은 처음이었다. 정희왕후와 안순왕후는 왕비가 되었던 사람들이지만 수빈은 왕비가 된 적이 없었다. 이들 가운데 최고의 지위를 가지 정희왕후의 위차는 고민할 필요가 없었다. 그러나 성종의 생모인 수빈 한씨와 양모인 안순왕후의 위차는 늘 문제가 되었다. 수빈 한씨는 국왕의 어머니가 되는 왕대비의 자격이 아니라 그저 세자빈에 불과했기 때문에 군신관계상 아들인 성종의 문안을 받지 못했다. 따라서 생모를 수빈의 자리에 그냥 둘 수는 없는 일이었다. 왕의 어머니로서 대접하고, 또 대접받게 하고 싶었다. 성종은 곧바로 생부인 의경세자와 생모인 수빈 한씨의 위상과 위차에 대해 고민했고, 이들을 높이기 위한 작업을 추진했다.

궁궐은 계급구조와 위계질서가 가장 엄격한 공간이었다. 그에 따라 모든 대우가 달라지는 곳이었다. 성종 즉위 후 곧 수빈 한씨의 위상을 어디에 자리매김할 것인지는 매우 중요한 문제로 대두했다. 성종은 즉위하자마자 춘추관으로 하여금 옛 제도를 상고하여 세자빈의 신분으로 죽었던 예종의 첫 번째 부인 장순빈과 생부 의경세자, 생모 수빈 한씨의 칭호를 아뢰게 했다.(성종 즉위년 12월 2일 신해)

성종은 1년 1월 18일(정유)에 일찍이 정승을 지낸 관원, 의정부·육조 참판 이상의 관원을 불러 의경세자를 추숭하는 일과 수빈의 칭호에 대한 일을 의논하도록 했다. 정희왕후는 전교를 내려 "이 일은 우리 조정에서는 전례(前例)가 없으니, 여러 재상들은 절대로 뇌동(雷同)하지 말고 각기 소견을 진술하라."고 명했다. 이에 정인지 · 정창손 · 신숙주 · 한명회 · 구치관 · 홍윤성 · 최항 · 심회 · 조석문 · 홍달손 등 많은 사람들이 참여하여 논의했다. 문제는 수빈 한씨를 왕비로 추숭하느냐, 왕대비로 추숭하느냐 하는 것이었다. 이 문제는 의경세자를 왕으로 추숭하느냐, 종(宗)으로 추숭하느냐의 문제와 연관되어 있었다. 이전에 없었던 일이고 결코 쉽지 않은 문제였다. 의경세자를 단순히 왕으로 추숭하면 수빈 한씨는 왕비가 되는 것이고, 의경세자를 종(宗)으로 추숭하면 수빈 한씨는 왕대비가 되는 것이었다.(성종 1년 1월 18일 정유) 뿐만 아니라 죽어서 종묘에 부묘가 될 수 있느냐 없느냐, 즉 왕과 왕후로서의 정통성을 가지느냐 못 가지느냐 하는 매우 큰 문제와 관련 있었다.

정인지 · 정창손 · 신숙주 · 한명회 · 구치관 · 홍윤성 등은 의경세자를 왕으로 추숭하고 종으로는 추존하지 말 것을 주장했다. 그 내용은 '제왕이 들어와 대통을 계승하면 의리로서는 사친(私親: 생부모)을 돌볼 수 없다. 의경세자를 황백고(皇伯考: 큰아버지)라 일컫고 이름은 부르지 않으며, 전하는 효질(孝姪: 효성스러운 조카)이라고 일컫는 것이 의리에 타당하다. 의경이 이미 세자가 되었고 다른 작호는 없으니, 존숭하여 왕으로 추숭하여 시호를 올리고 별도로 사당을 세워서 시조의 불천위(不遷位: 신주를 땅에 묻지 않고 사당에 영구히 두면서 제사를 지내는 것이 허락된 신위)로 삼아, 묘(廟)와 능(陵)은 시호에 따라 칭호를 삼고, 종(宗)이라고 일컫지 말아야 하다 관에서 제전(祭奠)을 갖추게 하고, 제사를 주관할 만한 사람을 별도로 의논하여 그로 하여금 세습하도록 하자.'는 것이었다. 죽은 의경세자를 왕으로 추존하되 월산군으로 하여금 제사를 주관하게 하고, 성종은 예종을 아버지로, 의경세자를 큰아버지로 섬겨야 한다는 것이었다. 그리고 수빈 한씨는 의경세자의 배필이 되었으니 마땅히 별다른 칭호를 올려서 비(妃)로 책봉하여야 할 것이라고 했다. 그러나 대비라고 일컬을 수는 없으며, 삼년상이 끝나기를 기다려 예물을 갖추어 책봉을 올리는 것이 인정과 도리, 예문(禮文)에 합당하다고 했다.(성종 1년 1월 18일 정유) 이러한 의논이 올라오자 모두 신숙주 등의 의논에 따랐다.

그 결과 수빈 한씨는 왕비로 책봉되지만 대비라 칭하지는 못했다. 의경세자는 의경왕으로, 수빈 한씨는 인수왕비라 칭하게 되었다. 위계질서는 대왕대비 정희왕후 - 왕대비 안순왕후 - 인수왕비 순으로 정리되었다. 성종은 나흘 뒤인 1월 22일(신축)에 의경세자의 시호를 온문의경왕(溫文懿敬王)으로, 묘호는 의경묘(懿敬廟), 능호는 경릉(敬陵)으로 하고, 수빈 한씨의 휘호를 인수왕비로 승격했다.(성종 1년 1월 22일 신축) 수빈 한씨는 이제 더 이상 세자빈이 아니라 왕비 즉 인수왕비가 되었다. 그러나 대비는 되지 못하는 명분뿐인 왕비가 되었다. 만족스럽지 못한 위상이었다.

그런 만큼 여전히 왕대비인 안순왕후와 인수왕비의 위차는 문제가 되었다. 정희왕후는 하루 빨리 국왕의 생부인 의경왕과 생모 인수왕비의 위차를 더 높이고 싶어 했다. 정희왕후는 3월 12일에 이 문제를 다시 제기했다. 그녀는 왕대비가 인수왕비와 함께 같은 궁궐에 사는데 서차(序次)를 어떻게 정해야 할지에 대해 신숙주에게 물었다.(성종 1년 3월 12일 신묘) 이때 정희왕후의 뜻을 헤아린 신숙주는 찬성하였다. 인수왕비는 이미 존호를 높여 명분과 위상이 정해졌으니, 형제의 서열로 차서를 정해야 한다고 했다. 윗동서인 인수왕비를 왕대비의 위에 놓아야 한다는 것이었다.

그러나 이것은 형제의 서차로만 정할 수 있는 간단한 문제는 아니었다. 국모의 위상과 관련되었기 때문이다. 왕비가 대비의 위에 있을 수는 없는 일이었다. 따라서 결정을 보지 못했다. 인수왕비는 왕의 생모였지만 위차는 양모 안순왕후보다 낮았다.

마침내 예종의 국상이 끝나자 인수왕비는 성종 2년 (1471) 1월 18일(신묘)에 인정전에서 장중하고도 화려한 의식을 통해 왕비 책봉을 받았다. 이때 성종이 생모를 인수왕비로 책봉하는 책문(冊文)은 이러하다.

공경히 사랑하여 길러 주신 은혜를 우러러 받들어 보답하려는 생각은 끝이 없으나, 다만 아름다운 칭호를 높이는 것이 예에 있어서 마땅히 먼저 해야 할 일이므로, 이에 옛 법에 따라서 욕례(縟禮:화려한 예식)를 드립니다. 공경히 생각건대 수빈 전하께서는 자비롭고 어질며 조용하고 오로지하며 맑고 조심하며 부드럽고 아름다워 아버지이신 세자를 도와서 부녀자의 도를 잘 지켰고, 묘궁(眇躬: 자신을 겸손하게 이르는 말)의 우매함을 가르쳐 이에 모의(母儀: 어머니로서 갖추어야 할 도리)에 높으시니 특별히 아름다운 칭호를 올리지 않고서는 어찌 미루어 숭배하는 충성을 나타내겠습니까? 신(臣) 휘(諱)는 큰 소원을 이기지 못하여 삼가 책보(册寶)를 받들어 존호를, '인수왕비'라고 올립니다. 엎드려 생각하건대 영광이 보책(寶册)에 응하여 온전한 복을 성대히 맞아들여 성산(聖算:나이)이 길이 뻗쳐 더욱 만세의 경사에 응하시며, 장추전(長秋殿: 한대의 후비의 궁전. 여기서는 인수왕비의 궁전)에서 기뻐하시면서 길이 한 나라의 즐거움을 누리소서.

『성종실록』 권9, 2년 1월 18일 신묘)

　　아마도 이날 인수왕비는 비록 만족스럽지는 못하더라도 북받치는 행복감과 희열을 느꼈을 것이다. 왕의 어머니임을 실감했을 것이다. 이날 백관(百官)들도 하례(賀禮)를 하고 축하하는 글을 올렸고, 인수왕비전의 악장(樂章)도 만들어졌다.

애! 밝으신 성모(聖母)께서는

그 덕이 착하고 공경스럽고,

마음가짐이 깊고 아름다우시며

부드럽고 아름답고 기강과 법도가 있으시네.

주남(周南)·소남(召南)의 풍화(風化)를 닦아

일국의 교화를 이루셨네.

천명을 펴시어 다복(多福)을 성대히 받으시리.

(『성종실록』, 권9, 2년 1월 18일 신묘)

　　인수대비가 왕비로 책봉된 이듬해인 성종 3년 2월에 정희왕후는 다시 인수대비의 위차를 높이고자 했다. 즉 '왕대비의 서차(序次)가 일찍이 인수왕비의 위에 있었으나, 세조가 항시 인수왕비에게 명하여 예종을 보호하게 하고 시양(侍養: 곁에서 시중을 들며 봉양하여 주는 아들)이라고 일컬었다. 또 장유의 차서가 있으니, 위차는 왕대비의 위에 두게 하라'고 명했다.(성종 3년 2월 20일 정해)

　　예종은 세종 32년(1450)에 태어나 인수대비가 도원군(의경세자)과 혼인했을 때 3살이었다. 세조는 인수대비에게 어린 시동생 예종을 보호하게 하고 아들과 같이 돌보게 했다. 이에 정희왕후는 왕실의 사적인 가족질서를 내세워 인수왕비의 서차를 안순왕후보다 높이고자 했다. 드디어 서열이 정희왕후

- 인수왕비 - 안순왕후 순으로 정해졌다. 이것은 성종의 생부인 의경세자와 생모인 인수왕비를 왕(종)과 왕비(왕후)로 추존하기 위한 과정이었다.

　한편 성종 1년에 갑자기 논의되었던 생부 추존 문제는 당시에는 적극 이루어지지 못했다. 그러다가 이듬해 성종 2년 1월 7일 명나라 성절사로 갔다가 돌아온 인수왕비의 동생 한치의가 태감 김보(金輔)를 통해서 들었다는 공신부인의 말을 전하면서 다시 거론되기 시작했다. 큰 진척이 없다가 성종 5년 8월 13일(을미)에 성종은 승정원에 "내가 중국에 주청(奏請)하여 의경왕을 추봉하려고 한다. 비록 인준을 받지 못하더라도 오직 나의 어버이를 위하는 마음을 다하는 것이니 불가함이 없을 것이다. 여러 원상에게 의논하게 하라."는 전교를 내렸다. 그 사이 인수대비는 이 문제를 결코 소홀히 버려두지 않았다. 성종이 비록 예종의 뒤를 이어 왕위에 올랐으나 친부인 의경세자를 왕으로 추존하고 법통을 다시 정비하여, 생모인 자신의 위상도 되찾고 싶었다.

　마침내 성종은 5년(1474)에 중국에 사신을 보내어 생부인 의경왕(懿敬王)을 추봉하여 왕으로 삼기를 청하고자 했다. 그러나 성종 5년 8월에 예문관부제학 임사홍 등은 추존을 주청하는 것은 잘못된 일이라는 장문의 상소를 올렸다. 그는 『예』에 남의 후계가 된 자는 그의 아들이 된 것이니 사친(私親)

을 돌아보지 못한다.'고 한 것을 들면서 '소종(小宗)은 대종(大宗)의 대통에 합할 수 없는 것'으로 '예종의 계통을 이어 받아 예종을 황고(皇考: 아버지)로 삼아 왕위에 올라 그 예를 행한 지가 6년이나 되었다. 사친을 돌아볼 수 없기 때문에 의경왕을 위하여 따로 사당을 세우고 왕으로 추존하여 월산대군으로 하여금 제사를 받들게 했다. 대통을 계승하여 사친을 돌아보는 것은 효가 아니다.'라고 했다. 요지인즉 예종을 계승해 놓고 생부인 의경왕을 추봉할 수 없다는 것이었다. 그러나 성종은 들어주지 않았다.(성종 5년 8월 24일 병오)

성종은 신숙주와 한명회 등 훈구대신들의 지지로 9월 15일에 주문사 김질 등을 북경에 보냈다. 인수왕비는 그동안 줄기차게 노력했던 뜻이 이루어지길 바랐고, 공신부인에게 청을 넣어 이를 잘 해결해 주리라 믿었다.

명나라로부터 생부의 추봉을 받아 오기에 앞서 성종은 6년 1월에 의경왕의 시호와 인수왕비의 존호를 다시 의논했다. 의경왕은 선숙공현온문의경대왕(宣肅恭顯溫文懿敬大王)이라 하고, 인수왕비는 인수왕대비라 하며(성종 6년 1월 6일 병진) 의경왕의 시호와 인수왕대비의 존호를 더하여 새긴 도장의 크기를 정하여 각각 '회간선숙공현온문의경대왕지보(懷簡宣肅恭顯溫文懿敬大王之寶)'와 '인수왕대비지인(仁粹王大妃之印)'이라 했다.(성종 6년 1월 12일 임술) 마침내 성종은 생모를 인수왕비에서 인수왕대비로 존호를 올렸다. 이후 인수왕비는 인수대비로 불려졌다.

드디어 성종 6년 1월 29일(기묘) 명나라에 갔던 주문사 김질, 부사 이계손이 북경으로부터 돌아오자, 성종은 모화관에 나가 고명과 황제의 칙서를 맞이하고, 창덕궁에 돌아와 그것을 규정된 의식 절차에 따라 받았다. 명나라 황제가 보낸 칙서의 내용을 보면 다음과 같다.

"주문(奏聞: 임금에게 아뢰는 글)을 얻으니 왕의 생부 휘(諱)는 먼저 세자에 봉해졌으나 일찍이 죽고, 생모 한씨는 살아 있으나 모두 명호(名號)를 두지 못했다. 후손된 자는 의리에 사친을 돌아볼 수 없게 되어 있으나, 높이 드러내려는 생각이야 스스로 그만두지 못할 것이다. 인해서 왕의 효심을 다 알았으므로, 이에 특히 죽은 세자 휘(諱)를 추봉하여 조선 국왕으로 삼고, 시호를 회간(懷簡)이라 하며, 한씨를 봉하여 회간왕비로 삼아, 부모를 현창하는 뜻을 이르게 한다. 그리고 고명과 아울러 비의 관복을 내려 주니, 받거든 삼가 생각하라." 하고, 회간왕비를 봉하는 고명(誥命)을 봉천승운(奉天承運)이라 했다.

황제가 제서(制書)하기를, "제왕이 아들로 말미암아 은혜를 미루어 이미 작위를 그 아비에게 주었고, 반드시 그 영화로움이 그 어미에게 미치는 것은 어머니의 훈육의 어짊을 밝히고 어버이를 드러내는 바램을 이루려는 까닭이다. 그대 한씨는 바로 죽은 조선국 세자 성(姓) 휘(諱)의 짝이며, 지금의 국왕 휘(諱)의 어머니이다. 어진 남편의 배필이 되어 일찍이 부도(婦道)를 도탑게 하여 독실하고 착한 아들을 낳아, 능히 모의(母儀)를 삼가 했다. 지 아비를 이미 왕에 추증했으니, 그대도 또한 특별히 예우하여, 봉하여 조선국 회간왕비로 삼으니, 더욱 능히 공경스럽게 이어받아 영구히 후세들을 빛나게 하라." 했다.

(『성종실록』 권51, 6년 1월 29일 기묘)

마침내 인수왕대비의 뜻대로 명 황제는 의경왕의 시호를 회간(懷簡)으로, 인수왕대비는 회간왕비로 삼아 고명과 왕비의 관복을 내려 주었다. 이에 인수왕대비는 성종 6년(1475) 2월에 선정전에서 책봉을 받았다. 성종은 백관을 거느리고 인정전 뜰에 나아가서 모후에게 책보(冊寶)를 올리며 절했다. 책봉 의식은 화려하고 장엄했다. 책문을 보면 성종이 모후에게 올리는 지극한 효심을 볼 수 있다.(성종 6년 2월 27일 병오) 이날의 책봉 행사는 『성종실록』의 의주(儀註)에 아주 자세히 기록되어 있다. 이때는 이미 성종 5년에 『국조오례의(國朝五禮儀)』가 완성되었기 때문에 그날의 화려하고 장엄한 행사가 국가 의례에 따라 이루어졌다.

명나라로부터 고명을 받은 직후인 성종 6년 5월에 인수왕대비의 위차문제는 정희왕후에 의해 다시 제기되었다.

정희왕후는 원상에게 "세조께서 일찍이 인수왕비를 우대하시고 예종에게 '어머니처럼 섬기라.'고 하셨다. 그러므로 왕대비가 인수왕비에게 굳이 사양하고 윗자리를 차지하지 않기에, 내가 세조의 유의(遺意)에 따라 왕대비가 바라는 대로 특별히 인수왕비를 왕대비의 위에 자리하게 했더니, 인수왕비도 굳이 사양하여 내 명을 거듭 어기다가 드디어 자리에 나아갔다"(성종 6년 5월 12일 경신)며 인수대비의 위차를 안순왕후보다 높이고자 했다. 이것은 앞서 성종 3년에 이미 이루어졌던 것을 다시 한 번 확인하는 것에 불과했다.

인수대비는 왕비로서의 정통성을 갖게 되었고 생모로서의 위상도 찾았다. 이것은 왕실 내에서의 여러 행사와 진상물에 따른 대우뿐만 아니라 국가적 차원에서의 왕실 여성의 위상을 비롯하여 모든 면에서 왕의 어머니로서의 당당함을 찾은 것이었다. 인수대비는 이 자리를 찾기 위해 그동안 남모르는 노력을 해 왔다.

곧이어 성종 6년 9월 12일에는 의경왕의 신주를 종묘에 부묘(3년상을 끝낸 뒤에 임금이나 왕비의 신주를 종묘에 모시는 일)하는 문제와 제사에 대한 문제가 대두되었다. 정인지·정창손 등의 원상과 예문관 관리 및 언관들은 예종이 세조로부터 토지와 인민을 받았으니 정통성이 있는 반면, 의경세자는 세자로 책봉은 되었으나 왕으로 재위하지 못했기 때문에 부묘해서는 안 된다는 논리를 전개했다. 또한 성종이 이미 예종에게 황고라는 용어를 사용했기 때문에 생부인 의경왕에게 다시 황고라는 용어를 사용할 수 없다고 했다. 반면에 임원준과 승지 등 왕실 측근세력들은 의경왕이 세조로부터 세자로 책봉되었고, 비록 왕위에는 오르지 못했으나 중국으로부터 왕으로 추존되어 고명까지 받았으니 당연히 종묘에 부묘할 수 있다고 했다.

이처럼 조정의 논의가 정통론에 입각한 위차중심의 묘제를 주장한 쪽과 사적 혈통 위주의 세차(世次) 중심의 묘제를 주장한 쪽으로 갈라졌다. 그러자 정희왕후와 인수대비는 왕실측근들의 주장을 편들며 부묘 쪽으로 여론을 몰아가 결국 부묘를 관철시켰다. 드디어 성종 6년 10월 7일(계미)에 성종은 예조에 전지를 내려 다음해(성종 7년) 춘향대제(春享大祭)에는 회간대왕의 신주를 종묘에 부묘(祔廟)하라고 명했다.

이틀 뒤인 10월 9일(을유)에 의경왕의 묘호를 덕종으로 추존하고 연은전에 부묘했다. 따라서 인수대비는 덕종비라 불리기도 했다. 인수대비가 덕종의 추숭과 부묘에 적극적이었던 것은 성종 왕권의 정통성은 물론 남편과 자신의 정통성을 확립하려고 했기 때문이다. 인수대비는 죽은 남편을 추봉하여 성종이 예종이 아니라 남편의 대통을 잇는 것으로 법통을 재정비하고자 했다. 이렇게 하여야 세자로 죽은 남편이 왕이 되고 자신도 법적어머니로서 당당하게 대비가 되어 왕실의 위계질서를 확립할 수 있고, 성종의 왕권도 강화하는 길이라고 생각했다. 생모는 양모보다 실질적으로 더 힘이 컸다.

드디어 성종은 재위 7년 1월 10일(을묘)에 아버지 덕종을 종묘에 부묘했다. 덕종이 조선 국왕으로 책명을 받고 종묘에 배향되자 인수대비는 왕대비가 되어 그에 걸맞은 대우와 권력을 누리게 되었다.

인수대비는 일단 아들을 왕으로 만들고 본인은 대비가 되고자 했던 자신의 야망과 뜻을 모두 이루었다. 그 과정에서 수빈에서부터 회간왕비, 인수왕비, 인수왕대비, 덕종비 등 다양한 이름을 얻게 되었다. 이후 죽어서는 소혜왕후라는 시호를 얻어 덕종과 함께 신주가 종묘에 모셔졌다.

▲ 종묘 영녕전: 덕종과 인수대비(소혜왕후)의 위패가 모셔져 있다.〈사진제공: 문화재청〉

4

당대 최고의 여성 지식인,
『내훈(內訓)』을 쓰다

옥 같은 며느리를 얻기 위해

나는 홀어미인지라 옥 같은 마음의 며느리를 보고 싶구나. 이 때문에 『소학』
(小學), 『열녀』(烈女), 『여교』(女敎), 『명감』(明鑑) 등이 지극히 적절하고 명백한 책
이었으나 권수가 많고 복잡하여 쉽게 알아볼 수가 없었으므로, 네 권의 책 가
운데에서도 중요하다고 여겨지는 가르침을 취합하여 일곱 장으로 만들어 너
희에게 주는 것이다. 아아! 한 몸에 대한 가르침이 모두 여기에 있다. 그 도를
자칫 한 번 잃게 된다면 비록 후회한다 하여도 쫓을 수 있겠느냐. 너희들은
이를 마음에 새기고 뼈에 새기어 날마다 성인의 경지를 바라도록 하여라. 밝
은 거울은 빛이 나는 것이다. 경계하지 않아서 되겠는가.(『내훈』의 서문)

　　인수대비가 대비가 된 이후 가장 먼저 착수한 일은 여
성 교훈서의 저술이었다. 인수대비는 성종 6년(1475) 2월에 왕
대비로 책봉을 받은 뒤 그해 초겨울에 『내훈』을 편찬했다.[11]
아마도 그녀의 생애에서 가장 큰 역사적 의미를 남긴 일일 것

---

11 『내훈』에 대해서는 많은 연구들이 되어 왔다. 소개하면 대략 다음과 같다.
　　손직수, 1981, 「조선시대 여성 교훈서에 관한 연구」, 성균관대학교 대학원
　　　박사학위논문.
　　이상교, 1983, 「『내훈』과 『사소절』을 통해서 본 조선시대 여성교육 내용의
　　　일연구」, 성균관대학교 대학원 석사학위논문.
　　고은강, 2002, 「내훈연구-유학의 여성윤리」, 『태동고전연구』 18, 한림대
　　　태동고전연구소.

이다. 이 책을 씀으로써 인수대비는 우리나라 역사상 최초로 책을 쓴 최초의 여성 저술가가 되었다. 이 책은 성종 6년에 처음 만들어진 후 영조 12년(1736)까지 판본을 새롭게 하면서 5차례나 간행되었다. 『내훈』에 대한 관심은 조선시대 내내 계속되었다.

　　인수대비가 『내훈』을 편찬하기 이전에도 같은 제목의 여훈서를 저술한 여성이 있었다. 명나라 영락제의 황후였던 인효문황후(仁孝文皇后) 서씨(徐氏)이다. 문황후가 『내훈』이라는 제목의 여훈서를 편찬한 것은 태종 4년(1404)이고, 태종 7년(1407)에 간행, 반포되었다. 인수대비가 『내훈』을 편찬하기 약 70년 전이었다.[12] 아마도 그 사이에 인수대비는 명 황제의 후궁인 고모나 사신으로 다녀온 아버지, 형제들을 통해 이 책을 알게 되었으며, 이러한 책이 조선 왕실에도 있었으면 좋겠다고 생각했던 것 같다.

　　김지용, 1968, 「내훈에 비춰진 이조여성들의 생활상」, 『숙대아세아여성연구』 7.
　　송수연, 1997, 「조선조 정치권력과 여성교육」, 『이화여자대학교 대학원 연구논집』 33.
　　육완정, 1996, 「소혜왕후의 『내훈』이 강조하는 여성상」, 『이화여대언문논집』 14.
　　최연미, 2001, 「소혜왕후 한씨 『내훈』의 판본고」, 『서지학연구』 제22집.
　　한희숙, 2005, 「조선 초기 소혜왕후의 생애와 『내훈』」, 『한국사상과 문화』 27.
　　김훈식, 2011, 「15세기 한·중 『내훈』의 여성윤리」, 『역사와 경계』 79.
　　한희숙, 2013, 「소혜왕후, 최초의 여성 저술가」, 『도서관』 387, 국립중앙도서관.
　　이숙인, 2014, 「소혜왕후: 최초의 여성 저술가」, 『내일을 여는 역사』 제56호.
12　김훈식, 앞의 논문, 「15세기 한·중 『내훈』의 여성윤리」 참고.

인수대비가 이 책을 서술한 목적은 무엇일까. 『내훈』을 만들게 된 직접적인 동기는 스스로 밝혔듯이 '옥 같은 마음을 가진 며느리[玉心之婦]'를 얻고 싶은 데 있었다. 다시 말해 며느리들의 마음가짐을 옥같이 만들고 싶었다.

엄격한 유교적 부덕과 지식을 갖춘 인수대비는 대비가 된 후 아들을 성군으로 만들고 또 아들의 치세를 유교적 태평성대로 만들기 위해 여성들을 교육시켜야겠다고 생각했다. 당찬 성격의 그녀는 왕실의 어른으로서 먼저 궁궐 내의 비빈과 부녀자들을 교육시켜야겠다는 책임감을 느꼈다. 나아가 조선의 여성들이 이 책을 읽고 배워 '맑은 거울처럼 밝게 비춰 경계하기를' 바랐다. 당시 여성으로서는 드물게 유학에 조예가 깊어 자녀와 자신의 교육에 남다른 열정을 보였던 인수대비는 당시 시대적 요구였던 유교적 여성상에 누구보다 충실하고자 했다. 또 여성들을 그렇게 만들고자 했다. 그것은 아들 성종대가 추구하는 역사적 과제이기도 했다.

『내훈』은 '안의 교훈' 즉 여성들을 위한 훈육서란 뜻이다. 『내훈』은 가르치고 훈계하는 말로 가득 차 있다. 『내훈』이 만들어진 시기가 성종 6년(1475) 맹동(孟冬) 어느 날이라고 한 것으로 보아 대략 이해 음력 10월 정도라 할 수 있다. 이때 인수대비는 39세로 한창 의욕적인 나이였다.

인수대비가 살던 15세기 조선 사회는 유교적 체제의

확립이라는 시대적 과제에 직면해 있었다. 조선이 건국된 지 100년 가까이 흐른 때였다. 성종의 묘호만 보더라도 이즈음에 와서 유교적 체제가 완성되는 것을 알 수 있다. 국가 체제뿐만 아니라 사회적인 모든 면에서도 유교적 질서와 윤리를 요구했다. 여성들의 생활에서도 유교적 부덕이 무엇보다 강조되었다.

성종은 이미 재위 3년(1472)에 교서를 내려 백성에게 절약하고 검소하기를 알리고, 역대 제왕과 후비의 착하고 악한 것으로 본받고 경계할 것들을 뽑아서 정리해 책을 만들었다. 왕이 되기 위한 세자교육을 받지 못했던 성종은 먼저 자신과 왕비에게 귀감이 될 교육서를 편찬하게 했다.『제왕명감(帝王明鑑)』·『후비명감(后妃明鑑)』 등이 그것이다.(『성종실록』권 297, 성종대왕 묘지문[誌文]) 누구보다 먼저 자신과 왕비가 모범이 되어야겠다고 생각했기 때문이다.

인수대비도 이러한 시대적 요구를 누구보다 잘 알고 있었다. 인수대비에게 가장 절실했던 문제는 당시 국가 시책에 부합하면서 사회가 요구하는 여성 모델을 제시하는 일이었다. 비록 수렴청정은 정희왕후가 하고 있었지만 인수대비는 왕의 모후로서 어린 왕의 배후에서 각종 정치적 어려움을 해결하고 내명부와 외명부 등 왕실 안팎의 많은 여성들을 가르쳐야 하는 임무를 느꼈다. 그것을 자신이 해야 할 시대적 소명이라고 여겼다. 나아가 그녀는 모든 조선 여성들의 사표가 되고자 했다. 따라서 아들 성종의 뜻과 같이 하여 본인이 직접 『내훈』을 짓기에 이른 것이다.

『내훈』을 편찬할 무렵 왕실에는 여성들이 많이 있었다. 『내훈』 편찬 당시 왕비와 후궁은 대략 〈표 11〉과 같다.[13]

〈표 11〉 『내훈』 편찬 시 왕비와 후궁

왕	부인	후궁
세조	정희왕후	근빈 박씨, 소용 박씨, 숙원 신씨
예종	안순왕후	숙의 최씨, 상궁 기씨, 후궁 이씨
덕종	소혜왕후(인수대비)	숙의 신씨, 귀인 권씨, 숙의 윤씨
성종	공혜왕후 죽음	숙빈 함안 윤씨, 숙빈 파평 윤씨, 귀인 엄씨, 귀인 정씨 등등

특히 왕실이 허약하다고 생각한 성종은 많은 후궁들을 들이기 시작했다. 성종은 문종, 단종, 세조, 예종 등 선대왕들이 후궁을 적게 둔 탓에 왕실의 울타리가 약하고 직계 자손들이 번창하지 않았다고 생각했다. 그래서인지 성종의 여성 편력은 대단해서 25년 1개월 재위하는 동안 정비 3명을 비롯하여 부인을 12명이나 두었고, 그 사이에 확인되는 숫자만 해도 17남 12녀 합 29명의 자녀를 두었다. 물론 점차적으로 들인 후궁들이긴 하지만 성종은 조선의 재위했던 왕 27명 가운데 손꼽히게 많은 부인을 두었다. 가장 많은 후궁을 둔 왕은 태종

---

13 조선시대 후궁에 대해서는 이미선, 2012, 「조선시대 後宮 연구」, 한국학중앙연구원 한국학대학원박사학위논문 참고.

으로 19명을 두었다. 이 점에서는 태종을 모델로 삼았다. 정희
왕후와 인수대비도 '군주(君主)의 후사는 많게 하지 않을 수 없
다.'고 하며 후손을 많이 보기 위해 적극적으로 후궁들을 들
였다. 직접 다섯 명의 숙의를 뽑아 들이기도 했다. 인수대비
는 점차 늘어나는 후궁들과 궁중 여성들에게 부덕을 교육시
킬 필요성을 느꼈다. 머지않아 정희왕후가 철렴을 하고 성종
이 친정을 하게 될 것에 대비하여 궁중 여성들의 기강을 잡아
야겠다고 여겼다.

　　또 성종 6년은 한명회의 딸이자 성종의 첫 번째 부인
인 공혜왕후가 죽고 누가 왕비가 되느냐 하는 아주 중대한 문
제가 남아 있던 시기였다. 공혜왕후는 예종의 첫 번째 부인인
장순왕후의 동생으로 한명회의 딸이다. 그녀는 세조 2년(1456)
10월에 연화방에 있는 사제에서 태어나 세조 13년(1467)에 12
살의 나이로 한 살 연하의 자산군과 혼인했다. 아직 자산군이
왕이 될 것이라고 생각하기에는 어려움이 있던 시절이었다.
이들의 혼인은 세조와 한명회의 의기투합과 인수대비의 바람
에 의해 이루어졌다. 세조는 가장 신뢰하는 한명회의 딸을 손
자며느리로 삼고 싶었고, 한명회 역시 딸을 다시 왕가에 시집
보내는 것을 마다할 이유는 없었다.

　　성종이 왕이 되자 한명회의 딸은 왕비가 되었다. 그녀
는 시할머니 정희왕후와 두 시어머니인　예종비와 인수대비

등 3전(三殿)을 극진한 효도로 받들었다. 후궁을 대집암에 있어서도 너그럽고 대범했다. 그러나 이러한 것이 힘들었는지 성종 4년(1473) 7월에 병이 나서 다음해 4월에 죽었다. 이제 왕비의 자리는 공석으로 남아 있었다. 누가 새 왕비가 되느냐는 국가적인 큰 관심사가 되었다.

조선 초에는 세자의 후실에서 세자빈으로, 또 후궁에서 왕비로 승격된 경우가 종종 있었다. 단종의 어머니 현덕왕후 권씨는 원래 문종이 세자였던 시절에 입궁한 세자의 소실(첩)이었다. 세종은 두 번이나 세자빈을 폐출시킨 뒤 새 세자빈을 뽑는 것을 고민하다가 당시 임신하고 있던 세자의 소실 권씨를 세자빈으로 승격시켰다. 세자빈 권씨는 단종을 낳고 얼마 되지 않아 죽었기 때문에 죽을 때의 신분은 세자빈이었다. 문종은 왕위에 오른 뒤 권씨를 왕비로 추존했다. 비록 죽은 후에 왕비가 되긴 했지만 원래 세자의 소실에서 세자빈으로, 다시 왕비가 되었다. 또 예종의 비인 안순왕후도 세자빈 한씨(후의 장순왕후)가 죽은 후 세자의 소실로 입궁했다가 예종이 왕이 되자 왕비로 책봉되었다.

이러한 관행 때문에 성종의 후궁들 사이에서는 누가 왕비가 될 것인가를 두고 관심이 매우 컸다. 따라서 인수대비는 성종의 후궁들 즉 자신의 며느리들을 훈육하고 기강을 잡을 필요성을 느꼈다.

또한 성종대에는 왕실의 종친과 사위인 의빈(儀賓)의 수가 점점 늘어나 꽤 많은 수를 차지했다. 자연히 그들의 부인과 첩의 수도 늘어났다. 조금 뒷 시기이긴 하지만 성종 17년 12월에 정희왕후와 인수대비 · 안순왕후의 육촌까지 각각 1자급을 올려주는데 그 수가 무려 5백 명에 이르렀다. 이에 사헌부 대사헌 박건(朴楗)은 '벼슬과 녹봉은 조정의 공적 그릇인데 그것을 친한 데에 사사로이 써서 5백에 이르니 너무 지나치다.'며 비판했다.(성종 17년 12월 11일 임오) 족친의 수가 많이 늘어났다는 것은 그들의 부인과 자식들이 늘어났음을 의미한다. 성종 6년 즈음에는 그 수가 이보다는 적었지만 조선 건국 후 왕실의 친인척 수는 점점 늘어나고 있었다. 인수대비는 족친들도 유교적 부덕을 쌓을 필요가 있다고 생각했다.

인수대비가 『내훈』을 편찬하게 된 동기는 그 서문에 잘 나타나 있다.

한 나라 정치의 치란과 흥망은 비록 남자 대장부의 어질고 우매함에 달려 있다고는 하지만 역시 부인의 선악에도 달려 있는 것이다. 그러니 부인도 가르치지 않으면 안 된다. 대개 남자는 마음을 호연 중에 단련하고 뜻을 여러 가지 오묘한 가운데서 익히게 하여 제 스스로 시비를 분별하여 몸을 지탱할 수 있도록 하여야 한다. 그러니 어느 누가 나의 가르침이나 기다렸다가 행할 것인가. 그러나 여자는 그렇지 못하다. 한갓 길쌈의 굵고 가는 것만을 달갑게 여기고 덕행의 높음을 알지 못하기 때문에 이것이 바로 내가 날마다 한스럽게 여기는 것이다.

또한 사람이 비록 본래 맑게 통한다 해도, 성인의 가르침을 보지 못하고 하루아침에 갑자기 귀하게 되면, 이는 원숭이에게 의관을 갖추어 놓은 것이나, 담장을 대하고 서 있는 격이 되어서 진실로 세상에 바로 서서 살아가기가 답답할 것이며, 남들과 이야기하는 것도 어려울 것이다. (『내훈』 서문)

인수대비는 한 나라 정치의 치란과 흥망은 비록 남자의 어질고 우매함에 달려 있다고는 하지만 부인의 덕성 또한 중요한 변수가 되기 때문에 여자를 가르치지 않을 수 없다고 생각했다. 그녀는 시삼촌이 되는 문종이 어린 나이에 세자에 책봉되고 일찍 혼인했지만 두 번씩이나 세자빈을 폐위시켜 쫓아낸 불행을 잘 알고 있었다. 문종은 세자 시절 첫 번째 세자빈으로 김씨를, 두 번째 세자빈으로 봉씨를 맞이했지만 둘 다 과실이 있어 폐위시켰고,[14] 결국 어린 단종이 자신의 시아버지 세조에 의해 폐위가 된 것을 몸소 잘 알고 있었다. 이 끔찍한 권력 다툼은 결국 부인들의 과실에 그 단초가 있다고 생각했다. 이

---

14 한희숙, 2010, 「조선 태조·세종대 세자빈 폐출 사건의 의미-현빈 유씨, 휘빈 김씨, 순빈 봉씨를 중심으로-」 『한국인물사연구』 14 참고.

때문에 그녀는 왕실의 안녕과 왕권 강화를 위해 자신의 아들 성종이 거느릴 왕비와 많은 후궁들, 즉 자신의 며느리들을 엄격하게 훈육하여 왕실을 든든하게 만들겠다고 마음먹었다.

인수대비는 여자들이 길쌈의 굵고 가는 것만 알고 덕행을 가까이 해야 하는 것은 알지 못한다고 늘 한스러워했다. 성인의 가르침을 듣지 못하고 갑자기 귀하게 되면, 즉 혼인을 통해 갑자기 왕실 여성이나 양반 여성이 되면 원숭이가 관을 쓴 것과 같고, 담장을 마주하고 선 것처럼 세상을 바르게 살아가기가 어렵다고 경고했다. '관을 쓴 원숭이'는 배움이 없어 세상과 소통하지 못하고 스스로를 성찰할 힘이 없는 무식한 사람을 비유한 말이다. 여자도 남자와 마찬가지로 덕행을 닦고 세상과 소통하기 위해서 성인의 가르침을 들어야 한다는 말이다. 이런 점에서 인수대비는 이 책을 통해 비단 궁중의 비빈뿐만 아니라 민간의 부인들까지 집안 다스리는 법을 알게 되기를 바랐다.

또한 인수대비는 서문에서 『소학』, 『열녀』, 『여교』, 『명감』 등이 지극히 적절하고 명백한 책이지만 분량이 많고 복잡하여 쉽게 알아볼 수가 없다고 했다. 이 때문에 중요하다고 생각되는 가르침만 뽑아서 7장의 새 책을 만들어 며느리들에게 주고자 했다. 성인의 가르침을 담고 있는 4책 가운데에서 가장 필요하다고 생각되는 내용을 발췌하여 여성들에게 알려줌으로써 여성이 갖추어야 할 부덕을 높여주고자 했다.

인수대비가 이 같은 중국 서적들을 쉽게 접하게 된 것은 친정 사람들이 명과 매우 빈번히 교류한 점도 있다. 아버지 한확과 그 형제들은 고모가 있는 명나라 조정을 자주 다녀왔다. 이때 중국으로부터 많은 하사품을 얻어왔는데 서적들도 가져왔을 것이다. 청상과부가 된 인수대비는 다른 여성들에 비해 이 책들을 접하며 공부할 수 있는 시간적인 여유가 많았다. 지적 호기심이 매우 많았던 인수대비는 사저에 살 때뿐만 아니라 궁궐에 들어와 살게 된 후에는 궁중에 있는 서적들을 더욱 많이 접할 수 있었다. 그녀는 발문을 쓴 상궁 조씨의 도움을 받아가며 『내훈』을 저술했다.

▲ 『내훈』의 표지〈사진제공: 한국학중앙연구원〉

『내훈』의 내용들

　　『내훈』은 『열녀』, 『여교』, 『소학』, 『명감』 등에서 부녀자의 교육에 중요하다고 파악되는 내용을 뽑아 3권 4책으로 엮은 책이다. 여기서 『소학』은 송대에 주희(朱熹)가 편찬한 『소학』을, 『열녀』는 명대 해진(解縉)이 편찬한 『고금열녀전』을, 『여교』는 한대에 반고(班固)가 편찬한 『여계(女誡)』와 송대의 『방씨여교(方氏女敎)』를 포함하는 확인 미상의 여훈서를 가리킨다. 『명감』은 그 실체가 불분명하다.[15]

　　그런데 『내훈』에는 인수대비가 직접적으로 한 말은 한마디도 없다. 모두 4권의 책에서 발췌한 내용이기 때문이다. 쉽게 말하자면 『내훈』은 칼과 풀로 만들어진 책이라 할 수 있으며, 내용상 독창적인 저술이라고 보기는 어렵다. 하지만 기

15　김훈식, 앞의 논문, 「15세기 한 · 중 『내훈』의 여성윤리」 참고.

존 문헌에서 어떠한 내용을 뽑아서 어떤 책을 만들고지 했는가 하는 문제의식은 분명 저자의 의도나 사상과 깊은 관련이 있다. 『내훈』의 편장과 내용에는 인수대비가 이 책을 쓴 목적과 그의 의식이 담겨 있다.

『내훈』은 각 장의 주제에 해당하는 도덕적 규범에 대한 일반적 설명과 함께 그 규범을 모범적으로 실천한 인물의 행실을 함께 실었다. 가르치며 설명하는 교설류(敎說類)와 실지로 훌륭한 행실을 드러내는 행실류(行實類)의 두 유형을 모두 취했다. 『내훈』 속에는 다양한 시기, 다양한 내용, 다양한 형태의 글들이 뒤섞여 있다. 유교 경전에 실려 있는 글부터 명나라 황후의 전기까지 함께 싣고 있다.

제1권은 언행(言行), 효친(孝親), 혼례(婚禮)의 3장으로 했고, 제2권은 부부(夫婦) 1장을 상하로 나누었으며, 제3권은 모의(母儀), 돈목(敦睦), 염검(廉儉)의 3장으로 하여 모두 7장으로 만들었다. 이 구성은 여성의 생애주기와 연관하여 편성되었다. 여성이 태어나서 언행을 익히고(언행), 부모에게 효도하고 형제에게 우애하며(효친), 혼례를 치루고(혼례), 부부가 되어 지아비를 섬기며(부부) 자식을 낳고 어미가 되어 갖추어야 할 도리(모의), 친인척과 돈독하고 화목하게 지내며(돈목), 가정 경제를 살리기 위해 검소해야 하는 것(염검)을 가르치고 있다. 이 7가지 주제는 유교적 사회 질서와 가족생활에서 요구되는 기초적인 덕목으로 유교 경전이나 여러 교훈서에서 이미 강조되어 온 내용이다. 하지만 조선 왕실 여성의 시각에서 다시 정리했다는 데 또 다른 의미가 있다.

『내훈』은 부인들의 모범적인 행적을 실례로 들고 있다. 언행의 규범을 가르치고, 효친에 대한 인식을 강조하고 있으며, 혼인의 중요성과 부부의 도리를 알게 하고, 어머니의 자식 가르치는 의무를 환기시키며, 형제와 친척의 화목을 역설하고 있다. 『내훈』은 조선사회의 여성생활이 반영된 동시에 여성으로 하여금 그처럼 생활하도록 만든 교과서였다. 『내훈』의 편찬 목적은 단순히 무지한 여성들의 교육을 위한 것에만 있지 않고, 여성들의 부덕함양과 풍속교화를 진작시키는 데 있었다.

『내훈』에는 저자인 인수대비가 쓴 서문인 내훈서(內訓序)와 상궁 조씨가 쓴 발문(跋文)이 덧붙어 있다. 상궁 조씨는 조두대(曺斗大)라는 궁녀다. 신분은 비록 궁녀였지만 글을 잘 알고 뛰어난 학식을 가진 여성이었다. 조두대는 세종의 다섯째 아들인 광평대군의 노비였으나 어려서부터 영특하여 광평대군이 한문과 이두를 가르쳤다. 광평대군이 젊은 나이에 죽게 되자 수양대군이 자신의 집으로 데려왔다. 이후 궁궐에서 상궁으로 있으면서 정희왕후와 인수대비를 도왔다. 정희왕후가 수렴청정을 하는 동안에 승정원에 내리는 문서의 정리와 그 글을 필사하는 임무까지 담당한 것으로 보인다.[16] 그런 만큼 인수대비가 『내훈』을 편찬하자 조상궁이 발문을 썼다.

『내훈』의 내용은 대략 다음과 같다.[17] 제1장 '언행'은 말의 중요성과 모범적인 행동들을 소개했다. 이 장의 내용은 거의 『소학』의 「경신(敬身)」 내편, 「경신」 외편, 「선행(善行)」의 실경신(實敬身), 「가언(嘉言)」의 광경신(廣敬身)에 해당하는 항목 가운데에서 인용한 것이다. 주로 「이씨여계(李氏女戒)」, 「곡례(曲禮)」, 「소의(少儀)」, 「논어(論語)」, 「예기(禮記)」, 「악기(樂記)」, 「여교(女敎)」, 「관의(冠義)」 등에 실린 언행의 모범 사례를 들고 있다. 그 구체적인 내용은 언어생활과 관련한 내용, 식사 예절에 관한 내용, 남녀 사이의 내외분별에 관한 내용, 여러 가지 상황에서 갖추어야 할 위의(威儀)에 관한 내용 등이다.

먼저 「이씨여계」의 글을 빌려 '말이란 인간의 온갖 영욕에 관계되는 중요한 기관이 되는 것이고 인간 상호간의 친밀함과 거리감을 결정하는 중요한 마디'라 했다. 또한 '말은 굳었던 사이를 풀어 주기도 하고, 서로 어울릴 수 없는 사이를 하나로 만들어 주기도 하지만 원한을 맺게도 하고 적대감을 불러일으키기도 한다. 그래서 언행이 확대되는 날에는 나라

---

16 한국학중앙연구원, 2005, 『조선 왕실의 여성』 장서각, 225쪽 참고.

17 김훈식, 앞의 논문, 「15세기 한·중 『내훈』의 여성윤리」, 이숙인, 앞의 글, 「소혜왕후 : 최초의 여성 저술가」 참고.

를 뒤엎고 집안을 망치며, 작은 경우라도 육친을 이간하게 된다.'고 하면서 말을 조심하도록 경계했다. 그래서 현명한 사람들은 말을 관리하는 데 힘쓴다. 즉 '남에게 거슬리는 말, 아첨하는 말, 근거 없는 말, 경솔한 말, 희롱하는 말' 등을 하지 않는다고 했다.

여기서 다루는 행동의 범주는 '주인이 보는 앞에서 국그릇에 간을 맞추는 행위를 삼갈 것'이라는 밥상머리 예절에서부터, 가난하지만 편안하고 부자이면서 교만하지 않아야 한다는 인생의 기본자세에 이르기까지 그 폭이 매우 넓다.

『내훈』이 제시하는 말과 행동의 요체는 '언충신(言忠信), 행독경(行篤敬)'이다. 즉 말은 성실하고 미더우며, 행동은 돈독하고 공경스럽게 하라는 뜻이다. 밥 먹을 때, 말할 때, 걸을 때, 앉을 때 등 몸으로 행해야 하는 수행 등에 대해 조심할 것을 강조하며 서술했다.

2장 '효친'은 『소학』과 『고금열녀전』에서 인용한 항목이 대부분으로 「여교」, 「내칙(內則)」, 「곡례」, 「예기」 등에 실린 효친의 모범적 사례를 들고 있다. 먼저 『예기』 「문왕세기」에 나오는 문왕의 효 실천의 사례를 제시했다. 문왕은 유교적 효를 실천한 모범적인 인물로서 경서와 사서에서 끊임없이 강조되어 온 인물이다. 『내훈』 역시 효친의 시작을 문왕으로 보았다. 문왕은 부친 왕계(王季)를 하루 세 번씩 문안드렸고, 부친이 편안하면 기뻐하고 부친이 불편하면 근심하는 등 부친의 상황에 따라 자신의 기분도 달라졌다고 한다. 문왕의 효심은 자신의 아들 무왕에게 그대로 전달되어 무왕 역시 아버지 문왕을 하늘처럼 모셨다. 이것은 자신이 부모에게 행한 만큼 자식으로부터 되돌려 받는다는 것을 암시해준다.

그러나 인수대비가 소개한 효 실천의 사례는 딸이 부모에게 행한 효친의 사례보다 아들이 부모에게 행한 것들이 더 많았다. 며느리 효도가 원론적인 차원에서 제기된 것에 비해 아들의 효도는 구체적 인물을 열거하는 방법으로 더 많이 제시되고 있다.

그리고 최근까지 우리에게 잘 알려진 고사들이 많다. 즉 아들과 며느리는 부모와 시부모의 명령을 거스르면 안 되고 부모가 좋아하는 것을 함께 따르며 좋아해야 하며, 아들이 며느리를 매우 좋아하더라도 부모가 좋아하지 않으면 며느리를 내보내야 한다는 것 등이다. 특히 며느리와 시부모와의 관계에 있어서는 부모의 의사를 따르는 것이 효의 실천임을 강조했다.

3장 '혼례'는 유교 문화에서 가장 중요시 한 혼인의 원리와 목적, 조건 등을 논하고 있다. 이 장에서는 「혼의(婚義)」, 「예기」, 「사혼례(士昏禮)」 등의 글을 인용했다. 혼인의 목적은 두 성(姓)을 좋은 관계로 발전시켜 위로는 조상을 섬기고 아래로는 후세를 잇게 하는 데 있었다. 혼인 의식 또한 유교식의 친영례를 당연시했고, 혼인의 조건은 사윗감이나 며느릿감의 능력이나 인품이지 재물이 되어서는 안 된다는 점을 강조하고 있다. "며느리의 재물을 가지고 부자가 되고 며느리의 세력에 의지해서 지위가 높아지는 것"은 부끄러운 일이다, 그래서 "딸을 시집보낼 때는 반드시 내 집보다 나은 집으로 보내고, 며느리를 얻을 때는 반드시 내 집보다 못한 집에서 데려온다"고 했다. 즉 여자가 재물이나 권력의 중심에 있어서는 안 된다고 강조하고 있다. 또한 여자는 아버지, 남편, 아들의 뜻을 따라야 한다는 공자의 삼종지도(三從之道)를 언급했다.

아울러 여자가 혼인해서는 안 되는 남자로 반역한 집안 아들, 어지러운 집안의 아들, 집안에 누군가 형벌을 받은 사람이 있는 집, 집안에 나쁜 병이 있는 경우, 아버지를 잃은 집안의 맏아들 등 5가지로 분류해 놓았다.

또 아내를 내쫓을 수 있는 7가지 조건인 칠거지악(七去之惡)과 3가지 내쫓을 수 없는 조건인 삼불거(三不去) 즉 시부모를 위해 삼년상을 치른 경우, 혼인 당시 가난하고 천한 지위에 있었으나 후에 부귀를 얻은 경우, 이혼한 뒤에 돌아갈 만한 친정이 없는 경우는 도의상 아내를 버려서는 안 된다는 것이다.

오늘날 시각으로 보면 매우 보수적이고 비판받아야 할 남성 중심의 가부장적인 사고라 할 수 있다. 그러나 당시의 관점에서는 따라야 할 성인들이 가르킴이지 실천해야 할 필수적인 과제였다. 그런 만큼 매우 강조했다.

4장 '부부'는 상·하로 구분되어 있고 그 분량도 가장 많아 책의 절반 가까운 분량을 차지한다. 이 장에서는 「여교」, 「방씨여교(方氏女教)」, 「안씨가훈(顔氏家訓)」에 실려 있는 내용을 중심으로 부부관계에서 특히 부인의 역할을 중요하게 다루고 있다. 이 장의 대부분은 모범이 되는 9명의 행실을 사례로 내세우고 있는데, 이 가운데 6명이 제후의 부인을 포함한 후비들이다. 특히 후한의 명덕마황후(明德馬皇后)와 화희등황후(和熹鄧皇后), 명나라의 고황후(高皇后) 등 3명의 행실이 매우 자세히 실려 있다. 나머지 3명의 후비나 일반 부녀자들의 행실 역시 이 황후들의 행실 사례와 같은 내용이다. 이런 점에서 인수대비는 자신의 며느리들도 이 9명의 부인들처럼 모범이 되기를 바라는 마음에서 이들을 가르치고자 했다.

또한 이 장에는 역사적으로 여후들이 정치에 어떤 방식으로 개입했는지에 관한 사례들을 모아 놓았다. 황제의 최측근인 황후가 여러 면에서 능동적으로 정사에 관여한 사례들을 보여준다. 인수대비는 "남편은 아내의 하늘"임을 강조하고 있다. 부부란 누구보다 가깝고 친밀한 사이지만 때로는 서로가 손님처럼 조심스럽게 공경하며 대접해야 하는 관계라는 점도 강조했다.

사실 인수대비는 혼인을 하고 2남 1녀를 낳았지만 의경세자가 일찍 죽음으로 인해 부부생활을 한 기간은 젊은 시절 4년, 잠시뿐이었다. 따라서 인수대비가 제시한 부부관계는 체험에서 얻어진 것이라기보다는 매우 관념적이고 선언적인 형태라 할 수 있다. 그런 만큼 인수대비가 『예기』에서 선택한 "자식된 자는 그 아내가 몹시 좋을지라도 부모가 좋아하지 않으면 내보내야 한다. 반면에 그 아내가 마음에 들지 않더라도 부모가 좋아하면 부부의 도리를 행해야 한다"는 말은 『내훈』을 만든 지 1년 후에 벌어진 성종비 윤씨 폐비 사건의 중요한 논리로 사용되었다. 인수대비는 투기로 부덕을 상실하고, 또 남편을 하늘같이 섬기지 않는다고 생각한 며느리 윤씨를 내쫓았다. 부부생활에서도 효를 가장 우선시하였다.

5장 '모의'는 어머니로서 훌륭한 모델을 제시한다. 이 장은 「내칙」, 「방씨여교」 등에서 인용하고 있는데, 자식의 인격은 어머니의 교육에서 좌우되는 바가 크다고 보았다. 즉 '자식이 현명하지 못한 것은 진실로 어머니에게 달렸으니 그 허물을 남에게 돌리지 말라'고 했다. 어머니는 자식을 잉태한 그 순간부터 유아기, 소년기, 청년기를 거쳐 장년의 자식이 아무리 높은 지위에 있더라도 자식에게서 자유로울 수 없음을 보여준다. 자식들에게 모범이 되어야 한다고 생각한 그녀는 자신의 성격과 같이 엄격하고 절제된 모정을 추구했다.

6장 '돈목'은 형제나 친척들과 화목하게 지내야 하는 이유와 그 구체적 사례를 제시한다. 주로 「여교」의 내용을 인용하고 있다. 시집온 여자들은 특히 동서 관계를 신중히 해야 하는데 이들이 남편의 형제 사이를 나쁘게 할 수도 있기 때문이다. 즉 "사내들 중에 과연 몇 사람이나 뜻이 굳고 강한 심장으로 그 같은 아내의 말에 현혹되지 않을 자가 있겠는가?"라고 우려했다. 동서간의 다툼에서 당장은 이겼더라도 누가 먼저 죽을지 모르는 일이고, 또 그 화가 결국 누구에게 미칠 것인가를 생각해야 한다고 했다. 하지만 이 장은 여자들보다는 남자들의 형제 관계에 더 집중하고 있다. 남자형제들의 좋은 관계를 위해 시집온 여성들이 노력해야 함을 강조했다.

7장 '염검'은 삶의 진정성이란 재물에 있지 않음을 보이고자 청렴과 근검을 실천한 사람들을 소개한다. 대부분 『소학』의 경신(敬身)에 관한 항목에서 인용한 내용등이다. "죽는 날 곳간에 곡식이 가득하고 창고에 재물을 쌓아 놓게 되는 부끄러운 상황을 만들고 싶지 않다"고 하며 부귀영화를 마다한 제갈공명의 고사를 소개했다. 또 후한의 양진(楊震)이 자신이 천거하여 관직에 오른 왕밀(王密)이 고마움의 표시로 황금 10근을 선물하며 "어두운 밤이라 아무도 아는 사람이 없습니다"라고 하자 "하늘이 알고 신이 알고 내가 알고 그대가 아는데, 어찌 아는 사람이 없다 하오"라고 하며 거절했다는 고사도 소개하고 있다.

또한 염검(廉儉)은 나라의 재물을 사적 용도로 쓰는 것을 경계한 것으로 그 대상은 관직에 있는 자들이다. 청렴과 절제를 실천해야 할 모든 관리는 왕의 신하 즉 아들 성종의 신하였다. 그녀가 관리들에게 하는 말은 청렴을 실천한 남성인물을 직접 조명한 경우도 있고, 그들 배후에 있는 여성들과의 관련 속에서 보여준 경우도 있다. 예컨대 관직에 나가는 아들에게 "자식이 벼슬살이를 하는데, 누군가 보고 와서 가난하여 견딜 수가 없더라고 하면 좋은 소식이지만, 재물이 쌓여 있고 의복이나 거마가 훌륭하다고 하면 나쁜 소식이다"라고 했다는 어머니를 소개하고 있다.[18] 훌륭한 관리를 만드는 힘은 훌륭한 어머니와 아내에게 달려 있다는 것이다.

『내훈』은 여성뿐만 아니라 남성들에게도 요구되는 여러 가지 내용들로 채워져 있다. 여성 교육에 목적을 둔 책이지만 제시된 구체적 사례들은 상당수 아들이 그 부모에게 효도한 이야기들을 서술하고 있다. 그 내용은 부모에게 효도할 것과 아내를 잘 관리하라는 것으로 요약된다. 또한 덕성을 갖춘 이상적인 인격, 즉 '군자'들을 소개한 내용들이 다수 존재한다. 정이천의 어머니 후부인과 같이 유교 문화에서 이상적으로

---

18 이숙인, 앞의 글, 「소혜왕후: 최초의 여성 저술가」 참고.

생각하는 여성들의 일화도 많이 포함되어 있지만, 군자의 덕성을 갖춘 남성들의 일화도 많이 소개되고 있다.

『내훈』116조목에는 남녀 공통으로 요구되는 예의범절이나 인간 보편의 덕성을 가르치는 조목의 비중이 매우 높다. 먼저 인간 보편성에 기준을 두고 남녀 모두 익혀야 할 도덕적 행위를 제시하며 여성이 지켜야 할 덕목들과 아울러 남성이 지켜야 할 도덕성을 제시했다. 궁극적으로 가정은 남성과 여성이 함께 만들어가는 것이기에 남녀 공히 가정에서 지켜야 할 가치들을 아울러 제시한 것이다. 그런 점에서 『내훈』은 여성뿐만 아니라 남성을 위한 교훈서이기도 하다.

우리나라 최초의 여성 저술가

　　인수대비가 『내훈』을 편찬하기 이전엔 우리나라 여성이 쓴 저서는 없었다. 여성이 책을 썼다는 기록도 없고, 전해 오는 것도 없다. 조선 후기에 이르면 정조의 어머니 혜경궁 홍씨의 『한중록』을 비롯하여 양반 여성들이 쓴 문집이 만들어지기도 했으나 그것들에 비해 『내훈』은 거의 300년은 앞서 만들어졌다. 따라서 인수대비는 우리나라 역사상 최초로 책을 쓴 여성 저술가이며, 『내훈』은 우리나라 역사상 최초로 여성이 쓴 저서라 할 수 있다. 역사상의 '최초'란 생각 이상의 도전적이고 선구적인 행위이다.

　　『내훈』은 여말 선초 『효행록』과 『삼강행실도』 같은 행실류 윤리서의 편찬이라는 흐름 속에 여성이 직접 참여하여 편찬했다는 점에서 의미가 매우 크다. 나아가 조선 초기 사상사적 과제인 유교적 예속의 확립에 영향을 준 점에서도 그 의미가 매우 크다. 또한 『내훈』은 부녀자들에게 교육을 해야 한다는 인식이 별로 없던 당시에 부녀 교육의 필요성을 절감하고 이들을 훈육하려 한데에서 의미가 크다. 이 책은 인수대비의 도덕적, 사상적 성향을 잘 보여준다.

그러나 인수대비가 『내훈』의 서문에서 부녀자를 위한 교육이 필요하다고 이야기했던 뜻은 무엇보다 내조자에게 요구되는 부덕의 함양에 있었다. 인수대비가 말한 여성교육은 유교적인 원리에 따라 남녀의 기질차이를 전제로 하는 남녀유별관을 지녔으며, 음양의 원리에 따라 순종하고 가부장적 체제 질서에 잘 적응하는 여성들을 길러내는 것이었다. 이는 당시 시대가 요구하던 여성상이었다. 인수대비는 시대적 여성상을 선도하는 입장에서 이 책을 서술했다.

또한 『내훈』에는 많은 책들이 인용되고 있다. 『내훈』은 상층여성의 인격형성에 의미가 있다고 판단되는 다양한 고전지식들을 채택하여 만든 책이다. 인수대비는 대단히 지적 욕구가 강했던 여성이다. 『내훈』은 인수대비의 폭넓은 고전 읽기와 쓰기가 어우러져 만들어진 결과물로서 특별히 여성들을 위해 기획된 교육용 도서이다. 아울러 인수대비는 『내훈』이란 텍스트를 통해 당시 여성들에게 『소학』, 『열녀전』, 『여교』 등을 매개로 고전의 세계와 그 가치를 소개했다.

『내훈』은 성종 6년(1475) 초판 이래 여러 차례 간행되었다. 선조 6년에 두 번을 비롯하여 광해군 3년, 효종 7년에 간행되었다. 이 가운데 특히 선조 6년 후인본은 3권 4책으로 재구성되었으며, 내용의 교정이 충실히 이루어졌다. 그러나 임진왜란 과정에서 많이 훼손된 듯 광해군은 즉위 2년에 "『내훈』은 우리 선왕후(先王后)가 몸소 편찬한 책이니 후세에 전하지 않을 수 없다. 외간의 있는 곳을 방문하고 모아서 완질을 만들어 인쇄하여 널리 반포하라"고 했다.(광해군 2년 3월 1일 정축) 또한 효종 7년(1656)에도 지경연 이후원(李厚源)이 "이 책은 조종조의 아름다운 말과 훌륭한 교훈인데 만약 없어져 전할 수 없게 된다면 애석하니 삼남(三南)의 감사로 하여금 간행하여 널리 반포하자"고 건의했다.(효종 7년 7월 28일 갑술) 또 현종 1년에는 『내훈』을 교정했다.(현종 1년 9월 5일 정사) 이와 같이 『내훈』은 조선 후기에도 매우 중요한 책으로 인식되었다.

　『내훈』은 유교 문화가 심화되어 갈수록 더욱 중요시되었다. 여성들이 부덕을 쌓는 데 도움을 주었으며, 여성들의 고전 읽기와 쓰기를 함양하는 데 길잡이 역할을 했다. 지금은 그 가치가 많이 변색되었지만 『내훈』이 우리나라 최초로 여성에 의해서, 여성을 위해 만들어진 우리나라 최초의 여성 교육서라는 점은 부인하기 어렵다. 『내훈』은 조선시대 여성교육의 이념 성립에 큰 역할을 했고, 인수대비는 이 책을 씀으로서 우리나라 최초의 여성 저술가이자 여성 교육의 선구자가 되었다.

5

왕권 강화의 걸림돌,
폐비 윤씨를 죽이게 하다

윤씨의 입궁과 왕비 책봉

고(故) 판봉상시사 윤기견의 딸을 숙의로 맞아들였다.

(『성종실록』 권28, 4년 3월 19일 기유)

내가 어린 몸으로 대통을 이어받아 영구히 짊어져야 할 중한 책임을 생각하
건대 반드시 내좌(內佐: 내조)하는 현명한 사람의 도움에 힘입어야 하는데, 중
궁의 자리가 빈 지 여러 해가 되었다. 이에 대왕대비의 의지(懿旨)를 받드니,
궁궐은 주장하는 사람이 없을 수 없으므로 현숙한 자를 간택하여 내정을 총
괄하게 해야 한다고 하셨다. 그대 윤씨는 일찍이 덕행으로 뽑혀서 오랫동안
궁궐에 거처하면서, 정숙하고 신실하며 근면하고 검소한데다 몸가짐에 있
어서는 겸손하고 공경했으므로, 삼궁(정희왕후, 인수대비, 안순왕후)에게 총애를
받았다. 이에 예법을 거행하여 왕비로 책봉한다.

(『성종실록』 권70, 7년 8월 9일 기묘)

　　　　인수대비가 대비가 된 이후 가장 먼저 맞은 불행은 며
느리이자 손자 연산군의 어머니인 윤씨를 폐비시키고 결국
죽게 한 일이다. 며느리들을 포함해 궁중의 비빈들을 훈육하
고, 폐비 처우 문제를 둘러싼 대간들과의 갈등에서 왕권을 강
화하기 위해 빚어진 이 사건은 조선왕조 처음으로 왕비가 왕
에 의해 죽임을 당한 비극적인 사건이었다. 이 과정에서 인수

대비와 폐비 윤씨는 역사적인 악연이 되었다. 그러나 이 사건을 인수대비가 독단적으로 결정한 것은 아니다. 폐비 윤씨의 죽임에는 직접 또는 간접적으로 정희왕후, 인수대비, 성종, 예종비, 대간, 후궁 등 많은 사람들이 관계되었다. 집단적 타살이라 할 수 있다. 인수대비도 그 중 한사람이지만 왕의 어머니였기 때문에 그 영향력은 누구보다 컸다. 이로 인해 연산군대 그녀의 노후는 평탄치 않은 불행한 삶이 되었다.[19]

성종은 왕이 된지 4년이 되는 해에 정식으로 후궁을 들였다. 왕의 나이 16살이었다. 성종은 4년 3월에 고 윤기견(尹起畎)의 딸 함안 윤씨를 숙의(종2품)로 들이고, 곧이어 6월에 병조참지 윤호(尹壕)의 딸 파평 윤씨를 또 숙의로 들였다. 두 숙의는 후에 차례로 왕비로 승격되었다.

함안 윤씨가 연산군의 어머니 폐비 윤씨로 성종보다 2살 연상이었고, 후에 중종의 어머니가 되는 정현왕후 파평 윤씨는 성종보다 5살 어렸다. 폐비 윤씨는 18살에 입궁했고 같은 시기에 후궁으로 입궁한 파평 윤씨는 11살이었다. 두 숙의의 나이 차는 무려 7살이었다.

과거 박종화의 소설 『금삼의 피』에는 폐비 윤씨가 성종보다 12살이나 많은 궁녀출신으로 성종의 승은을 입어 후

---

19 한희숙, 2006, 「조선 성종대 폐비 윤씨 사사사건」, 『한국인물사연구』 6 참고.

궁이 된 것으로 묘사되어 있다. 이후 일반적으로 12살 연상의 궁녀 출신 왕비로 알려지게 되었다. 그러나 이것은 매우 큰 오류이다. 국립중앙박물관에 보관되어 있는 폐비 윤씨의 태실(胎室)과 태지(胎誌)를 보면 성종보다 2살 많은 1455년생이다. 윤씨는 왕비와 마찬가지로 정식 간택되어 입궁한 양반가 출신의 간택후궁이었다.

조선시대 후궁은 지위에 따라 〈표 12〉와 같이 칭호와 품계가 나뉘어 있었다.

〈표 12〉 조선시대 후궁의 칭호와 품계

품계	정1품	종1품	정2품	종2품	정3품	종3품	정4품	종4품
칭호	빈	귀인	소의	숙의	소용	숙용	소원	숙원

폐비 윤씨는 본관이 함안으로 아버지는 판봉상시사(判奉常寺事) 윤기견이고, 어머니는 고령 신씨이다. 그녀가 어떤 경위로 성종의 후궁이 되었는지는 확실하지 않으나 윤기견이 세조와 가까웠고 어머니 신씨가 신숙주와 사촌이었기 때문에 후궁에 간택된 것 같다.

윤기견은 두 번 결혼해서 모두 4남 1녀를 두었다. 첫 부인은 양성(陽城) 이씨로 그녀와의 사이에서 윤우(尹遇), 윤해(尹邂), 윤후(尹追) 등 세 아들을 두었다. 이씨 부인과는 사별한 듯 고령 신씨와 재혼해서 남매를 두었는데 아들은 윤구(尹遘)

이고, 딸이 폐비 윤씨이다. 폐비 윤씨는 4남 1녀의 외동딸로 자랐다. 윤기견의 두 번째 장인 신평(申枰)은 세종 16년(1434)에 문과에 급제한 뒤 사간원 정언(正言: 정6품)을 지낸 평범한 관원이었지만 그의 형은 대제학까지 오른 신장(申檣)으로 셋째 아들이 신숙주다. 윤기견은 신숙주와 같이 문과에 급제한 동방이라는 사회적 인연뿐만 아니라, 부인 신씨가 바로 신숙주와 사촌이었기 때문에 인척 관계로도 매우 가까운 사이였다.

폐비 윤씨의 외할아버지 신평은 세종대 정언을 지낸 인물이고, 아버지 윤기견 역시 대간을 지냈다. 폐비 윤씨는 친가뿐만 아니라 외가로부터도 자기주장이 강한 기질을 이어받았다. 또한 친가나 외가 모두 정치적으로나 경제적으로 고관 출신은 아니고 비교적 한미한 관인 집안이었다.

더욱이 폐비 윤씨가 입궁할 즈음에 아버지 윤기견이 죽었기 때문에 홀어머니 손에 성장했다. 집안 사정도 좋지 않아 상당히 가난했다. 그래서 윤씨가 궁으로 들어올 때 사람들은 '윤씨의 어미가 과부로 있어서 생활이 어렵더니, 이 같은 복이 있다.'고 했다. 폐비 윤씨의 가문은 당시 왕비를 배출한 파평 윤씨나 청주 한씨에 비해 매우 가난하고 미약한 상태였다.

폐비 윤씨가 입궁할 즈음 성종의 첫 번째 부인이었던 공혜왕후 한씨는 많이 아팠다. 한명회의 딸인 공혜왕후는 후궁을 대접함에 있어서도 너그럽고 대범하여 도에 맞았으며,

양로연이나 설과 같은 내전이 연회 때에노 의례가 모두 법도에 맞아 모두 칭찬했다고 한다. 심지어 공혜왕후는 장차 후궁들을 뽑을 것이라는 말을 들으면, 의복을 깨끗하고 수려하게 장만해 두었다가 들어오기를 기다려서 내리고, 그 뒤로도 복식이나 노리개 등을 자주 내려 주고 은혜와 예로 대우하여 싫은 기색이 없었다고 한다. 최고의 가문을 친정으로 둔 권세가 한명회의 딸답게 자신감 있는 의연하고도 기품있는 모습을 보여주었다. 공혜왕후는 후궁들의 아버지인 윤기견과 윤호의 집에 각각 면포 100필, 정포(正布) 50필, 쌀 50석을 내려 주기도 했다.(성종 4년 1월 13일 갑진) 후궁들에 대해 질투를 하지 않았으며, 오히려 은혜를 베풀었다. 공혜왕후는 성종 4년(1473) 7월에 병으로 친정으로 옮겨 거처했다가 잠시 병이 나아지자 다시 궁으로 돌아왔다. 하지만 결국 병이 도져 이듬해 4월 15일에 19세의 나이로 자식을 남기지 못한 채 죽었다. 이로 인해 왕비 자리가 공석이 되었다.

공혜왕후의 죽음으로 누가 계비가 될 것인가는 당시 후궁들 사이에선 큰 관심거리였다. 궁중에는 숙의 함안 윤씨, 숙의 파평 윤씨, 정소용·엄숙의 등 성종의 후궁들이 다수 있었다. 이들 사이에는 눈에 보이지 않는 은근한 투기와 경쟁이 존재했다. 성종은 공혜왕후의 상례가 끝나자 7년 7월 11일에 정희왕후의 의지(懿旨: 왕대비·왕비·왕세자·왕세손의 명령)로 일

찍이 의정을 지낸 사람과 의정부·육조참판 이상과 대간들을
불러 숙의 함안 윤씨를 왕비로 삼을 뜻을 전교했다.

"중전 자리가 오랫동안 비어 있으니 내가 위호(位號: 작위와 이
름)를 정하여 위로는 종묘를 받들고 아래로는 국모를 삼으려고
하는데, 숙의 윤씨는 주상께서 중히 여기는 바이며 나의 의사도
또한 그가 적당하다고 여겨진다. 윤씨가 평소에 허름한 옷을 입
고 검소한 것을 숭상하며 일마다 정성과 조심성으로 대했으니,
대사를 위촉할 만하다. 윤씨가 나의 이러한 의사를 알고서 사양
하기를, '저는 본디 덕이 없으며 과부의 집에서 자라나 보고 들
은 것이 없으므로 사전(정희왕후, 안순왕후, 인수왕후, 성종)에서 선택
하신 뜻을 저버리고 주상의 거룩하고 영명한 덕에 누를 끼칠까
몹시 두렵습니다.'고 하니, 내가 이러한 말을 듣고 더욱 더 그를
현숙하게 여겼다." 하므로 정인지 등이 대답하기를, "중망(衆望)
에 매우 합당합니다." 하니, 전교하기를, "내가 매우 기쁘다. 경
등의 의사도 알 만하니 한잔 마시도록 하라."

(『성종실록』 권69, 7년 7월 11일 임자)

성종은 함안 윤씨 즉 폐비 윤씨를 총애했다. 대왕대비
인 정희왕후도 함안 윤씨를 중궁으로 선택했고, 성종은 매우
기뻐했다. 폐비 윤씨가 궁중에 들어온 지 3년만의 일이었다.

윤씨를 중궁으로 선택한 것은 성종의 뜻을 헤아린 정희왕후와 인수대비의 주도로 이루어졌다. 교지는 정희왕후의 명의로 내려졌지만 그 이면에는 인수대비의 뜻도 담겨 있었다. 윤씨가 중궁으로 간택된 이유는 '성종이 중히 여기고, 또 윤씨가 적당하다고 여겨지며, 윤씨가 검소한 것을 숭상하며 일마다 정성과 조심성이 있어 대사를 맡길 만하다.'는 것이었다.

성종은 곧 의정부에 교지를 내려 "중궁은 한 나라 백성의 어머니이다. 오랫동안 적당한 사람을 구하기 어려웠는데, 숙의 윤씨는 현숙한 덕이 일찍 나타나서 진실로 규방의 법도에 합당하므로, 위로 대비의 뜻을 받들어 중궁으로 삼으니 그 사실을 중외에 널리 알리라"(성종 7년 7월 11일 임자)고 했다.

폐비 윤씨가 왕비가 될 수 있었던 가장 큰 이유는 무엇보다도 성종의 총애 때문이었다. 윤씨는 후궁 서열 첫 번째로 성종이 총애했고, 후에 연산군이 되는 아이를 잉태하고 있었다. 당시 왕실에는 자손이 매우 귀했다. 문종의 외아들이었던 단종이 폐위되고 세조가 왕위에 오른 뒤에도 의경세자와 예종은 일찍 죽었고, 그들이 남긴 아들들도 적었다. 의경세자가 월산군과 성종을, 예종이 제안대군을 남겼을 뿐이었다. 따라서 윤씨가 잉태했을 때 누구보다 좋아한 사람은 성종과 대비들이었다. 당시 그녀의 성품은 부드럽고 아름다우며, 마음가짐도 깊고 곱다고 표현되고 있다. 또 효성도 지극하여 정희왕후, 안순왕후, 인수대비 등 3대비를 감동시켰다고 했다. 훗날 폐비시킬 때 그의 성품과 행위를 기록한 것과 비교하면 엄청난 차이가 있다.

여하튼 이러한 긍정적인 여러 요인으로 폐비 윤씨는 왕비가 될 수 있었다. 성종은 약 1달 후인 8월 9일에 인정전에 나아가 윤씨를 왕비로 책봉했다. 화려하고 장엄한 의식이 진행되었다. 교명(敎命: 왕비 또는 왕세자·왕세제·왕세손 및 그 빈을 책봉할 때에 왕이 내리던 문서)도 내려졌다. 윤씨가 중전이 되어 교명과 책보를 선정전(宣政殿)에서 받자 내외명부가 모두 축하를 했다. 영의정 정창손 등은 백관을 거느리고 영문(英門) 밖에 나아가 전문(箋文)을 올려 하례했다.(성종 7년 8월 9일 기묘) 이에 대해 중궁 윤씨는 전문을 올려 은혜에 감사드렸다.

이렇게 폐비 윤씨가 왕비가 되자 성종은 장인인 함안군(咸安君) 윤기견의 제향(祭享)과 수묘군(守墓軍)을 『대전』에 규정된 법규에 따라 시행케 했다.(성종 7년 9월 5일 을사) 그리고 윤기견을 영의정으로 추증하고, 어머니 신씨에게는 해마다 봄·가을에 쌀 20석과 황두 10석을 내려 주도록 했다.(성종 7년 12월 6일 을해)

폐비 윤씨는 성종의 후궁으로 입궁한지 3년 만에 왕비가 된 행운아였다. 문종의 세자시절 후실이었던 현덕왕후 권씨나 예종의 세자시절 후실이었던 안순왕후 한씨 등 세자의 후실이 왕비가 된 경우는 있었으나, 왕의 후궁이 왕비로 승격된 경우는 처음이었다. 그런 만큼 다른 후궁들의 부러움과 시기를 한 몸에 받게 되었으나, 왕비로서의 정통성과 위상은 약할 수밖에 없었다. 당시 궁궐에는 성종의 후궁이 다수 있었고, 그 가운데는 명문가의 여성도 있었다. 그렇기에 윤씨는 조금만 행동이 부덕에 어긋나도 대비들의 눈 밖에 날 수 있었다. 그녀의 행동을 주시하는 눈들이 더욱 많아졌다.

윤씨는 왕과 대비들의 총애를 받으며, 또 후궁들의 부러움을 사며 얼마 후 아들 연산군을 낳았다. 도승지 현석규·우승지 임사홍 등은 성종에게 '개국한 이후로 문종과 예종은 모두 잠저에서 탄생하여 오늘과 같은 경사는 없었다.'며 사면령과 백관의 하례를 시행하도록 청했다.(성종 7년 11월 7일 정미) 연산군은 조선 건국 이후 궁궐에서 태어난 첫 번째 왕의 적장자였다.

이때 윤씨는 22살이고 성종은 20살이었으며, 인수대비는 40살이었다. 너무나 기쁜 성종은 축하의례를 받고 이어 죄인들의 죄를 감해 주는 사유문(赦宥文)을 반포했다.

"연매(燕媒: 아들을 비는 제사)에서 큰 복을 내려 주어, 적장자가 처음 탄생하니, … 내가 덕이 부족한 몸으로 일찍이 큰 기업[조기基]을 이어받았는데, 왕위에 오른 지가 여러 해 되었으나 진색

(震索: 왕세자)의 경사를 보지 못하여서, 후사를 잇는 것을 중하게 여겨 이(離)가 거듭 밝은 경사를 오래 기다렸더니, 이에 성화 12년 11월 초7일에 정비 윤씨가 맏아들을 탄생하여 국본을 튼튼히 했다. 어찌 삼궁(三宮: 정희왕후·인수대비·안순왕후)의 위안되는 기쁨일 뿐이랴? 실로 이는 칠묘(七廟: 태조를 비롯한 역대 왕)의 즐거움이 되리로다.　　　　　(『성종실록』 권73, 7년 11월 7일 정미)

　　윤씨가 아들을 낳았다는 것은 국가 본위를 튼튼하게 하고 왕비 자리도 든든하게 하는 안전장치가 되었다. 윤씨뿐만 아니라 실로 왕실의 큰 경사가 아닐 수 없었다.

　　윤씨가 연산군을 낳은 성종 7년은 정희왕후의 수렴청정이 끝나고 성종의 친정(親政)이 이루어지는 시기였다. 인수대비가 『내훈』을 지은 지 1년이 지난 후였다. 성종은 자신의 위상을 높이고 내명부의 기강을 정비하고 나아가 새로 왕비가 된 윤씨의 위상을 높여주기 위하여 친잠례(親蠶禮)를 시행하고자 했다.[20]

　　친잠례는 조선시대 왕비가 누에를 치기 위해 직접 뽕잎을 따는 일련의 국가적 의례로 백성들에게 양잠업을 권장하고 백성의 고충을 헤아리고자 한 왕실의 중요한 의식이었

20　한희숙, 2012, 「조선 성종 8년 왕비의 친잠례 시행과 그 의미」, 『아시아여성연구』 제51권 1호 참고.

다. 이것은 모든 여성을 대표하는 국모인 왕비가 누에치는 의식을 몸소 실천함으로써 여성들에게 모범을 보이고자 한 것이었다. 국왕이 친히 밭가는 의식인 친경례(親耕禮)와 짝했다. 친잠례는 남성 중심의 유교적 지배체제에서 여성인 왕비가 국가적인 행사에 주체가 되었다는 점에서 매우 의미 깊은 의식이다.

정희왕후의 수렴청정기간 동안에는 왕의 위상도 낮았지만 왕비의 위상도 낮았다. 또 공혜왕후 한씨의 투병, 죽음, 상례기간이 동시에 진행되어 친잠례를 시행할 수 없었다. 따라서 친정기에 접어든 성종은 왕실의 위상을 높이고, 내명부의 위상을 정비하기 위한 목적에서 친잠례를 거행하도록 명했다.

성종은 7년 8월 9일(기묘)에 중궁을 책봉하고, 기다렸다는 듯이 8월 22일(임진)에 왕비의 친잠례에 대해 옛 사례를 살펴보도록 명했다. 성종의 친정과 짝하여 친잠례에 대한 논의가 본격화되어 조선이 건국된 후 최초로 성종 8년(1477)에 친잠례를 시행했다. 조선 이전에도 농업 국가였고, 농업과 짝하여 인간 생활에 중요한 의복 문제를 해결하기 위해 양잠을 중하게 여겼지만 왕비가 친잠례를 행했다는 기록은 찾아보기 어렵다. 윤씨가 왕비가 된 이듬해 봄 3월에 조선 왕조 처음으로 왕비의 친잠례를 시행했다.

친잠일인 3월 14일(신사)에 윤씨는 내·외명부를 거느리고 창덕궁 후원에 만들어 놓은 채상단(採桑壇)에 나아가 친잠의식을 거행했다. 이날 친잠하는 데 참여할 집사들은 내외법에 의해 모두 여성들이었다. 뽕잎을 따는 채상에 1품 내명부 2명, 2품 내명부 1명, 3품 내명부 1명으로 후궁 4명이 참여했다. 그 외 외명부로는 월산대군의 처 박씨와 길창부원군 권람의 처 이씨를 비롯해 공주·옹주 등 20명 남짓 참여했다.

그런데 이 친잠례는 윤씨 폐비사건이 발생하게 되는 하나의 시발점이 되었다. 친잠례에는 후궁 4명이 참석했다. 그 가운데에는 정소용과 엄숙의가 있었다. 이들은 성종의 총애를 받고 있었다. 특히 정소용은 임신을 하고 있었기 때문에 윤씨에게 가장 신경 쓰이는 존재였고, 투기 대상이었다. 더욱이 엄숙의와 서로 친한 모습은 그녀의 심기를 불편하게 만들었다. 친잠례를 계기로 후궁들에 대한 윤씨의 경계심과 투기가 더욱 증폭되었다. 윤씨는 왕비가 된지 불과 8개월 만에, 친잠례를 행한지 보름 만에 폐비가 될 위기에 놓이게 되었다.

윤씨 폐비 논의와 폐출

처음에 왕의 어머니 폐비 윤씨가 성질이 모질고 질투했다. 정희·소혜(인수대비)·안순 세 왕후가 윤씨의 부도한 짓이 많음을 보고 매우 걱정하여 밤낮으로 훈계했으나, 더욱 순종하지 않고 악행이 날로 심하므로, 성종이 할 수 없이 대비의 뜻을 따라 위로 종묘에 아뢰고 폐했다.(『연산군일기』 권63, 12년 9월 기묘)

　　성종과 3대비에게 총애를 받던 윤씨가 폐비 논의에 휩싸이게 된 것은 연산군을 낳은 지 불과 4개월만의 일이었다. 윤씨는 적장자를 낳았다는 안도감과 기쁨에 싸여 있었지만 아직 산고로 인한 후유증과 산후우울증으로부터 자유롭지 못했다. 또한 후궁들의 시기와 질투가 있을까 불안했다. 그러던 중 급기야 성종 8년 3월 29일에 대왕대비 정희왕후의 명으로 중궁을 폐하는 문제가 논의되었다.[21] 위의 『연산군일기』의 기록에 의하면 '성종이 할 수 없이 대비의 뜻을 따라' 윤씨를 폐했다고 했다. 윤씨 폐비 논의를 제일 먼저 제기하고 나선 사

21　한희숙, 2005, 「조선 초기 성종비 윤씨 폐비·폐출 논의 과정」, 『한국인물사연구』 4 참고.

람은 대비였다. 이에 성종은 일찍이 정승을 지낸 사람과 의정부·육조판서·대사헌·대사간을 불러 들였고, 대비전의 의지(懿旨)를 내렸다.

이달 20일에 감찰 집에서 보냈다고 일컬으면서 권숙의의 집에 언문을 던지는 자가 있었다. 권숙의의 집에서 주워보니 정소용과 엄숙의가 서로 통하고 믿으며 중궁과 원자를 해치려고 한 것이다. 생각건대, 정소용이 한 짓인 듯하다. 그러나 지금 바야흐로 임신했으므로 해산한 뒤에 국문하려고 한다. 그런데 하루는 주상이 중궁에서 보니 종이로써 쥐구멍을 막아놓았는데, 쥐가 나가자 종이가 보였고, 또 중궁의 침소에서 작은 상자가 있는 것을 보고 열어보려고 하자 중궁이 숨겼는데, 열어보았더니 작은 주머니에 비상이 들어 있고, 또 방양서(方禳書: 비방을 적은 책)가 있었다. 이에 쥐구멍에 있는 종이를 가져다가 맞춰본즉 부절(符節: 사신이 가지고 다니던 물건으로 둘로 갈라 하나는 조정에 두고 하나는 본인이 가지고 신표로 쓰다가 후일 서로 맞추어봄)과 같이 맞았는데, 이것은 책이 잘린 나머지 부분이었다. 놀라서 물으니, 중궁이 대답하기를, '친잠할 때 계집 종 삼월이가 바친 것이라.'고 하였다. 또 삼월이에게 물으니 삼월이가 모두 실토하여 모두 그 사실을 알았다. 중궁이 만일 이때에 아뢰었다면 좋았을 것인데, 중궁이 그러지 못했다.

중궁이 옛날 숙의로 있을 때 일하는 데에 있어서 지나친 행동이 없었으므로 주상이 중하게 여겼고 삼전(三殿)도 중히 여겼으며, 모든 빈들 가운데에 또한 으뜸이 되기 때문에 책봉하여 중궁을 삼았는데, 정위(正位)에 오르면서부터 일이 잘못됨이 많았다. …

지금에서 본다면 전일에 잘못이 없었던 것은 주상이 왕비가 없으므로 각각 이름을 나타내려고 했을 것이다. 지금 주상이 바야흐로 중히 여기고 있는데 중궁이 어찌 주상을 가해하려고 하겠는가. 다만 이것은 잉첩을 제거하려는 것일 것이다. 부인은 옳은 것도 없고 그른 것도 없는 것으로 덕을 삼는 것인데, 투기하는 것은 아름다운 일이 아니다. … 종묘와 사직에 관계됨이 있기 때문에 경들을 불러 의논하는 바이다. 내가 당초에 사람을 분명하게 알아보지 못했음을 부끄럽게 생각한다. 중궁이 이미 국모가 되었고 또한 원자가 있는데 장차 어떻게 처리할까.

(『성종실록』 권78, 8년 3월 29일 병신)

친잠례를 행한지 6일 만에 덕종의 후궁인 권숙의의 집에 언문 투서를 던진 사건이 있었다. 이 투서는 곧 대비에게 알리기 위한 방법이었다. 후궁들이 참여한 친잠례에서 질투심과 불안한 마음이 들었던 윤씨는 급기야 시녀를 시켜 정소용과 엄숙의가 자신과 원자를 해치려 한다는 내용의 투서를 권숙의의 집에 던지게 했다. 이 일에는 어머니 신씨와 여종 삼월이, 여종, 그리고 올케인 윤구의 처 등이 참여했다. 9일이 흐르는 동안 그 투서는 후궁을 제거하고자 한 윤씨 측에서 보낸 자작극으로 판명되었다. 실로 어리석은 일을 저질렀고, 그로 인해 윤씨의 의도는 화를 불러일으켰다. 윤씨의 소행을 괘씸하게 생각한 대비들은 정소용이 아니라 윤씨를 폐하려는 뜻을 내비쳤다.

윤씨는 왕실에서 오랫동안 기다리던 성종의 첫 번째 아들 연산군을 낳았고, 왕비로서의 위상도 이제 확고하게 자리를 잡을 듯이 보였다. 그러나 윤씨의 기대와는 다른 상황이 전개되었다. 윤씨는 아버지 없는 가난한 집안의 후궁출신이었기에 자신감 부족인 듯 내명부를 장악하지 못했다. 성종의 후궁들로부터 최고의 권위와 존경을 받기에는 아직 일렀다. 또한 20세 초반의 한창 젊은 성종은 산고의 후유증에 시달리는 왕비보다 후궁들을 더 총애했다. 윤씨는 이러한 성종의 행위를 참기 어려웠을 뿐만 아니라 자신의 위치가 다른 후궁에게 빼앗길지도 모른다는 위협과 피해의식까지 느꼈다. 특히 임신한 정소용은 눈에 가시였다. 그래서 윤씨는 이들을 음해하기 위해 굿하는 방법을 적은 책과 목숨을 빼앗을 수 있는 비상을 준비해 두었다.

폐비의 뜻이 담긴 의지를 내린 사람은 왕실의 최고 어른인 정희왕후로 보이지만, 이는 인수대비의 뜻이기도 했다.

두 사람은 항상 뜻을 같이했다. 이들은 윤씨가 비상을 갖고 있던 것이 성종을 죽이려 한 것이 아니라 후궁을 제거하기 위한 소행이라고 생각하면서도 의심의 끈을 놓지 않았다. 이들은 윤씨의 됨됨이를 잘못 알았다고 후회했다.

사실을 알게 된 성종도 불같이 화를 내며 폐비시킬 뜻을 강하게 내비쳤다. 성종은 인수대비의 뜻을 거역하지 못하는 효자이기도 했지만 자신의 왕권 강화에 먹칠을 하는 윤씨가 곱게 보일 리 없었다. 성종은 예문관에 명하여 여러『사기』의 후비전을 가져오게 했다. 예문관에서 황급하여 찾아오지 못하자 몹시 화를 내며 재촉했다.

폐비가 논의된 가장 큰 요인은 윤씨와 후궁들의 갈등이었다. 윤씨는 후궁들을 감싸며 투기하지 말아야 했지만 오히려 자신과 원자를 해치려고 한다는 혐의를 만들어 제거하려고 했다. 또한 성종의 총애를 다시 끌어들이고자 굿하는 책을 보았다. 윤씨의 방에서 작은 주머니에 든 비상과 작은 상자속에 간수된 방양서(方禳書: 굿하는 방법을 적은 책)가 발각되면서 후궁들을 독살하려 했다는 혐의를 받게 되었다. 그녀의 행동은 모두 감시의 대상이 되었고 성종의 유모였던 봉보부인[22]은 윤씨의 행동을 대비전에 낱낱이 일러바쳤다.(성종 10년 6월 5일

---

22 봉보부인에 대해서는 한희숙, 2007, 「조선 전기 봉보부인의 역할과 지위」, 『조선시대사학보』 43 참고.

경인) 윤씨는 왕비로서 내명부의 기강을 세우고 후궁들의 시기를 의연하게 잘 대처해야 했지만 그러지 못했다. 윤씨는 모든 면에서 죽은 왕비 한명회의 딸과 비교되었다.

성종은 8년 3월 30일(정유)에 대신들과 의논하여 왕비를 폐하여 빈으로 강등했다. 성종은 이른 아침에 재상들을 모두 불러 모아 놓고 '이 문제는 투기만이 아니다. 가지고 있던 비상이 나를 해치려 한 것은 아니라 하더라도 국모의 의범(儀範: 예의범절이 모범이 될 만한 태도)을 심하게 잃었다. 별궁에 두는 것으로는 징계가 안 된다.'며 사제로 내칠 뜻을 보였다. 정창손 등은 '중궁을 빈으로 강등하는 것이 징계하는 것이니 사제에 거처하게 할 수 없다.'고 반대했다. 윤씨의 처우 문제를 두고 성종과 대신들의 언쟁이 심화되었으나 결국 윤씨를 빈으로 강등하여 자수궁에 두는 것으로 일단락되었다. 자수궁은 문종이 부왕 세종이 죽은 후 후궁들을 거쳐하도록 태조의 7남 무안군(撫安君) 이방번의 옛 집을 수리하여 마련한 별궁인데 이후 선왕의 후궁들이 모여 살았다. 선왕의 후궁 처소인 자수궁으로 쫓겨난 윤씨는 다시 후궁이 됨으로써 위신과 위상은 물론 체면이 구겨질 대로 구겨질 수밖에 없었다.

이 폐비 논의는 정희왕후와 인수대비, 성종의 강한 의지에 따라 매우 빨리 진행되었다. 옥 같은 마음을 지닌 며느리를 바라며 『내훈』을 저술한 지 얼마 되지 않은 인수대비는 윤씨의 행동을 결코 받아들일 수 없었다. 또한 당시 성종은 유교적 여성정책을 수립함에 매우 단호하고 강경한 입장을 내세웠다.

폐비 논의가 있었던 성종 8년(1477) 즈음은 조선 역사상 여성사에서 가장 큰 제도적 변화가 이루어지던 시기였다. 폐비 논의가 있은 지 불과 3달 정도 지나 성종은 부녀자의 재가를 금지했다. 성종 8년 7월에 고 이심(李諶)의 처 조씨가 김주(金澍)에게 재가하면서 발생한 문제들을 논의하는 과정에서 부녀재가금지문제가 발의되었다. 이 논의에 참여한 46인 중 42인이 재가금지 규정은 가혹하다는 입장을 표명했다. 그러나 다음날 성종은 부덕의 중요함을 강조하면서 "지금부터 재가녀의 자손은 사판(仕版: 벼슬아치의 명부)에 두지 않음으로서 풍속을 바르게 하라"(성종 8년 7월 17일 임오, 8년 7월 18일 계미)고 예조에 전교했다. 재가한 여성의 자손들은 과거 응시가 금지되었다. 그리고『경국대전』예전 제과조(諸科條)에 '실행부녀(失行婦女) 및 재가한 부녀의 소생은 동반직과 서반직에 서용하지 못한다. 증손대에 이르러서는 위에서 든 각 관사 이외의 관직에 서용하는 것을 허락한다.'고 법제화했다. 사실상 여성의 실행(失行)과 재가를 금지했다.

이후 자손의 관직진출을 등져버리고 재가를 하는 양반 여성들이 점차 사라졌다. 또한 이즈음에는 여성에 대한 내외법과 순종 및 정절이데올로기가 점차 강화되어 엄한 규율

이 제정되고 있었다.

성종은 자신의 의견을 관철하기 위해 폐비를 사적인 일이 아니라 종묘사직을 위한 공적인 일이라고 적극 강조했다. 그러나 다음 왕이 될 사람의 생모를 내쫓는다는 것은 큰 후환을 낳을 소지가 있었다. 게다가 이혼이 금지된 조선사회에서 모든 백성들의 모범을 보여야 할 왕이 왕비를 내쫓는다는 것은 보통일이 아니었다. 조선 건국 후 아직까지 없었던 일이었다.

윤씨를 폐비시켜 자수궁에 거주토록 했지만 성종과 윤씨의 관계가 그다지 나쁘지만은 않았다. 곧 윤씨를 다시 왕비로 복원시킬 듯하다. 폐비시킨 지 9개월이 지난 이듬해 9년 1월 1일(갑자)에 성종은 중궁이 편찮으니 회례연을 중지하라고 명했다가 곧 이틀 뒤에는 중궁이 회복되었다면서 종친, 의정부, 공신, 중추부 2품 이상과 육조, 한성부, 대사헌, 대사간 등 주요 신하들에게 잔치를 베풀라고 충훈부에 지시했다. 또 같은 해 12월 27일(갑인)에는 장모가 되는 대부인 신씨의 직첩을 돌려주었다. 무엇보다도 두 사람의 관계가 좋아진 증거는 그 사이에 둘째 아들이 태어났다는 것이다. 두 번째 대군이 언제 태어났는지는 정확하지 않으나 미루어 추측컨대 윤씨는 9년 1월에 임신 중이었고, 9년 후반에 출산했으며, 그 기쁨으로 성종이 12월에 장모 신씨의 직첩을 돌려 준 것은 아닌가 생각된다.

이처럼 두 사람의 사이가 다시 가까워진 데에는 성종이 윤씨를 아직 좋아하고 있다는 것과 이전의 사건이 성종을 직접 해치려 한 것은 아니었다는 판단, 윤씨가 거처하는 자수궁이 궁궐과 가까웠다는 점, 그리고 윤씨의 자중 등등이 중요한 요인으로 작용했다. 무엇보다도 두 사람 사이에 아들 연산군이 있었기 때문이다. 연산군은 아직까지는 유일한 원자였고, 윤씨는 원자의 어머니였다. 왕과 왕비도 보통 부부와 같이 자식을 사이에 두고 갈등과 화해를 거듭하며 살았다.

그러나 화해의 시간은 오래가지 못했다. 성종 10년에 들어 폐비 문제가 다시 적극 논의되었다. 폐비 사건이 일어난 지 2년 2개월 만이자 둘째 아들이 태어난 지 얼마 되지 않아서였다. 두 번째 아들 출산 이후 윤씨의 산후우울증과 질투심은 더욱 심해진 것 같다.

성종 10년 6월 1일은 윤씨의 탄일이었다. 그런데 이날은 하례를 정지하고 표리(겉옷과 속옷의 옷감)만 올렸다. 이날 야대(夜對)를 끝낸 성종은 급히 승지를 불러 궁궐로 들어오도록 하더니, 조금 있다가 이를 중지시켰다. 그리고 날이 새는 대로 정승 등을 입궐하도록 명했다. 다음날 아침 동틀 무렵에 영의정 정창손, 상당부원군 한명회, 청송 부원군 심회, 광산 부원군 김국광, 우의정 윤필상 등 중신들과 승지, 주서, 사관들이 모두 입시했다. 성종은 이른 시간부터 주요 신하들을 대거 불러들인 이유는 윤씨 때문이라고 설명했다. 성종의 입에서 나온 말은 이와 같았다.

중궁의 일을 여러 경들에게 말하는 것은 진실로 부끄러운 일이라 하겠다. 그러나 일이 매우 중대하므로 말하지 않을 수가 없다…. 옛사람이 이르기를, '선경삼일(先庚三日) 후경삼일(後庚三日)'이라고 했으니, 내가 어찌 생각하지 않고 함이겠는가? 부득이하여서 그러는 것이다. 지금 중궁의 행한 바는 길게 말하기가 어려울 지경이다.

내간(內間)에는 시첩의 방이 있는데, 일전에 내가 마침 이 방에 갔는데 중궁이 아무 연고도 없이 들어왔으니, 어찌 이와 같이 하는 것이 마땅하겠는가? 예전에 중궁의 실덕(失德)이 매우 커서 일찍이 폐하고자 했으나, 경들이 모두 다 불가하다고 말했고, 나도 뉘우쳐 깨닫기를 바랐는데, 지금까지도 오히려 고치지 아니하고, 혹은 나를 능멸하는 데까지 이르렀다. 이것은 비록 내가 집안을 다스리지 못했기 때문에 생긴 일이지만, 국가의 대계를 위해서 어찌 중궁에 처하게 하여 종묘를 받드는 중임을 맡길 수 있겠는가? 내가 만약 후궁의 참소하는 말을 듣고 그릇되게 이러한 말이나 행동을 한다고 하면 천지와 조종(祖宗)이 소소하게 위에서 질정(質正: 묻거나 따지거나 하여 바로잡음)해 줄 것이다. …

중궁의 실덕(失德)이 한 가지가 아니니, 만약 일찍 도모하지 않

았다가 뒷날 큰 일이 있다고 하면 서제(噬臍: 배꼽을 물어뜯으려 하
여도 입이 닿지 아니한다는 뜻으로, 후회하여도 이미 때가 늦음을 이르는 말)
를 해도 미치지 못할 것이다. 예법에 칠거지악이 있으나, 중궁의
경우는 '자식이 없으면 버린다.'는 것은 아니다." 하고, 드디어
'말이 많으면 버린다, 순종하지 않으면 버린다, 질투를 하면 버
린다.'라는 말을 외우고, 이어 이르기를, "이제 마땅히 폐하여 서
인을 만들겠는데, 경들은 어떻게 여기는가?"라고 했다. (『성종실
록』 권105, 10년 6월 2일 정해)

성종의 말에 의하면 대략 3일전 밤에 한바탕 소란이
벌어졌던 것 같다. 윤씨의 생일 전날 밤에 성종은 시첩의 방으
로 갔고, 이를 안 윤씨가 성종이 있는 시첩의 방에 들이닥쳐
투기를 했다. 과거 후궁들에게 겨루어졌던 윤씨의 질투와는
달리 이번에는 성종을 직접 겨냥한 것이었다. 이에 성종은 크
게 화를 내며 윤비의 뺨을 때렸다. 그러자 윤비는 '주상이 나
의 뺨을 때리니 장차 두 아들을 데리고 집에 나가서 내 여생
을 편안하게 살겠다.'며 대들었던 것 같다.(성종 10년 6월 5일 경인)
『성종실록』에는 이에 대한 정황이 정확하게 확인되지 않고,
윤씨가 만들어낸 말이라 하지만 야사에는 이때 윤씨가 성종
의 얼굴에 상처를 냈다고 했다. 구중궁궐 속에서 한밤중에 일
어난 부부싸움을 아는 사람은 사실 당사자들과 몇몇의 환관

과 궁녀들뿐이었다.

그러나 이 일은 사실이든 아니든 궁 밖으로 흘러나가 윤씨가 성종의 얼굴에 상처를 낸 것으로 기정사실화 되었다. 성종은 칠거지악 가운데 '말이 많으면 버린다, 순종하지 않으면 버린다, 질투를 하면 버린다'는 3가지 이유를 들어 윤씨를 다시 폐서인하고자 했다.

당시 성종은 많은 후궁들을 들였다. 모두 윤씨 생시에 들인 것은 아니지만 성종은 평생 차례로 10명이 넘는 후궁을 들였다. 이 가운데 두 명이 왕비로 승격되었다. 성종이 들인 후궁의 수와 자녀의 수를 보면 대략 〈표 13〉과 같다.

〈표 13〉 성종의 부인과 자녀 수

성종의 왕비와 후궁	자녀 수(총 29명)	비고
공혜왕후 한씨	0	군부인에서 왕비로 승격됨.
폐비 윤씨	2남	후궁에서 왕비로 승격됨.
정현왕후 윤씨	1남 1녀	후궁에서 왕비로 승격됨.
명빈 김씨	1남	
귀인 정씨	2남 1녀	연산군에 의해 죽임 당함.
귀인 권씨	1남	
귀인 엄씨	1녀	연산군에 의해 죽임 당함.
숙의 하씨	1남	
숙의 홍씨	7남 3녀	
숙의 김씨	3녀	
숙용 심씨	2남2녀	
숙용 권씨	1녀	

한번 폐비 논의로 긴통을 쉒코 별거를 했던 성종은 다시 윤씨와 불화가 생기자 이번에는 아예 사가로 폐출함으로써 부부관계를 끊어버리고자 했다. 성종은 윤씨의 생일 다음날인 10년 6월 2일에 바로 윤씨를 폐출시킨다는 교서를 내렸다. '후비의 어질고 어질지 못함은 국가의 성쇠가 매인 것'이라며 윤씨를 폐하여 서인으로 삼는다는 내용이었다. 내명부와 외명부의 귀감이 되어야 하고 왕실 여성들의 기강을 다스려야 하는 막중한 임무를 갖고 있는 왕비가 투기를 일삼는 것은 왕권 강화에 흠집을 내는 것이기 때문에 용납할 수 없다는 것이었다.(성종 10년 6월 2일 정해) 그날로 윤씨는 아무 직첩을 갖지 못한 서인이 되어 가마를 타고 궁문을 나와 친정으로 돌아갔다.

다음날 성종은 궁금해 하는 대신들과 승지들에게 대비의 생각을 설명했다. 성종은 대비에게 폐비시킬 뜻을 아뢰고 허락을 받아 폐비한다며 자신의 독단적인 결정이 아님을 강조했다. 성종은 윤씨가 후궁의 방에 들어가 투기를 한 것만 허물이 된 것이 아니라, 평소에 실덕(失德)이 많았기 때문에 폐출했다고 설명했다.

정창손을 비롯한 신하들 대부분은 여전히 폐서인을 반대하면서 계속 별궁에 유폐시키는 정도로 그쳐야 한다고 주청했다. 그러나 성종의 태도는 대단히 강경했다. 더 이상 신하들과의 관계에서 폐비 폐출 문제를 두고 물러서려 하지 않았다.

성종은 윤씨를 폐비시킨 후 사흘이 지난 6월 5일(경인)에 윤씨를 사제로 쫓아낸 것에 반대했던 의정부, 육조, 대간들에게 그 연유를 설명했다. 성종은 2년 전 윤씨의 행동을 근본적으로 다시 의심했으며, 그동안 윤씨가 자신에게 저지른 행동들을 수없이 열거했다. 대비도 의지를 내려 폐비 결정의 타당성을 피력했다.(성종 10년 6월 5일 경인)

성종과 대비들은 일일이 열거하기 어려울 정도로 여러 가지 구체적인 폐비 이유를 들었다. 폐비 조치는 우연히 아니라 부득이한 것임을 강조했다. 이전과 달리 성종은 윤씨의 투기와 실덕 외에도 그녀가 자신을 독살할 가능성이 있다고 심각하게 생각했다. 대비들은 성종의 이런 판단에 더욱 더 적극적으로 동의했다. 대비들은 윤씨가 단순히 투기만 하는 것이 아니라 성종을 독살한 뒤 수렴청정을 할 의도를 가졌기 때문에 이를 미연에 방지하는 방법은 폐출뿐이라고 주장했다. 성종과 대비들의 어조와 결정은 단호했다. 비록 어린 원자의 보양문제가 있었지만 '원자도 효자가 되고자 하면 어찌 감히 어미로 여기겠느냐?' 하며 어쩔 수 없는 일이라고 강조했다. 후일 이러한 기대는 연산군 즉위 이후 완전히 어그러졌다.

윤씨의 폐출은 조선이 건국된 후 왕이 부인을 쫓아내는 첫 번째 사건이었다. 그것도 원자를 낳은 왕비를 내쫓은 경우는 없었다. 윤씨가 친정으로 쫓겨난 지 며칠 되지 않아 무슨 연유인지 알 수는 없지만 그 북새통에 그녀가 낳은 둘째 아들이 죽기까지 했다.(성종 10년 6월 12일 정유)

왕비 윤씨를 폐비하여 폐출시킨다는 교지가 내려지자 곧이어 1차 논의 때와 마찬가지로 종친과 대신들을 비롯하여 많은 사람들이 반대하고 나섰다. 6월 2일부터 5일에 걸쳐 종친들과 승지, 대신들은 윤씨 폐출에 대해 적극 반대했다. 이들은 윤씨가 한 나라의 모의(母儀)가 되기 때문에 오래도록 사제에 두는 것은 옳지 못하다고 주장하거나, 윤씨를 별처(別處)에 두고 담장을 높이 하여 외부인의 출입을 금지하자고 건의했다. 그러나 성종의 반응은 싸늘하고 강경했다.

두 번씩이나 식어버린 성종의 마음은 돌이키기 어려웠다. 성종은 폐비 윤씨를 완전히 고립시키고 감시했다. 폐비 윤씨의 집에 외부인의 출입을 금하는 문제를 논의했고, 이를 범하는 자 한두 명을 징계하여 나머지 사람들을 경계시키도록 했다.(성종 10년 6월 11일 병신) 그리고 윤씨 부모의 봉작(封爵)을 다시 박탈했다.(성종 10년 6월 7일 임진)

대간들은 다만 투기를 이유로 원자를 낳은 왕비를 폐출시킨 것은 잘못이라고 반대했다. 폐비 윤씨의 거처와 처우 문제를 둘러싸고 성종과 대간·대신들의 갈등은 점점 더 심화되었다.

새 왕비 정현왕후 윤씨의 책봉

　폐비 윤씨가 친정으로 폐출된 지 불과 보름밖에 지나
지 않은 성종 10년 6월 21일(병오)에 정희왕후는 예조에 "한양
과 지방의 처녀로서 나이 10세 이상 26세 이하는 혼인을 금하
고, 간택절목을 마련하여 아뢰라."는 금혼령을 내리게 했다.
새로운 왕비를 간택하겠다는 의지였다. 윤씨의 폐비 · 폐출
문제를 놓고 성종과 대간의 대립이 격렬해지자 왕실의 뜻을
미리 못 박겠다는 의도로 왕비간택령을 내렸다.
　그러나 왕비간택은 잘 시행되지 않았다. 왕비 없이 1
년 이상의 시간이 흘렀다. 이 사이 폐비 윤씨는 다시 왕비로
복위되기만을 기다렸다. 그러나 성종은 이듬해인 11년 10월 3
일(기유)에 명 황제로부터 받아두었던 폐비 윤씨의 옥책과 고
명 · 교명을 상의원에 내렸다. 쓸모없다는 의미였다. 다음날
인 4일(경술)에 부원군과 의정부 · 육조 · 대간 등을 불러서 폐

비 윤씨와 같은 시기에 숙의로 간택되어 궁중에 들어온 윤호의 딸 파평 윤씨를 계비로 택했다고 전교했다. 그리고 의정부에 숙의 윤씨의 왕비 간택을 전국에 알리라고 명했다.

왕비는 일국의 어미이므로, 그 자리를 오래 비워 둘 수 없다. 숙의 윤씨는 어진 덕성이 일찍이 드러났으니, 진실로 왕비의 법도에 적합하다. 위로 의지(懿旨)를 받았으니, 마땅히 중궁으로 세울 것이다. 그것을 중외에 알아듣도록 알려라.

(『성종실록』 권122, 11년 10월 4일 경술)

대비들은 새로운 왕비로 숙의 파평 윤씨를 선택했고, 성종은 대비의 뜻을 받아들였다. 그리고 11월 8일(갑신)에 인정전에 나아가 파평 윤씨를 왕비로 책봉하고 교명·책보·명복 등을 내려 주었다. 이가 곧 정현왕후 윤씨이다. 파평 윤씨를 왕비로 책봉한 이 조치는 폐비 윤씨의 폐위를 확정적인 사실로 만들었다. 이제 더 이상 폐비 윤씨가 왕비로 복위될 가능성이 사라졌음을 의미했다. 하늘 아래 두 왕비는 있을 수 없기 때문이었다.

정현왕후는 당시 한미했던 폐비 윤씨와는 달리 왕비 자리에 어울리는 현실적인 조건을 잘 갖추고 있었다. 특히 왕비 간택의 가장 중요한 요소인 가문의 배경이 폐비 윤씨보다 훨씬 좋았다. 무엇보다도 정희왕후의 일족이었기 때문에 매우 총애를 받았다. 정현왕후의 아버지 윤호는 정희왕후의 아버지 윤번의 친족으로, 윤번이 그의 재종조부가 된다. 또한 정현왕후의 할아버지 윤삼산(尹三山)은 한명회의 고종형이자, 정희왕후의 재종형이다. 윤호와 정희왕후는 7촌이며, 정희왕후와 정현왕후는 8촌간이었다.

여기서 정희왕후와 정현왕후 파평 윤씨가의 가계를 잠시 살펴보자. 이 두 사람은 고려시대 명장 윤관으로 대표되는 파평 윤씨 가문의 후손이다. 정희왕후의 할아버지는 고려 말 판도판서를 지낸 윤승례이고 아버지 윤번은 음보로 관직에 나갔다. 윤번은 부인 흥녕부대부인 인천 이씨와의 사이에 3남 8녀를 두었고 정희왕후는 7녀로 태어났다. 한편 정현왕후는 윤호의 딸로 할아버지는 첨지중추원사를 지낸 윤삼산(尹三山)이고, 어머니는 승지 전좌명(田佐命)의 딸 담양 전씨였다. 2남 1녀 중 외동딸로 태어났다. 두 왕후의 가계를 『파평 윤씨세보』, 『만성대동보』 등을 중심으로 살펴보면 〈표 14〉와 같다.

파평 윤씨 윤번의 가계는 일찍부터 왕실자손들과 계속하여 혼인을 했다. 윤번의 사위인 성봉조의 숙부 성억의 딸 즉 성봉조의 사촌이 태종 14년에 태종의 4남 성녕대군과 혼인하여 성봉조는 성녕대군과 사촌 처남매부가 되었다. 이후 왕실과 연계를 가지면서 태종 16년에 윤번의 형인 윤보의 손자

〈표 14〉 정희왕후와 정현왕후의 가계

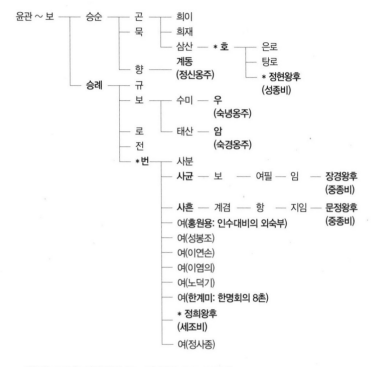

* 양웅열, 2014, 『조선의 왕비가문』, 역사문화, 2014, 69쪽 참고

인 윤우(尹愚)가 태종의 딸인 숙녕옹주와 혼인했다. 또 다른 손자인 윤암이 세종 14년에 숙경옹주와 혼인했다. 태종 18년에 윤번과 사촌간인 윤향(尹向)의 아들 윤계동(尹季童)이 태종의 딸 정신옹주와 혼인했다. 세종 13년에는 윤번의 백형인 윤규의 외손녀인 홍심의 딸이 단종의 생모가 되는 현덕왕후 권씨와 함께 왕세자(문종)의 후궁(숙빈 홍씨)으로 입궐했다. 세

종 16년에는 윤향의 외손녀가 태종의 후궁 숙빈 안씨 소생 익녕군과 혼인했고, 다른 외손녀는 세종 18년에 세종의 5남 광평대군과 혼인했다.

이와 같이 파평 윤씨가는 태종·세종의 자손들과 혼인관계를 맺고 있었다. 후에 중종의 두 번째 비인 장경왕후는 정희왕후의 오빠 윤사분의 증손녀였고, 세 번째 비인 문정왕후와 인종의 후궁 숙빈 윤씨는 남동생 윤사흔의 후손들이었다. 또한 정희왕후의 큰언니는 정희왕후의 맏며느리인 인수대비의 외숙부가 되는 홍원용과 혼인했고, 또한 6녀는 한명회의 8촌이자 인수대비와 10촌이 되는 한계미와 혼인했다. 정희왕후와 정현왕후의 친정인 파평 윤씨와 인수대비 친정인 청주한씨, 인수대비의 외가인 남양 홍씨는 서로 돈독한 혼인관계로 연결되어 권력을 장악하고 있었다.

이러한 혼인 관계 속에서 정희왕후는 왕비자리를 친정 가문의 정현왕후로 바꾸고 싶었는지도 모른다. 일설에는 폐비 윤씨를 폐출시키는 데에 파평 윤씨 가문의 인물들이 깊이 관여했다는 설도 있다. 하지만 그 정확한 근거는 없다. 폐비 윤씨가 쫓겨나는 것을 직접 목도한 윤씨(정현왕후)는 더욱 행동과 마음가짐을 조심했다. 당시 후궁 서열 1위인 윤씨(정현왕후)는 정희왕후와 인수대비로부터 많은 총애를 받고 있었다. 정희왕후와 인수대비의 뜻을 잘 받들어 순종하고 어기는 것이 없었다. 따라서 정희왕후가 항시 칭찬하고 감탄하기를 '너를 두고 시험해 보니 사람은 반드시 나이가 어려서 뽑아 들인 다음에야 가르치기가 쉽고 또한 익히기가 쉽다.'고 한 것같이 폐비 윤씨와는 달리 행동했다. 또 정희왕후는 성종에게 '윤숙의는 나이가 젊으면서도 순박하고 조심스러우며 말이 적어 다른 사람들과 다르다.'고 칭찬할 만큼 총애했다.

또한 아버지 윤호가 살아 있어서 든든한 뒷받침이 되었다. 윤호는 23세인 세종 29년에 생원시에 합격한 뒤 문종대에서 예종 연간에 걸쳐 군기시 주부(종6품)와 양주 목사(정3품) 등 내외의 관직을 역임했다. 세조 즉위시 원종공신 3등에 녹훈되었으며 예종 1년에 도감낭관을, 성종 1년에 양주목사, 병조참지, 경상도관찰사를 지냈으며, 정사로 중국에 다녀왔다. 성종 3년 48세라는 많은 나이에 문과에 급제했는데 그 이듬해인 성종 4년 6월 14일에 딸이 성종의 후궁으로 입궁한 뒤 한성부 좌윤과 경기도 관찰사를 거쳐 병조참판에 이르렀다. 성종 7년에 공조참판, 성종 8년에 행첨지중추부사를 거쳐 성종 9년에 한성부좌윤, 한성부우윤, 공조참판, 경기관찰사, 병조참판 등을 역임하고 있었다. 이와 같이 권력과 재력이 있고, 무엇보다도 정희왕후의 친족인 든든한 아버지를 둔 것은 큰 힘이 되었다.

결국 폐비 윤씨는 투기죄에 걸려 왕비자리를 파평 윤

씨에게 물려주어야 했다. 세조대에서 성종대의 왕비자리는 파평 윤씨에서 청주 한씨로, 다시 파평 윤씨로 이어지고 있었다. 집안이 한미한 후궁 출신의 폐비 윤씨는 그 권력의 틈바구니에서 버티기가 힘들었다. 결국 폐비 윤씨의 자리는 파평 윤씨가 대신하게 되었다.

성종은 11년(1480) 6월 11일(경신)에 예조판서 이승소에게 파평 윤씨를 새로이 왕비로 삼은 이유와 새 왕비를 책봉해 달라고 명나라에 청하는 주본(奏本: 제후가 황제에게 바치는 글)을 지어 올리게 했다.(성종 11년 6월 11일 경신) 그리고 11년 10월에 숙의 파평 윤씨를 왕비로 택했다고 전교하고, 11월에 인정전에 나아가 윤씨를 왕비로 책봉하고 교명·책보·명복 등을 내려 주었다. 그리고 성종 11년 12월 9일(갑인)에 주문사 한명회가 중국에 가지고 갈 주본을 지었다.

신이 삼가 생각하건대, 성화 13년 2월 초4일에 삼가 성은을 입어 신의 처 윤씨를 봉하여 계비로 삼으시고 고명과 관복을 내려 주셨던 것에 신은 감격을 이기지 못했습니다. 그래서 거의 내조에 힘입어 함께 번국(藩國: 제후의 나라)의 직분을 닦으려 했었는데, 뜻하지 아니하게 윤씨는 성품과 도량이 잘못되어 총명을 공경히 받들지 못했고, 실덕한 것이 매우 심했으므로, 신민의 소망에 크게 어긋났습니다. 부득이 성화 15년 6월 초2일에 신은 조모 윤씨와 모 한씨의 교지를 빋들어 폐하여 사저에 나가 살도록 했습니다. 돌아보건대 배우자는 종사를 받들어 계승하는 것에 관계되므로, 오랫동안 비워 둘 수가 없어서 부실 윤씨를 처로 삼았습니다. 도리상 아뢰는 것이 마땅하므로, 감히 사유를 갖추어 아룁니다. 삼가 바라건대 성상께서는 특별히 고명과 관복(冠服)을 내려 주소서.   (『성종실록』 권124, 11년 12월 9일 갑인)

성종은 명 황제에게 부득이 할머니 윤씨와 어머니 한씨의 명을 받들어 윤씨를 폐하고 새 왕비를 맞았으니 새 왕비의 고명과 관복을 내려줄 것을 청했다.

그리고 이듬해 4월에 주문사 서장관 권건을 명에 보내 폐비사실과 새로운 왕비 책봉을 아뢰고 고명과 관복을 특별히 하사해 주도록 간청했다. 이때 인수대비는 얼굴에 기쁨이 넘치며 '중궁다운 사람이 들어 왔으니 낮이나 밤이나 무슨 근심이 있겠는가?'라고 하며 항시 칭찬했다.(중종 25년 8월 23일 경진) 폐비 윤씨의 폐출문제와 새 왕비의 간택 문제를 두고 인수대비는 근심과 걱정이 매우 컸다. 한 집안의 문제가 아니라 국가적인 문제였기 때문에 더 그랬다. 새 중전에 대한 총애는 폐비 윤씨 때와는 달리 매우 커졌다.

폐비 윤씨의 처우를 둘러싼
성종과 대간의 대립

명 황제의 허락이 있고, 새로운 왕비가 책봉되었지만 폐비 윤씨의 처우 문제는 계속 조정의 논란거리가 되어 정국을 격랑 속으로 몰고 갔다. 윤씨가 다음 왕이 될 원자의 어머니였기 때문이었다. 아직 왕실에는 다음 대를 이을 아들이 폐비 윤씨 소생인 연산군밖에 없었다. 둘째 아들이 죽고, 후에 중종이 되는 진성대군이 성종 19년(1488)에 태어날 때까지 원자인 연산군은 오랫동안 외아들로 자랐다.

폐비 윤씨가 사가로 폐출된 지 3년이 지나고, 또 그 사이 새로운 왕비가 책봉된 지 1년이 지난 성종 13년 8월에 조정에서는 폐비 윤씨의 거처 문제가 또 다시 새로운 문제로 떠올랐다. 성종 13년 8월 11일(정미)에 경연을 마치자 그동안 유배를 갔다 온 원자의 시독관(侍讀官) 권경우(權景祐)가 폐비 윤씨의 처우개선 문제를 제기했다. 그는 '이미 국모가 되었던 분을 여염백성들이 사는 곳에 함께 하는 것을 온 나라의 신하와 백성들이 마음 아프게 여긴다.'며 처소를 따로 장만해 주고 관에서 물자를 공급해 주어야 한다고 건의했다.(성종 13년 8월 11일 정미)

이러한 주장은 그동안 비교적 잔잔해졌던 폐비 문제에 새로운 불을 지폈다. 성종은 좌우의 신하들에게 물었고 이에 대해 이날 한명회 등 경연에 참석했던 사람들은 모두 폐비 윤씨의 거처에 대해 다시 고려해 줄 것을 청했다. 이들은 이전과 마찬가지로 장차 왕이 될 세자의 어머니를 일반 백성처럼 살게 해서는 안 된다고 주장했다. 여전히 조정에서 따로 거처할 곳을 마련해 주고 생활비 일체를 관에서 지급해야 된다는 상소가 계속되었다.

그러나 왕실에는 이미 새로 책봉된 왕비가 있었다. '예에는 두 정실부인이 있을 수 없다(예무이적禮無二嫡)'고 한 바와 같이 명분과 정통성을 강조하는 유교적 윤리에 있어서 정실부인이 두 명일 수는 없었다. 그렇다고 신하들의 입장에서는 장차 왕이 될 원자의 어머니를 여염집에 방치해 둘 수만은 없는 일이었다. 윤씨의 거처를 둘러싼 새로운 논의는 성종 13년 8월 11일에 시작되어 15일까지 적극적으로 이루어졌다. 이 문제를 놓고 성종과 대간들의 대립 갈등은 폐비·폐출 직후에 빚어졌던 상황보다 더 심해졌다. 대간들은 이 문제를 놓고 왕권을 견제하려고 했고 성종은 왕권을 강화하려는 입장에서 결코 물러서려 하지 않았다. 왕실에 또 한 차례의 긴장과 폭풍이 몰아쳤다.

대간들 가운데 가장 적극적으로 주장한 인물은 원자의 시독관 권경우와 대사헌 채수였다. 이에 대해 성종은 신하들이 장차 원자에게 아첨하여 후일의 지위를 꾀하려고 하는 짓이라며 반대했다.(성종 13년 8월 11일 정미). 성종이 이처럼 단호하게 자신의 의사를 표명하는데도 대간들은 조금도 물러서지 않고 자신들의 주장을 거듭 반복했다. 성종 또한 끝까지 자신의 고집을 꺾지 않았다. 윤씨의 사정이 외부로 알려지는 것을 싫어한 성종은 윤씨 집을 드나든 오빠들을 의금부에 가두도록 했다.(성종 13년 8월 11일 정미).

성종과 대간의 대립이 심해지자 대비전에서는 권경우를 징계하라는 언문의 글을 내렸다. 폐비 윤씨에 대한 대비들의 입장은 더욱 강경했다.(성종 13년 8월 11일 정미). 대비들은 윤씨의 실행을 일일이 지적하며 그녀에 대한 증오심을 표출했다. 이와 같이 한바탕 대간들과 성종의 논쟁이 오고가고, 대비의 의지(懿旨)가 내려진 이튿날인 8월 12일에 성종은 윤씨의 일을 말하는 사람은 엄하게 징계하겠다는 전교를 내렸다.(성종 13년 8월 12일 무신).

대간들의 주장이 이렇게 강한 것은 대간제도를 통하

여 유교적인 이상 정치를 멸성하고자 하는 정치의식이 확대되어 갔기 때문이었다. 국왕이 반대하는데도 자신들의 주장을 관철시키려는 성종대의 대간은 유교적인 이상 정치를 구현하고자 하는 욕구가 강했다. 이러한 이념적이고 이상적인 당위성에는 어느 누구도 심지어 국왕조차도 복종해야 한다는 것이 그들의 주장이었다. 성리학적인 이념이 보다 적극적으로 반영되어야 한다고 생각한 대간들은 윤씨가 비록 투기한 잘못은 있지만 원자를 낳은 조강지처이기 때문에 당연히 그 지위에 맞게 대우해야 한다고 주장했다. 대간들은 폐비문제를 둘러싼 성종과 왕실의 독단적인 행동에 대해 끊임없이 반대의사를 제기하며 시정할 것을 요구했다. 그러나 그럴수록 왕권 강화에 힘썼던 성종의 고집도 꺾일 줄 모르고 더 강해졌다.

성종과 대비들은 윤씨의 폐출은 사적인 일이 아니라 매우 공적인 일임을 강조했다. 성종에게 윤씨의 처우개선 문제를 제기하는 대간들의 주장은 왕권에 대한 도전으로 인식되었다. 대비들은 윤씨 처우 문제를 강하게 주장하는 대간들을 처벌하라고 명했고, 성종 역시 그들을 처벌했다.

폐비 윤씨를 죽인 이유는 왕권강화 때문

폐비조치로 인해 생긴 성종의 부담은 쉽게 사라지지 않았다. 폐비의 거처와 처우 문제를 둘러싼 성종과 대간들의 극한 대립에서 막중한 심리적인 부담을 안게 된 성종은 결국 윤씨를 살려 둘 경우 계속하여 왕권강화에 걸림돌이 될 수 있다고 판단했다. 아예 죽여 버림으로써 논쟁의 불씨를 없애야겠다고 생각했다. 성종이 폐비를 죽일 뜻을 굳힌 데에는 시독관 권경우와 대사헌 채수를 비롯한 대간들의 끈질긴 주장이 큰 영향을 미쳤다. 대간들의 요구에 뜻을 굽히지 않으려 한 성종은 폐비 윤씨를 죽임으로써 대간들의 주장에 쐐기를 박고자 했다. 사적인 부부생활이 매우 공적인 문제로 확대되는 순간이었다. 왕의 부부생활은 사적이면서도 매우 공적인 것이었다.

성종 13년 8월 11일부터 다시 적극적으로 논의된 폐비 거처 문제는 결국 5일 후인 16일에 '폐비 사사(賜死)'라는 극단적인 결정으로 마무리되었다. 대간들과의 심한 대립 속에서 한바탕 논란을 치른 성종은 8월 16일에 영돈령 이상 의정부·육조·대간들을 선정전으로 불러 모아 '이제 원자가 점차 장성하는데 사람들의 마음이 이처럼 안정되지 않으니, 오늘날은 비록 염려할 것이 없다고 하지만, 후일의 근심을 이루 다 말할 수 있겠는가? 경들이 각기 사직(社稷)을 위한 계책을 진술하라.'고 했다.(성종 13년 8월 16일 임자) 그러나 이것은 단지 해프닝에 불과했다. 성종은 그날로 곧바로 좌승지 이세좌에게 폐비 윤씨 집에 가서 윤씨를 사사(賜死)하라고 명하고, 우승지 성준에게는 그 뜻을 세 대비전에 아뢰게 했다. 그리고 주서 권주로 하여금 전의감에 달려가서 비상을 가지고 윤씨 집에 가게 했다. 폐비 윤씨 사사는 대간들과의 극한 대립 속에서 왕실의 안정과 왕권강화를 추구한 대비들과 성종, 고관들의 합의 하에 내린 결정이었다. 그 배경에는 대간들의 주장도 한몫한 셈이다.

이에 대비전에서도 성종의 윤씨 사사에 동의하는 언문 서간을 내렸다. 대비들은 원자를 보호하기 위해 대의로써 결단한 국가적인 일이라며 성종의 결단을 지지했다. 이러한 대비전의 뜻을 받든 성종은 윤씨의 사사를 서울과 지방에 포고하라고 의정부에 전지했다.(성종 13년 8월 16일 임자) 성종은 폐비 사사 조치는 '종묘와 사직을 위하는 큰 계책'이라 했다. 왕권 강화를 위해 노력하던 성종은 훗날을 미리 대비한다는 명분 아래 윤씨에게 사약을 내렸다. 폐비 윤씨는 친정으로 돌아간 지 3년 만에 죽음을 맞이해야 했다. 이때 폐비 윤씨의 나이 불과 27살이었고, 성종은 25살이었다.

폐비 윤씨가 친정으로 쫓겨난 이 3년 동안 어떻게 지냈는지 잘 알 수가 없다. 다만 전해지는 얘기에 윤씨는 폐위되자 밤낮으로 울어 끝내는 피눈물을 흘렸는데 궁중에서는 훼방하고 중상함이 날로 더했고, 임금이 내시를 보내어 염탐하게 했더니, 인수대비가 그 내시를 시켜, "윤씨가 머리 빗고 낯 씻어 예쁘게 단장하고서 자기의 잘못을 뉘우치는 뜻이 없다."고 대답하게 했다고 한다.(『기묘록』) 이 얘기가 사실이든 아니든 이 속에는 폐비 윤씨의 처지와 그녀를 중상하는 주변 세력들, 그리고 폐비 윤씨를 결코 받아들일 수 없다는 왕실의 강한 거부 의사가 담겨 있다. 아울러 폐비 윤씨의 죽임을 고부갈등으로 이해하려는 당시 남성 중심적인 편견도 강하게 깔려 있다.

폐비의 원인이 성종 · 대비들과 윤씨와의 갈등이었다면, 윤씨 사사의 직접적인 원인은 왕비였던 윤씨를 대우해야 한다는 대간들과 이를 묵살하려는 성종사이의 왕권강화를 둘러싼 갈등에 있었다. 성종은 폐비 문제를 둘러싸고 당대와 후대의 있을지도 모를 정치적인 불안을 미연에 방지하고 그 문제의 소지를 없애버린다는 명분을 내세웠다. 대간들의 주장이 강하면 강할수록 폐비 윤씨는 오히려 죽음의 나락으로 떨어지고 있었다.

그런데도 후대의 기록은 폐비 윤씨에게 동정을 보내며 왕실 여성들의 질투와 인수대비의 미움을 폐비 죽임의 원인으로 내세우고 있다. 왜 윤씨 죽임에 대한 책임을 정희왕후나 성종보다 인수대비에게로 돌리는 것일까? 성종은 효자였고, 아들의 왕권 강화를 최고의 목표로 삼았던 인수대비가 그것에 걸림돌이 되는 폐비 윤씨를 죽이는 극단적인 선택을 용인했기 때문이다. 무엇보다도 손자 연산군 때까지 살면서 연산군으로부터 윤씨의 죽임에 대한 원망과 책망을 고스란히 받아내야 했기 때문이었다. 때론 가장 오래 살아남은 자가 과거 영욕의 대가를 맛보기 때문이리라.

6

성종의 왕권강화를 위해,
두 여성의 힘을 빌리다

수렴청정하는 시어머니, 정희왕후 윤씨

대왕대비가 전지하기를, "국가의 기무를 내가 부득이하여 임시로 함께 청단하는데, 무릇 어떤 일을 베풀어 이룸이 천심(天心)에 합하지 않아서 이 한재를 가져왔으니, 장차 어떻게 해야 가할 것인가? 인수왕비가 총명하고 사리에 밝아서 사체(事體)를 아니, 내가 큰일을 전하여 맡기고자 하는데 어떠한가?"라고 했다.(『성종실록』권4, 1년 4월 20일 무진)

　　인수대비는 아들의 왕권 강화를 위해 시어머니 정희왕후 윤씨를 극진히 섬기며 의지했다. 성종이 왕이 되는 과정이나 왕이 된 직후에나 정희왕후의 힘은 크게 작용했다. 어린 성종이 아무런 제왕교육을 받지 못한 상태에서 갑자기 왕이 되자 정희왕후가 수렴청정을 해야 하는 상황이 되었다. 이때 정희왕후는 인수대비에게 수렴청정을 대신하도록 전지를 내려 그 권한을 넘겨주고자 했다. 그만큼 인수대비를 인정하고 믿었으며, 심지어 경외하는 듯했다. 왕실의 안정과 어린 성종의 보호라는 공동의 목표 아래 정희왕후와 인수대비는 의기투합했고, 서로의 관계는 매우 돈독했다. 수렴청정을 인수대비에게 물려주는 것은 신하들의 반대로 이루어지지 못했지만 궁궐 깊은 곳에서 나오는 대왕대비전의 의지(懿旨) 속에는 인수대비의 뜻도 많이 담겨져 있었다.

정희왕후는 어떤 인물인가? 정희왕후는 태종 18년 (1418)에 고려시대부터 명문가를 자랑하던 파평 윤씨 가문에서 태어났다. 그녀는 판중추부사 윤번의 7째 딸로 홍주(洪州) 관아에서 태어났다. 윤번은 음보로 관직에 나가 신천 현감을 거쳐 정희왕후가 10여세 될 무렵 군기시 판관 자리에 있었다.

정희왕후는 세종 10년(1428)에 11살의 나이로 한 살 연상의 수양대군과 혼인하면서 낙랑대부인에 봉해졌다. 정희왕후가 수양대군과 혼인하게 된 연유와 그녀의 야망을 드러내는 일화는 매우 유명하다. 이기(李塈)가 쓴 『송와잡설』에 의하면 이렇게 기록되어 있다.

세종 때에 세조는 아직 수양대군으로 잠저에 있었는데, 혼인을 치르기 전의 일이다. 처음에 정희왕후의 언니와 혼인 말이 있어 감찰 각씨가 그의 집에 가니, 주부인(主夫人)이 처녀와 함께 나와서 마주 앉았다. 그때 정희왕후는 나이가 아직 어렸으므로 짧은 옷과 땋은 머리로 주부인의 뒤에 숨어서 보는 것이었다. 주부인이 밀어 들어가라 하면서, "너의 차례는 아직도 멀다. 어찌 감히 나왔느냐?" 했다. 감찰 각씨는 주부인에게, "그 아기의 기상이 범상치 않아 보통 사람과 겨눌 바가 아니니, 다시 보기를 청합니다." 하고, 아름답게 여겨 마지않고 대궐에 들어와

서 아뢰어 드디어 정혼했다 각씨이 사람 알이보는 인목을 시금
까지도 일컫는다.

이 얘기에 따르면 원래 왕실과 혼담이 오가던 것은 그
녀의 언니였다. 그런데 그녀가 어머니 옆에서 오고가는 얘기
를 듣고 자신도 왕실 여성이 되고 싶은 야망을 가졌는지도 모
른다. 그 바람의 결과일까? 언니 대신 수양대군과 혼인했다.
궁에서 나온 감찰상궁이 어린 정희왕후의 기상이 범상치 않
음을 눈여겨보고 이를 세종에게 아뢰었고, 세종은 감찰상궁
의 말을 듣고 수양대군과 정희왕후의 혼인을 추진했다. 이 얘
기는 훗날 만들어진 것일 수도 있다. 하지만 정희왕후의 성격
이 활달하고 비범한 데가 있었음을 보여준다.

결혼 후 수양대군이 계유정난을 일으켜 김종서 등을
죽이고 조카 단종을 밀어내고 세조로 즉위하는 과정에서 정
희왕후는 남편을 적극적으로 도와주었다. 단종 즉위년(1452)
10월 수양대군이 김종서 등을 제거하기 위해 거사를 하려 할
때 정보가 누설되어 주변에서 만류하자 수양대군은 잠시 주
저하다 김종서의 집으로 가려하니 정희왕후는 중문에서 기다
리다가 수양대군에게 손수 갑옷을 입혀주며 거사를 결행케
했다고 전해온다.(『연려실기술』 단종조 고사본말, 세조 정난)

정희왕후의 준비성과 담대함, 그리고 결단력을 보여

주는 일화이다. 또한 왕실의 실질적인 맏며느리로서 왕실을 지키고자 하는 그녀의 의지와 야망을 아울러 보여준다. 정희왕후는 강단 있고, 과감한 성격의 소유자였다. 이날 수양대군 일파는 김종서의 집을 습격하여 그를 살해한 뒤, 아울러 정적들도 제거하고 정변에 성공했다.

수양대군은 김종서 등을 죽이고 동생 안평대군을 유배 보내 죽이면서 모든 권력을 장악했다. 무단적인 방법으로 정적을 숙청한 수양대군은 스스로 영의정부사·영집현전사·영경연사·영춘추관사·영서운관사·겸판이병조·내외병마도통사 등 어마어마하게 큰 여러 중직을 겸하면서 정권과 병권을 독차지했다. 그리고 거사에 직접 간접으로 공을 세운 한확·정인지·권람·한명회·양정 등 43인(수양대군 포함)을 정난공신으로 책봉했다.

그리고 계유정난에 성공한지 2년 만에 수양대군은 어린 조카 단종을 상왕으로 올리고 왕위를 빼앗아 왕이 되었다. 따라서 정희왕후도 왕비가 되었다. 이후 상왕으로 올렸던 단종을 사육신이 일으킨 복위 사건을 빌미 삼아 노산군(魯山君)으로 강봉하고 영월로 유배보냈다. 그리고 마침내 서인으로 강등된 단종을 영월에서 자살하도록 함으로써 세조는 자신이 찬탈한 왕위를 지켜냈다. 정희왕후는 이 급박하고도 위태로운 모든 과정을 직접 목격하면서 옆에서 남편을 격려하고 도왔다.

또한 문종이 세자시절 두 번이나 세자빈을 내쫓자 왕실의 실질적인 맏며느리 역할을 했다. 그녀는 세자빈들이 쫓겨나는 것을 보면서 더욱 더 남편과 세종 부부에게 도리를 지키려고 노력했다. 어린 단종이 왕위에 올랐을 때 왕실에는 내명부의 수장인 대비나 왕비가 없었다. 정희왕후는 비록 대군의 부인이었으나 수양대군 못지않게 사실상 내명부의 수장 역할을 했다. 단종을 혼인시키고 왕실을 안정시키는데 많은 신경을 썼다.

　　정희왕후는 세조대부터 성종대까지 정치적 혼란을 수습하고 안정을 찾아가는 과정을 가장 가까이에서 목격하고, 또 적극적으로 관여한 야망이 큰 여성이었다. 그녀는 정치가 무엇인지 권력이 얼마나 무서운 것인지, 그리고 그것을 지키는 것이 얼마나 힘든 일인지를 몸소 경험을 통해 터득했다. 남편이 왕권을 장악하고 난 뒤 누구보다도 조력을 많이 한 왕비였다.

　　세조는 재위 시 여러 목적으로 궁 밖으로 출타할 때 정희왕후를 함께 동반한 경우가 많았다. 두 사람의 사이가 좋았기도 했지만 정희왕후는 세조와 함께 궁 밖 나들이를 하며 백성들의 사는 모습을 즐겨 보았다. 따라서 세조가 정치를 하는 동안 옆에서 조언을 잘했고, 세조 역시 그러한 그녀의 의견을 존중했다. 예컨대, 세조 2년 1월에 세조가 승정원에 내린 전교를 보면 잘 알 수 있다.

> "중궁이 세화사민도(歲畫四民図)를 궁전의 벽에 붙여 두려 하기
> 에 내가 이를 말렸더니, 중궁이 말하기를, '먹는 것이 여기서 나
> 오고 입는 것이 여기에서 나오니, 붙여 두고 보는 것도 또한 옳
> 지 않겠습니까?' 하여, 드디어 붙였는데, 내 생각에도 그렇다고
> 여겨진다." 하니, 승지 등이 아뢰기를, "농상(農桑)은 왕정의 근본
> 인데, 국모께서 유의하시니 실로 백성들의 복입니다."라고 했다.
>
> (『세조실록』 권3, 2년 1월 2일 임신)

세화사민도는 사 · 농 · 공 · 상, 즉 백성들의 연중 일
들을 그린 그림이다. 정희왕후는 국모로서 이들의 수고로움
을 잊어서는 안된다는 생각에서 백성들의 일을 그린 그림을
궁전의 벽에 붙여두려 했다. 세조와 승지들은 그런 정희왕후
의 뜻을 좋게 받아들였다.

그리고 세조 13년에 이시애의 난을 진압한 뒤 정희왕
후는 세조에게 '이시애의 반역은 나라의 화가 아니라, 이로 인
하여 군졸을 다시 훈련하는 것도 또한 나라를 튼튼히 하는 방
도'라고 했다. 위기를 기회로 삼아야 한다는 지혜를 제시했다.
세조는 이 말에 감동하여 우찬성(右贊成) 김국광과 우참찬(右參
贊) 윤필상 등에게도 그리 알라고 했다. 정희왕후는 세조 재위

동안 바른 정치를 위해 저극 고인하고 협력한 왕후였다. 이런 정희왕후를 며느리 인수대비는 옆에서 모시면서 닮아가고 있었다.

정희왕후는 두 아들을 먼저 보내고, 그리고 손자들 가운데서 가장 왕 노릇을 잘 할 수 있다고 생각한 자를 직접 골라 왕위에 올렸다. 정희왕후는 다시는 단종의 죽음과 같은 비극이 일어나지 않기를 노심초사 바랐다. 비록 이른 결혼생활로 문자를 깨우치지 못했지만 온몸으로 정치적 풍파를 겪어온 노회한 왕실 여성이었다. 그녀는 왕비가 되고, 대비가 되어 왕을 고를 수 있는 권리를 놓치지 않았으며, 결코 최고의 권력자가 할 수 있는 수렴청정을 며느리에게 넘겨주고 뒷방 늙은이로 물러날 여성이 아니었다. 남편 세조와 함께 한 세월 속에서, 그리고 아들 예종이 왕으로 재임 하는 동안 그녀는 현실정치 속에서 많은 것을 터득하고 단련했다.

정희왕후는 7년 동안의 수렴청정을 통해 성종 초기의 정치적 안정을 꾀하고자 도모했다. 정책 논의과정에서 왕실에서 주도하고 있는 정책의 방향이 신료의 견해와 상반되어 논란이 될 때에는 적극적으로 성종을 옹호하며 자신의 책임으로 돌렸다.

성종 즉위 직후 정희왕후는 한명회와 신숙주·구치관 등과 함께 국정을 처리했다. 이들은 세조가 만년에 세자로 하여금 원훈대신들과 국정을 협의하여 처리하도록 했던 최초의 원상들이었다. 정희왕후는 이들을 각각 병조, 예조, 호조 겸판서로 제수하여 해당 관서의 일을 관장하도록 했다. 그러나 성종 즉위 이듬해 심한 가뭄이 들자 정희왕후는 다시 인수왕비(인수대비)에게 수렴청정을 맡기고자 했다.(『성종실록』 권4, 1년 4월 20일 무진) 그만큼 인수대비를 신뢰했다. 그러나 이 일은 역시 원상들의 반대로 이루어지지 못했다. 이후 정희왕후는 6년간 더 청정을 했다. 정희왕후는 발을 내리지 않고 바로 신하들과 대면하여 정사를 논했다. 아직 성리학적인 윤리가 심화되기 전이라 가능했다.

성종 즉위년에서부터 철렴하는 성종 7년까지 이루어진 성종대의 치적들은 정희왕후의 수렴청정 동안에 이루어진 것들로 그녀의 견해도 상당히 작용했다. 어린 왕의 즉위에 따른 정치적 혼란이 우려되는 상황에서 국정을 주도한 정희왕후는 수렴청정 당시 신료들과 정책을 논의하거나 전교·전지 등의 형식으로 정책을 지시했다. 또 신료와 국왕의 논의에서 결론이 나지 않으면 성종이 정희왕후에게 아뢰었고, 그 사항에 대하여 정희왕후가 직접 의견을 제시하거나 국왕을 통하여 간접적으로 전교를 내렸다. 성종은 결정하기 어려운 사안은 정희왕후에게 미루었던 것이다. 이 시기에 성종이 품의한 내용 중에는 인사와 탄핵이 가장 많았다. 성종은 정희왕후와 논의를 하여 이 문제를 해결하려고 했다.

수렴청정을 하는 동안 정희왕후는 호패법의 폐지와 관수관급제의 시행 등 경제적인 큰 문제를 결정하기도 했으며, 구성군 준의 제거, 좌리공신의 책봉, 의경세자의 추숭과 부묘 등을 결정했다.

호패법은 수렴청정이 시작된 이후 처음으로 논의된 정책이었다. 호패법은 태종 13년에 정확한 인구의 파악과 역의 조달을 위한 목적으로 시행되었으나 곧 폐지되었다. 그 후 세조 5년에 군역 부과의 평준화와 군액의 증가를 위해 다시 시행되었다. 그러나 그 시행 과정에서 호패를 받은 양반과 양인들이 이를 기피하는 문제점이 나타났다. 이에 정희왕후는 수렴청정 직후 호패법 시행의 문제점을 지적하면서 이의 폐지를 거론했으며, 고위 관료들과 논의 후 폐지했다.

또한 성종 1년에는 관수관급제를 시행했다. 이 제도는 국가가 농민들로부터 직접 조를 받아 관리들에게 지급한 것으로, 세조 때 시행된 직전법의 문제점을 해결하기 위하여 시행되었다. 관수관급제는 수조권자의 농민 침탈을 막고 국가의 토지 지배권을 강화하기 위한 의도에서 시행되었다.

또한 정희왕후는 정치적으로 어린 성종의 왕권에 위협이 되는 종친 귀성군 이준을 제거했다. 귀성군 이준은 세종의 4남 임영대군의 아들로 세조의 조카였다. 그는 문무의 자질을 갖추어 세조의 총애를 한 몸에 받았다. 이시애의 난이 발발하자 27세에 4도병마도총사로 임명되어 이를 토벌한 공로로 적개 1등공신에 임명되었다. 이듬해에는 영의정이 되어 남이의 옥을 처리한 공로로 익대공신에 책봉되었다. 이후 부친의 사망으로 영의정을 사직했다. 그러나 성종 1년 정월에 왕재(王才)로서 물망이 있었다는 고발에 의해 탄핵을 받고 유배되었다. 귀성군의 처리에 대한 논란이 있었을 때 정희왕후는 처음에는 반대했지만, 결국 신료들의 논의에 따르겠다고 후퇴했다. 이것은 혹시라도 단종 때와 같은 상황이 되풀이 되지 않을까 우려하는 대신들과 정희왕후의 결단에 의해 이루어진 조치였다.

유능하고 명망 있는 귀성군의 존재는 성종의 왕권확립에 위협이 되었기 때문에 장애가 될 수 있는 귀성군 준을 제거했다. 그리고 이어 좌리공신을 책봉했다. 사실 좌리공신 책봉은 뚜렷한 공로의 대가로 이루어진 것이 아니라 유약한 성종 왕권을 보호해 준 일부 신료들을 위한 논공행상이었다. 정희왕후는 어린 성종이 비정상적으로 즉위함으로써 발생할 수 있는 혼란을 미연에 방지하고 왕권을 확립시키기 위해 귀성군 제거에 공을 세운 관료들을 공신으로 책봉했다.

또 정희왕후는 맏아들이자 성종의 생부인 의경세자를 추숭하고 종묘에 부묘했다. 성종 1년 1월에 의경세자의 시호,

부모, 능호의 의논이 이루어져 시호는 온문의경왕으로, 묘호는 의경묘로, 능호는 경릉으로 했다. 성종 2년 1월에는 성절사로 명에 갔던 한치의가 의경왕의 추봉을 주청하지 않는 이유를 물었다는 태감 김보의 말을 복명하면서 의경왕 추봉문제는 본격적으로 논의되었다. 이 논의는 몇 차례 이루어졌으나 의리상의 문제로 반대에 부딪쳐 명황제에게 청하지는 않았다. 그러다가 성종 5년 8월에 신숙주가 의경왕 추봉 · 주청을 찬성하고 나서면서 결국 주청사를 파견하여 명황제의 허락을 받았다.

그 후 성종 6년 9월에는 의경왕의 종묘 부묘에 대한 문제가 대두되었다. 정인지 정창손 등의 원상과 예문관 관리, 언관들은 반대했으나 임원준과 승지 등 왕실 측근 세력은 당연히 부묘할 수 있다고 찬성했다. 조정의 논의가 정통론에 입각한 위차(位次) 중심의 묘제를 주장한 쪽과 사적 혈통 위주의 세차(歲次) 중심의 묘제를 주장한 쪽으로 갈렸다. 정희왕후는 왕실측근세력의 주장을 편들며 부묘를 관철시켰다. 그리하여 의경왕의 묘호를 덕종으로 추존하고 연은전에 부묘하여 성종의 왕권을 강화시켰다.

이 외에도 예종의 초상을 1년으로 결단하고, 신하들의 반대를 무릅쓰고 단종의 매부 즉 문종의 사위인 정종(鄭琮)의 아들 미수(眉壽)를 독단적으로 등용했으며, 문종의 영령을 위로했다.

정희왕후는 성종 7년 성종의 나이 20살이 되자 수렴청정을 거두었다. 정희왕후는 이해 1월에 성종의 나이가 이미 장성하고 학문도 성취되어 국정을 운영하기에 합당하니, 자신이 간섭할 바가 아니라며 은퇴를 선언했다. 정희왕후가 갑자기 수렴청정을 그만두려 한 데에는 성종 6년 11월에 승정원의 문에 붙은 익명서 사건이 큰 영향을 미쳤다. 그 익명서에는 "강자평은 극렬한 역적인데 지금 진주목사가 되었고, 윤사흔 윤계겸, 이철견, 어유소, 한의, 민영견, 이계전, 안우삼이 정조 하례를 이용하여 반역할 마음을 가지고 음모했으며, 윤흠, 윤보 이숭수는 음모에 참여하지 않았다"라는 내용이 있었다. 이후 익명서에 거론된 윤사흔, 윤계겸, 이철견 등은 익명서의 작성자를 색출할 것을 요구했다. 성종은 원상들과 논의한 후 익명서의 범인을 체포하거나 고발하는 자를 포상하는 방법으로 작성자를 색출하려고 했다. 그 후 최개지가 범인으로 지목되어 처벌됨에 따라 이 사건은 일단락되었다. 그러나 이 익명서에 거론된 사람 중에는 윤사흔, 윤계겸, 이철견, 안의, 민영전, 윤흠, 윤보, 이숭수 등 정희왕후의 혈족이 8명이나 되었다. 게다가 조사 과정에서 '익명서에 윤씨 가문을 헐뜯은 것이 있었다.'라는 말이 나오기도 했다. 익명서는 정희왕후의 수렴청정과 그 일족을 비호한 것에 대한 비판내용이었을 것으로 추증된다. 이 사건은 정희왕후에게 큰 충격을 주었나. 그녀는 이 사건이 마무리 된 직후인 성종 7년 1월에 자신이 윤씨 일족들을 많이 비호하고, 등용했다는 비판에 대해 적극 해명했다. 이어 수렴청정을 끝내고 정무에서 물러나려고 했다. 정희왕후가 철렴의사를 밝히자 성종은 원상으로 하여금 이를 만류하도록 했다. 그러나 정희왕후는 수렴청정을 거두었다.

정희왕후는 인수대비에 대해서 매우 우호적이었고, 그 위상을 높여주기 위해 애썼다. 정희왕후는 시어머니였지만 인수대비의 든든한 지원자였다. 인수대비는 정희왕후의 야망을 닮았고, 그의 힘을 필요로 했다. 그가 살아 있는 동안은 며느리로서의 효도와 임무를 다했다. 정희왕후의 지원 하에 인수대비는 자신의 야망을 필 수가 있었다. 두 사람은 성종을 사이에 두고 왕실의 안정과 왕권강화를 위해서 서로 조력자였다. 성종과 왕실을 지키기 위해서는 시어머니와 며느리의 입장을 떠나 서로 의지하는 동지적 관계였다.

불교신봉의 문제에 있어서 정희왕후와 인수대비는 뜻을 같이 했다. 정희왕후는 숭불적인 성향을 갖고 있던 세조와 함께 불교에 대해 매우 호감을 갖고 있었다.[23] 특히 큰 아들 덕종과 둘째 아들 예종의 요절, 세조의 죽음으로 더욱 불교에 심

---

23 김우기, 2001, 「조선 성종대 정희왕후의 수렴청정」, 『조선사연구』 10 참고.

취했다. 정희왕후는 큰 아들 의경세자가 세조 3년 9월에 20세의 나이로 요절하자 그의 명복을 빌기 위해 정안사를 짓게 했다. 정안사는 세자의 묘 근처로 정했으며 1년 만에 완성되었다. 윤씨는 수시로 정안사를 찾아 불공을 드리며 자신의 마음을 위로 받았다.

또한 세조와 함께 종종 장의사, 정업원 등 사찰을 찾기도 했다. 그리고 남편이 계유정난에서부터 왕위를 찬탈한 뒤 14년간 재위하는 동안 수많은 사람들을 죽였던 일들을 잘 알고 있다. 세조가 김종서를 비롯한 많은 관료들을 죽이고, 조카 단종과 안평대군, 금성대군 등 동생을 비롯하여 단종복위 사건에 참여한 수많은 사람들을 죽이는 것을 곁에서 지켜보았다. 단종의 어머니 현덕왕후가 침을 뱉는 꿈을 꾼 뒤 피부병에 시달리게 되었다는 세조를 간호하면서 정희왕후는 큰아들 의경세자의 죽음이 자신들이 저지른 죄 값을 치르는 것이라 여겼다.

또한 정희왕후는 며느리인 예종의 첫 번째 부인 장순왕후 한씨와 손자 성종의 첫 번째 부인 공혜왕후 한씨를 먼저 보내야 했고, 외동딸 의숙공주도 먼저 보내야 했다. 죽은 이들에 대한 명복을 빌고, 죄의식을 털어버리기 위해 불교에 매달렸다.

따라서 정희왕후 수렴청정기에 이루어진 여러 불교관

련 시책들, 즉 명으로부터 불경을 사오는 일(성종 2년 1월 20일 계사, 성종 2년 1월 21일 갑오 등), 회암사의 중수(성종 6년 3월 6일 을묘, 성종 6년 3월 7일 병진), 강원도 낙산사 옛길의 폐쇄(성종 2년 2월 8일 신해), 내불당의 이건(移建)(성종 2년 5월 14일 병술, 성종 6년 5월 27일 을해) 등은 모두 정희왕후의 숭불과 밀접한 관련이 있는 것들이었다.

정희왕후의 숭불적 입장은 철렴이후에도 계속되었다. 산산의 제언을 상원사에 돌려준 것(성종 11년 5월 6일 을유), 세종의 서자인 수춘군의 부인을 정업원의 주지로 삼은 것(성종 13년 2월 3일 임인) 등이 대표적인 예이다. 이러한 사실은 정희왕후의 개인적인 신앙심의 결과였으나 유교정치를 지향하는 신료의 입장과는 상반되는 것이라 신료들의 많은 비판을 받았다.

불교적인 행사에 정희왕후는 늘 인수대비와 함께 했다. 인수대비는 늘 정희왕후의 뜻을 따랐다. 성종 11년 6월에 원각사 승려 설의(雪誼) 등은 불상을 몰래 돌려놓고 요망한 말로 군중을 현혹시키고 어지럽게 했다는 이유로 체포되었으나 대비들의 명으로 풀려났다.(성종 11년 6월 2일 신해) 원각사 목불이 돌아앉았다는 소문에 대한 처리는 인수대비도 정희왕후와 같은 입장을 취했다. 이 외에도 세조. 덕종, 성종을 위한 불교적 설행에 두 사람은 늘 함께 참여했다.

그런데 성종 14년 4월에 인수대비가 그토록 의지하던 정희왕후가 세상을 떠났다. 성종 14년 4월 1일(계해) 새벽에 좌승지 김세적이 온양에서 돌아와 정희왕후가 매우 위독함을 고했다. 정희왕후는 세조 말년에 세조의 피부병을 고치기 위해 함께 온천을 다녔다. 특히 온양온천을 멀다 하지 않고 여러 번 함께 갔다. 세조 10년 2월에 세조와 함께 온양온천에 갔으며, 세조 11년 8월에도 세조와 함께 온양온천에 거둥했다. 또 14년 1월에도 세조와 함께 세자를 거느리고 온양으로 거둥했다. 온양 온천은 세조와의 추억이 많이 담겨 있는 곳이었다. 정희왕후는 성종 13년에 건강이 악화되자 이듬해 봄에 치료를 위해 온양온천에 내려갔다. 하지만 결국 기력을 회복하지 못했다.

인수대비는 안순왕후와 함께 '대왕대비의 병 증세가 지극히 중하여 어찌할 수 없으니, 마땅히 모든 일을 미리 마련하라.'고 지시했다. 정희왕후는 결국 성종 14년 3월 30일에 온양 행궁에서 숨을 거두었다. 성종은 모든 행사에 따른 일은 먼저 시행하고 뒤에 아뢰도록 승정원에 명했다. 또 의정부·육조를 불러 흉례(凶禮)를 의논하게 하고, 우의정 홍응·좌참찬 이극증·예조 판서 이파에게 명하여 온양에 가서 모든 일을 감독하여 다스리게 했다.(성종 14년 4월 1일 계해)

시호를 보면 '정(貞)은 크게 생각하여 성취할 수 있었다는 것이고, 희(熹)는 공이 있어 사람을 편안하게 했다'는 것이다.(성종 14년 5월 1일 임진) 정희왕후의 수렴청정을 높이 사서 올린 시호였다. 이어 정희왕후의 국장이 진행되었고, 인수대비는 정희왕후의 빈전에 향을 올렸다. 그 제문(祭文)을 보면 정희 왕후에 대한 절절한 마음과 두 사람의 관계를 잘 알 수 있다.

"아아! 거룩하신 우리 성후(聖后)께서는 …궁중을 질서 있게 다 스리시되 온화하고 엄숙하셨으니, 우러러 자애로운 모습을 생각 하면 북극성에 견줄 만합니다. 돌아보건대 제가 보잘것없는 자 질로 외람되게 대비를 모셨으나 저를 어루만져 주시고 저를 기 르시며 저를 아름다운 법으로 인도해 주셨으므로 정성을 다하 여 순종하며 길이 기쁘게 받들기를 바랐습니다. 그런데 어찌 작 은 병이 점점 위독하게 되셨습니까? 기도해도 응함이 없고 약 을 써도 효력이 없으므로 이에 적로(翟輅: 왕비가 타는 수레)를 타고 영탕(靈湯: 신령스러운 온천)에 거둥하셔서 몸조리하여 건강을 회복 하시기를 기약했는데, 돌아올 기한이 가까워서는 행궁에 기쁨이 넘쳤습니다. …

갑자기 우리를 버리시니 울부짖어도 미칠 수 없으며, 하늘을 부르짖고 땅을 두드린들 무엇으로 그 마음 표현하겠습니까? 아 아! 슬프다. 하늘은 참으로 믿기 어렵습니다. 아아! 애통하도다. 이 무슨 까닭입니까? 하늘에서 우리 집을 도와 하늘이 성후에 게 덕을 주셨으므로 나라는 그 복이 영원하겠고, 백성은 그 은 혜를 힘입었으니 그 경사 두텁게 하시어 우리 자손을 보호하소 서. …

예전에 곁에 모시고 있을 때는 밤낮으로 떠나지 않았는데, 이제 비록 빈전(殯殿: 인산 때까지 왕이나 왕비의 관을 모시던 전각)을 모시기는 하지만 음성과 모습이 길이 막혔습니다. 아아! 애통하도다. 제가 장차 무엇을 믿겠습니까? 하늘을 보아도 아득하고 땅을 보아도 아득하니 가슴이 메어지고 허파는 찢어지는 듯하며 눈물이 다하여 피가 흐릅니다. 공손히 변변치 않은 제물을 드리고 애오라지 슬픈 생각을 붙이니, 저의 슬픈 마음을 살피시고 도우시기 바랍니다." 라고 했다.

(『성종실록』 권154, 14년 5월 14일 을사)

66세로 세상을 떠난 정희왕후는 남양주시에 있는 세조의 능인 광릉 구역 내 동쪽 언덕에 남편을 바라보며 묻혀 있다.

왕실은 계급질서로 운영되는 곳이다. 인수대비는 웃전인 정희왕후를 믿고 의지했고, 정성을 다했으며 한시도 그녀의 옆을 떠나지 않았으며, 그녀의 뜻에 순종했다. 그것이 왕실의 권위와 안녕을 지키는 길이자 곧 자신과 자식들을 보호하는 일이라 생각했기 때문이다. 그러나 정희왕후가 세상을 떠나자 드디어 인수대비는 왕실의 최고 어른이 되었다. 그동안 정희왕후의 입을 빌려 자신의 뜻을 표출했던 데에서 벗어나 이제 자신의 단독적인 의지로 자신의 뜻을 표출했다.

성종 16년(1485) 정희왕후의 삼년상을 마친 뒤 인수대비는 안순왕후와 함께 창경궁으로 옮겨 살았다. 성종은 '새로 창경궁을 세운 것은 본래 삼전(三殿)을 위한 것인데 3년 상제(喪制)를 초과할 수 없어 이제 이미 상복을 마치고 양전(인수대비와 안순왕후)을 맞아 받들었다.'(성종 16년 5월 7일 병진)고 했다. 정희왕후가 없는 왕실 내에서 이제 인수대비는 여성 최고의 지위를 갖게 되었다.

▲ 광릉: 남양주, 정희왕후와 세조가 묻혀 있다. 〈사진제공: 한국학중앙연구원〉

조선 왕실의 비선(秘線),
명 황제의 후궁 공신부인 한씨

부인 한씨는 성은 한(韓)이요 휘(諱)는 계란(桂蘭)인데, 대대로 조선국 재상의 집안이다. 아버지의 휘는 영정(永矴)이요 어머니는 김씨인데, 영락 경인년 4월 9일에 부인이 났다. 선덕 정미년에 국왕 성(姓) 휘(諱)가 내정(內庭: 궁궐의 안)에 뽑아 올려서 이제까지 57년이 되었는데, 네 왕대를 거쳐 섬겨서 처음부터 끝까지 공경하고 삼가기를 하루와 같이 했다. 갑자기 병이 들자 황제가 좌우 사람을 보내어 가서 보게 하고, 또 내의(內醫)에게 명하여 치료하게 했으나, 효력이 없이 죽으니 때는 성화 계묘년 5월 18일이다. 황제가 듣고 슬퍼하며 애석해하기를 여러 번 하여 태감 왕거(王琚)를 보내어 제사지내게 하고, 백금 백만과 비단 4표리(表裏)를 하사하고, 시호를 공신(恭愼)으로 하여 지나간 행실을 밝게 드러내고… (『성종실록』 권162, 15년 1월 4일 임진)

인수대비는 성종의 왕권강화와 왕실의 안정을 위해 명나라 황제의 후궁인 둘째 고모 공신부인에게 많은 것을 의지했다.[24] 성종이 정치를 해 나가는 데 있어 명나라와 외교적 문제가 발생할 때마다 공신부인에게 도움을 청했다. 그리고

---

24 공신부인이 조선 왕실에 끼친 영향에 대해서는 한희숙, 2017, 「조선 초 명 선덕제 후궁 공신부인 한씨가 조선에 끼친 영향」, 『여성과 역사』 26 참고

공신부인도 조선 왕실의 요구에 적극 응해주었다. 고모가 명나라 황제의 후궁, 그것도 과거 황제를 돌본 공으로 공경을 받는 여성이라는 점은 그 자체가 매우 든든한 힘이었다. 공신부인은 명 황제와 조선 왕실을 이어주는 비선(秘線) 세력이었다.

공신부인은 공녀로 명나라에 간 후 57년 동안 명황실에서 살면서 명 황제를 섬겼다. 공신(恭愼)이란 '정성껏 부지런히 힘써 일했다'는 의미로 성종 15년(1484)에 공신부인 한씨가 죽은 뒤 성화제가 바친 시호였다.

공신부인 한씨가 모신 선덕제는 세종 7년(1425) ~ 세종 17년(1435)까지 재위했다. 한씨는 세종 10년에 공녀로 명나라에 들어가 세종 17년 선덕제가 죽을 때까지 불과 7년간 선덕제의 여성으로 살았다. 선덕 년간 그녀의 삶이 어떠했는지는 잘 알려진 바 없다. 그러나 1449년(세종 31)에 일어난 토목의 변(土木之變) 때 어린 성화제를 돌보아 주었다. 성화제는 영종 정통제의 맏아들인데 3살 때인 1449년에 아버지 정통제가 오이라트 부장 에센[也先]과 토목(土木:하북성)에서 싸우다가 포로가 되었다. 이어 삼촌 경태제(景泰帝)가 즉위하자 어린 성화제는 황태자에서 쫓겨나는 등 어려움에 놓이게 되었다. 이때부터 할아버지 선덕제의 후궁인 한씨의 보살핌을 받았다. 이후 정통제가 풀려난 뒤 1457년(세조 3) 탈문의 변(奪門之變)으로 동생 경태제를 쫓아내고 다시 황제 자리를 빼앗아 즉위하자 성화제는 황태자가 되었다. 한씨는 성화제가 3살 때부터 11살이 되는 8년 동안 어려움에 처했던 어린 성화제를 키운 '아보(兒保)의 공'이 있었다.

한씨가 돌보았던 성화제는 세조 10년(1464)에 즉위하여 성종 18년(1487)까지 23년 동안 재위했다. 성화제는 황제가 된 후 한씨에게 고마움을 표하며 그를 우대했고, 지극한 신뢰와 애정을 보냈고 또한 효도를 바쳤다. 따라서 세조 10년 이후 명 황실 내에서의 한씨의 위상은 더욱 높아졌고 조선 왕실에 끼치는 영향력도 컸다. 『성종실록』을 편찬한 사신(史臣)은 '한확의 누이는 중국 조정에 뽑혀 들어가 선종황제의 후궁이 되고, 아보(阿保)의 공으로 성화황제에게 총애를 받았다.'(성종 10년 7월 4일 무오)고 평했다.

세조 10년에 성화제가 즉위할 때 한씨의 나이는 이미 55세였다. 그러나 죽을 때까지 그녀는 인생에 있어서 최고의 지위를 누렸다. 그녀는 성화제의 존중을 받았으며, 명 황실에서의 오랜 생활로 황실사정에 밝았다. 빈첩들 사이에서는 '모사(姆師)' '여사(女師)' '노노(老老)'라 불릴 만큼 인망이 있었고 대우를 받았다.

성화제는 공신부인이 죽자 성절사인 인수대비의 조카 한찬을 통해 제문(祭文)과 고명(誥命)을 지어 보냈다. 또 공신부인이 죽은 후에도 그 집을 후하게 돌볼 것이니 조공을 바칠 때마다 친족 한 사람을 보내라고 명했다. 또 따로 사설감 태감 왕거(王琚)를 보내 제사를 지내 주며 공신부인의 죽음을 슬퍼했다. 성화제는 공신부인의 친정인 청주 한씨 집안에 대해 매우 우호적인 대우를 베풀었다. 그런 만큼 조선 왕실에 있어 청주 한씨의 위상은 하늘을 찌를 듯 높았다.

공신부인의 묘지명을 보면 그가 황제의 총애를 얼마나 많이 받고 있었는지 알 수 있다.

성화 계묘년(성종 14년, 1483년) 5월 18일에 부인 한씨가 졸(卒)했다. 이 앞서 부인의 병이 중하자 황제가 좌우 사람을 자주 보내어 가서 보게 하고, 겸하여 약으로 치료하게 했는데, 얼마 안 되어 죽었다. 황제가 슬퍼하고 애석해 하기를 여러 번 하고, 사설감 태감 왕거(王琚)를 보내어 내려준 제문에 '온화하고 유순하며 공경하고 삼가하여 아름답고 착함이 칭찬하기에 족하다.'라는 글귀가 있고, 백금 백만과 채단(綵段) 네 표리(表裏)를 하사했으며, 시호를 공신(恭愼)으로 내려서 태감 손진(孫振)에게 명하여 장역(葬域)을 경영하고 태감 왕거 · 우적(牛迪)과 소감(少監) 곡청(谷淸)에게 상사(喪事)를 총괄하여 다스리게 했으며, 황태후 · 중궁 · 안희궁(安喜宮) · 동궁이 모두 후한 부의가 있었다. 이 해 6월 21일을 받아 도성 서쪽 향산 언덕에 장사했으니, 부인은 영광이다.

『성종실록』 권162, 15년 1월 4일 임진)

공신부인은 비록 후궁이었으나 4대 황제를 섬기는 동안 명 황실의 여성으로 영향력을 미쳤다. 그녀가 명나라로 간 이후 조선 땅을 한 번도 밟은 적은 없지만 살아있는 동안 사신으로 오는 족친이나 조선 출신의 환관 사신들을 통해 조선에 끼친 영향은 매우 컸다. 공신부인은 조카의 아들이 왕으로 있는 조선 왕실의 일에 관심이 많았다. 인수대비는 국내 상황이 어려울 때에는 고모 공신부인에게 적극적으로 의지했다. 인수대비뿐만 아니라 성종 또한 명나라와의 외교적 문제가 생기거나 책봉, 추증 등 명나라와 어려운 일이 생길 때마다 공신부인에게 의지하며 해결하려 했다. 이들은 사신들을 통해 서로의 사정을 주고받았다.

공신부인은 먼저 한확이 세종 및 수양대군과 사돈을 맺게 되는데 큰 영향을 미쳤다. 공신부인은 친정 청주 한씨 한확 가문의 위상을 높이고, 왕실과 사돈이 되는데 크게 기여했다. 조선 왕실이 한확 집안과 혼인관계를 맺게 된 직접적인 배경도 그의 누이가 명 황실의 후궁으로 있다는 점 때문이었다. 한확은 세종의 아들 계양군을 사위로 맞아들였으며, 또 단종 1년에 수양대군의 장남 도원군을 사위로 맞아들였다. 한확의 6녀 인수대비가 도원군과 혼인을 할 수 있었던 배후에는 공신부인 한씨가 있었기 때문이었다.

그리고 단종을 몰아내고 찬탈로 왕위에 오른 세조가

명 황제의 책봉을 받는데도 공을 세웠다. 세조가 비록 성공적으로 왕위에 등극했지만, 명분이나 정통상의 하자가 있어 명 황제의 고명을 받기가 쉽지 않았다. 경태제는 세조를 의심했고, 그러한 황제의 의심을 풀어주는데 내적으로 공신부인의 역할이 작용했다. 자료에는 보이지 않지만 조선 왕실에서는 공신부인에게도 도움을 청했고, 공신부인은 경태제에게 부탁했을 것으로 짐작된다. 결국 경태제는 의심을 하면서도 세조의 고명(誥命)과 관복(冠服)·채단(綵段) 등을 내려 주었다. 아울러 조카 사위가 되는 도원군 즉 의경세자의 책봉에도 영향을 미쳤다.

또 공신부인은 죽은 의경세자를 왕으로 추봉하고 조카 수빈 한씨를 대비로 추숭하는 데 큰 관심을 가지고, 주청이 성사되도록 노력했다. 의경세자와 수빈 한씨의 추봉문제는 성종 2년(1471) 1월 명나라에 성절사로 갔다가 돌아온 수빈 한씨의 동생 한치의가 태감 김보(金輔)를 통해서 들었다는 공신부인의 말을 전하면서부터 거론되기 시작했다. 태감(太監) 김보(金輔)가 공신부인의 말이라며 한치의에게 '전하께서 어찌하여 친부를 추봉하고자 청하지 않는가?' '비록 예가 없다고 하더라도 주청하면 반드시 황제의 허가를 받을 것'이라고 전했다는 것이다.(성종 2년 1월 7일 경진) 이와 같이 성종의 친부에 대한 추봉문제를 조선 왕실에서 먼저 거론하지 않고 공신부인이 먼저 주청하도록 종용했다. 공신부인은 수빈 한씨와 성종

의 뜻을 미리 헤아렸고, 이 문제를 해결해 줄 수 있다는 자신
감을 나타냈다.

그러나 이 문제는 잠시 보류되었다가 이후 성종 5년 9
월 15일에야 주문사 김질 등이 북경에 가서 '죽은 세자 휘를 추
봉하여 조선 국왕으로 삼고, 시호를 회간이라 하며 한씨를 봉
하여 회간왕비로 삼아 고명과 아울러 왕비의 관복을 내려준
다'는 황제의 칙서를 받아가지고 이듬해 돌아왔다.(성종 6년 1월
29일 기묘) 명 황제의 고명을 받아 내는 데에 그동안 한씨의 힘
이 크게 작용했음을 짐작할 수 있다. 효심이 지극했던 성화제
가 공신부인의 말을 들어주었다. 이후 인수대비는 다시 공신
부인의 힘을 빌려 남편을 덕종으로 추존하고, 자신도 대비로
추존되어 왕실 내에서 왕의 생모로서의 자리를 확고히 했다.

그리고 공신부인은 성종 8년에 명에서 금지한 궁각(弓
角)무역 문제를 해결하는데 도움을 주었다. 궁각은 수우각(水牛
角)이라고도 하는데, 활을 만드는데 쓰이는 물소의 뿔을 말한
다. 당시에는 병기로서 활이 중요시되었기 때문에 수우각도
따라서 중요했다. 수우각은 조선에서 생산되지 않았기 때문
에 명나라에서 수입해야만 했다. 그러나 명나라에서는 병기
를 만드는데 사용되는 수우각의 무역을 쉽게 허락하지 않았
다. 그런데 이미 나이가 많이 든 공신부인은 이 문제를 조선인
화자(환관) 출신 명 사신 정동(鄭同)을 통해 어느 정도 해결해 주

었다. 조선에서는 명 황제에게 궁각무역을 허락해 달라고 주청하기 위해 사신을 파견하여 정동에게 부탁했다. 그러자 정동은 사은사에게 '궁각을 주청하려면, 한(韓) 재상이 진헌하는 토산물과 공신부인이 구하는 물건을 가지고 오도록 하며, 만약 다른 재상이 오면 내가 서로 볼 까닭이 없고 말하기 또한 어렵다'(성종 8년 5월 2일 무진, 성종 8년 6월 2일 정유)고 했다. 공신부인이 요구하는 것을 그녀의 족친들로 하여금 갖고 오게 했다. 조선에서는 한치례를 성절사로 보내고(성종 8년 5월 2일 무진, 성종 8년 6월 2일 정유) 한치례는 공신부인과 통하여 궁각무역을 어느 정도 성사시켰다.(성종 9년 1월 25일 무자) 궁각무역의 성사에는 공신부인의 힘이 크게 작용했다.(성종 8년 5월 2일 무진, 8년 5월 25일 신묘, 8년 12월 20일 계축, 9년 1월 15일 무인, 9년 1월 10일 계유, 9년 12월 27일 갑인) 정동은 '전일 궁각을 무역할 때와 회간왕비(懷簡王妃)의 봉숭(封崇)을 청할 때에 예부(禮部)·공부(工部)에서는 다 허가하지 말기를 청했으나, 황제의 은혜와 공신부인의 덕택에 힘입어 마침내 윤허받았다.'며 그녀의 공을 내세웠다.

또한 공신부인은 성종이 재위 12년에 명 황제에게 폐비 윤씨의 폐비 사실을 알리고 새 계비 정현왕후의 책봉을 받아내는데 기여했다. 폐비 윤씨를 사가로 쫓아낸 후 조정에서는 이 사건을 명나라에 어떻게 알릴 것인가를 두고 매우 많은 고심을 했다. 그런데 폐비의 일을 알리는 것보다 계비 정현왕후의 고명을 받는 일은 더 큰일이었다. 폐비가 아직 살아 있고, 폐비 이유와 새로운 왕비의 고명을 받는 일에 명분이 합당하지 않았기 때문이었다. 명에서 온 사신들도 이 일에 대해 많은 의문과 관심을 보였다. 명 사신 정동은 아직 중국 조정에서는 왕비를 폐한 것을 알지 못하고 오직 자신과 한씨만 알뿐이라며 공신부인의 힘을 빌리면 새 왕비의 고명을 받아 내는 것도 한결 쉬울 것이라 일러 주었다. 이에 성종은 11년(1480) 6월에 예조판서 이승소에게 숙의 파평 윤씨를 새 왕비로 삼은 이유와 아울러 책봉해 달라고 명나라에 청하는 주본(奏本)을 지어 올리게 했다.(성종 11년 6월 11일 경신) 그리고 10월에 숙의 파평 윤씨를 왕비로 택하고(성종 11년 10월 4일 경술) 11월에 윤씨를 왕비로 책봉하고 교명 · 책보 · 명복 등을 내려 주었다.(성종 11년 11월 7일 계미, 11년 11월 8일 갑신) 그리고 이듬해 성종은 주문사 서장관 권건을 명에 보내 폐비사실과 새로운 왕비 책봉을 아뢰고 고명과 관복을 특별히 하사해 줄 것을 간청했다.(성종 12년 4월 19일 계해) 또한 한명회는 주문사로 명나라에 갈 때 공신부인에게 정현왕후의 고명과 관복을 황제에게 내려 주도록 요청해 달라고 부탁하는 편지글을 올렸다.

사신 하나가 한씨 앞에 서계(書契)를 바쳤는데, 그 사연에 이르기를, '조카 의정부 좌의정 한명회는 삼가 고모님 존전(尊前)

에 절을 올립니다. 조카는 지금 가슴에 품은 생각이 있어 좌우에 우러러 말씀드려, 엎드려 아뢰기를 희망합니다. 그윽이 생각하건대 폐비 윤씨는 성격이 패려(悖戾: 말과 행동이 매우 거칠고 비꼬여 있음)하여 왕조모와 왕모에게 불순하고, 덕을 잃는 짓이 상당히 많아 종사를 능히 잘 받들 수가 없습니다. 전하께서 조모님과 어머님의 말씀을 받들어 종묘·사직에 고하고 궁 밖의 사제에 폐하여 두었습니다. 돌아보건대 내조는 오랫동안 비워둘 수가 없으므로, 첩 윤씨로써 왕비로 삼았습니다. 이렇게 아뢰오니, 엎드려 바라건대 이러한 사유를 갖추어 어전에 곡진히 아뢰어 고명과 관복(冠服)을 특별히 하사하게 해 주소서. 지극한 소원을 이기지 못하겠습니다. (『성종실록』 권128, 12년 4월 19일 계해)

이때 조카 한명회가 공신부인에게 고모님 존전에 절을 올린다고 했지만 사실 그 내용은 성종과 인수대비의 뜻을 대신 전한 것이다. 그리고 공신부인에게 사신을 보내는 등 여러 가지 방법을 통해 명 황제에게 폐비사실과 새 왕비 책봉에 대한 고명을 받아 줄 것을 간청했다. 그 결과 조선 왕실의 뜻대로 성종 12년에 명 황제는 폐비사실을 인정하고 새 왕비의 고명을 내려 주었다.

또 공신부인은 연산군이 세자로 책봉되는 데에도 적극 도움을 주었다. 세자 책봉은 명 황제의 허락을 받아야 되는 일이었다. 그런데 연산군의 세자 책봉은 쉽지 않았다. 그것은 시기적으로 정현왕후 윤씨의 고명을 받는 일과 겹쳤기 때문이었다. 즉 '세자를 책봉하기를 청하는 일은 늦출 수 없는 일이었지만 왕비의 고명을 청하기 때문에 겸하여 청할 수는 없다'(성종 12년 4월 19일 계해)는 것이었다. 세자 책봉문제와 정현왕후 책봉 문제가 동시에 진행되었기 때문에 어려움이 있었다. 더욱이 세자가 폐비 윤씨의 아들이었기 때문에 더욱 복잡했다. 세자 책봉문제는 성종 11년 11월에 발의되었으나 정현왕후의 책봉 3년 후인 성종 14년에야 해결되었다.(성종 11년 11월 9일 을유, 14년 2월 6일 기사) 이때도 공신부인이 세자 책봉을 황제에게 요청했을 것이다.

이와 같이 한씨는 공녀로 가 명 황제의 후궁이 된 뒤 젊은 시절부터 오빠 한확을 통해 조선 왕실의 요구사항을 도왔다. 이후로는 명사 정동이나 족친 한씨들의 사행을 통해 조선 왕실에 도움을 주었다. 특히 성종의 즉위 이후 발생한 조선 왕실의 많은 어려운 문제들을 적극적으로 도와주며 큰 영향을 미쳤다.

그러나 세상에는 공짜가 없는 법, 성종과 인수대비는 명나라에 조공을 바치거나 어려운 일을 부탁을 할 때 공신부인에게 따로 많은 토산품을 바쳐야 하는 비싼 대가를 치러야 했다. 그러면 공신부인 역시 인수대비와 왕실에 물품들을 하사하기도 했다. 공신부인은 조선의 부탁을 들어주는 만큼 조선 출신의 환관 정동(鄭同)과 서로 결탁하여 조선에 많은 공물을 요구했다. 공신부인은 자주 정동을 조선에 보내 황제의 명으로 옷·노리개·음식 등 조선의 토산물을 올리게 하고, 자질구레한 것까지 많이 거둬들여 백성들에게 큰 피해를 입혔다. 공신부인을 통해 얻어낸 무리한 고명과 책봉은 약점이 되어 이후 명나라 사신들이 오고 갈 때마다 조선 조정에 무리한 요구를 해대는 비리가 되었다. 그들의 억지스러운 요구를 들어줘야만 하는 것이 조정의 골칫거리로 등장했다.

홍문관 부제학 이맹현(李孟賢)은 '황가(皇家)에서 공신부인 때문에 한 나라를 한 집안처럼 대우하여, 아뢰는 것은 곧 허락하고 내리는 물건이 번번이 많으니 영화라고 할 수 있지만 특별히 요구하는 물건이 해를 거듭할수록 늘어가고 있다'며 그 문제점을 지적했다. 또한 황제가 명나라 예부를 통하지 않고 공신부인과 환관들을 통해 외국에 노리개 같은 것을 요구하는 처사도 잘못된 것일 뿐만 아니라 그러한 요구를 들어주느라 궐문 안에 공장을 불러 밤낮으로 물품을 만들게 하는 것도 잘못이라며 폐단을 지적했다.(성종 12년 6월 21일 갑자)

공신부인은 매 차례 친정 피붙이 한씨들을 사신으로 오게 했다. 그리고 그 사신들을 통해 조선의 토산물들을 요구했다. 공신부인은 자신이 이러한 고국의 물건을 요청하는 까닭은 날마다 고국을 생각하여도 볼 수 없는데 고국의 토산물을 보면 고국을 보는 것과 같기 때문이라고 했다.(성종 8년 6월 2일 정유) 그러면 인수대비는 사신이 갈 때 물품을 갖추어 공신부인에게 보냈다. 인수대비가 올린 서계(書契)는 일정한 양식을 갖고 있는데 그 한 예를 보자.

> 질녀 회간왕비 한씨는 존고(尊姑) 한씨 시하(侍下)에게 받들어 올립니다. 지난겨울에 한치형이 북경에서 돌아왔는데, 공경히 듣건대 황제 폐하께서 큰 복을 누리신다고 하며 존고께서도 황제의 은총을 입어 십분 강녕하시다고 하니, 기쁨을 이기지 못하겠습니다. 질녀는 대소 친척이 평안하게 지내니 모두 은혜와 돌보심이 미친 바입니다. 높이 살피시기를 엎드려 바랍니다. 궁중 내에서 보내 주신 많은 진귀한 물건은 각각 공경히 받으니 감격함이 망극합니다. 다만 본국은 서계(西界)가 조잔하여 멀리 수송하기가 어려우므로 약간의 토산물을 삼가 갖추어서 약례(略禮)로 별폭에 갖추 기록하오니 용서해 살피시기를 삼가 빌며, 성수무강(聖壽無疆)을 축수하고 겸하여 존고께서 길이길이 많은 복을 누리시기를 바랍니다. 삼가 이것으로 절하고 올립니다.
>
> (『성종실록』, 권108, 10년 9월 18일 신미)

인수대비는 공신부인 한씨에게 질녀라고 표현하고 있

으며, 공신부인을 존고(尊姑) 즉 존경하는 고모라고 칭했다. 인수대비는 한 번도 본적은 없지만 공신부인과의 끈을 놓지 않았다. 비록 형식적인 편지글이지만 어려운 일이 있을 때마다 인수대비는 공신부인에게 글을 올려 일이 수월할 수 있도록 도움을 청했다.

공신부인은 정희왕후가 죽은 지 며칠 되지 않은 성종 14년 5월 18일에 죽었다. 성종 14년 8월에 천추사(千秋使) 박건선(朴楗先)이 돌아왔는데, 통사(通事)가 가지고 온 사목(事目)에는 '정신공주(貞信公主) 한씨가 훙서(薨逝)했습니다.'(성종 14년 8월 10일 경오)라고 했다. 그녀가 왜 살아생전에 정신공주라 불렸는지는 의문이다.

정희왕후의 죽음으로 인해 큰 슬픔에 쌓여 있는 상황에서 다시 공신부인이 죽었다는 소식은 인수대비에게는 큰 충격과 상실감을 주었다. 인수대비는 아들 성종과 조선 왕실을 위해 그동안 의지해 왔던 두 사람을 동시에 잃어 버렸다. 아울러 명 황실과 조선 왕실의 사적인 유대관계도 끝이 났다. 이때 인수대비 나이 이미 47세였지만, 그 허전함과 슬픔, 그리고 앞날에 대한 걱정은 이루 헤아리기 어려울 정도로 매우 컸다.

7

세상에서 가장 슬픈 이별,
자식들을 가슴에 묻다

고명 딸, 명숙공주의 죽음

명숙공주가 졸(卒)했다. 덕종의 따님으로서 홍상(洪常)에게 하가(下嫁: 신분이 낮은 집으로 시집간다는 뜻)했었다. 전교하기를, "공주의 죽음에 조회(朝會)를 폐한 일이 있는가?" 하니, 예조에서 아뢰기를, "신구(新舊)의 『대전』에 모두 기재되지 않았습니다." 라고 했다. 전교하기를, "『경국대전』에 기재되지 않았으면 지금 시행할 수가 없겠는가?" 하니, 예조에서 아뢰기를, "공주는 절친이므로, 지금 법전을 고치는 때를 당하여 이를 시행하는 것이 해로운 것은 없겠습니다." 라고 했다. 전교하기를, "그렇다면 조회를 며칠간 폐하겠는가?" 하니, 예조에서 아뢰기를, "공주는 대군과 동등하니 조회를 3일 동안만 폐하면 좋겠습니다." 하니, 임금이 그대로 따랐다.(『성종실록』 권147, 13년 10월 4일 기사)

인수대비의 고명딸인 명숙공주는 성종 13년(1482) 10월 4일 28세의 젊은 나이에 죽었다.(성종 13년 10월 4일 기사) 어머니 인수대비보다 훨씬 앞서 죽었다. 인수대비는 당시의 평균 수명으로 볼 때 68년이라는 긴 삶을 살았다. 그 사이에 자식들과 자신이 의지하던 부모와 남편, 시부모, 고모 공신부인, 시동생 예종과 안순왕후를 비롯해 사돈인 한명회 등 가까운 주변 사람들을 모두 먼저 보냈다. 뿐만 아니라 2남 1녀의 자식들도 모두 차례로 앞세웠다. 그 가운데 명숙공주가 제일 먼저 곁을 떠났다.

명숙공주는 단종 2년(1454)에 태어나 그 해에 태안군주(泰安郡主)에 봉해졌다. 태어난 지 2년 만에 아버지 의경세자를 잃고 홀어머니 인수대비의 보살핌을 받으며 성장했다. 명숙공주는 세조 12년(1467) 12세 때 좌의정 홍응(洪應)의 아들 홍상(洪常)과 혼인하여 남양 홍씨 가문의 며느리가 되었다. 세조는 홍상을 총애하여 혼인 직전에 이미 부빈(副賓)으로 삼았으며, 의숙공주의 남편인 의빈 정현조(鄭顯祖)의 집에서 친영(親迎)토록 했다.(세조 12년 12월 19일 병진)

명숙공주의 시아버지 홍응은 고려 시중 홍자번(洪子藩)의 후예로, 한성부윤 홍심(洪深)의 아들이다. 홍응은 문종 원년(1451)에 생원에 합격하고 또 문과에 합격하여, 사간원 우정언·지제교를 거쳐 집현전 수찬으로 옮겼고, 여러 차례 승진하여 응교(應敎)에 이르렀다. 세조 2년(1456)에 집현전이 혁파되자 세자좌문학이 되었고, 세조 4년(1458)에 성균 직강으로 있다가 얼마 후 세자좌필선이 되었다. 세조 6년(1460)에 우보덕 겸 예문관 직제학에 승진되었다. 세조가 권람(權覽)에게 군자를 천거하라 하자 권남은 홍응보다 나은 자가 없다며 추천했다. 종부시 판사에 이어 통정대부 승정원 동부승지에 특진되는 등 여러 차례 승진하여 도승지에 올랐다. 세조가 매우 총애했으며, 세조 9년(1463)에 이조 참판에 승진된 뒤 얼마 인되어 동시 춘추관사·세자부빈객을 겸했고 세조 11년(1465)에 자헌대부 형조판서·세자우빈객에 승진했다. 이때 세조의 뜻에 따라 명숙공주를 며느리로 삼은 후 세조와 성종의 총애를 받았다.

성종이 아버지 의경세자를 왕으로 추존하자 홍상은 당양위(唐陽尉)에 책봉되었다. 명숙공주와 홍상과의 결혼생활은 17년 정도였으며 둘 사이에 외아들 홍백경(洪伯慶)을 두었다. 그러나 왕의 사위는 재혼을 할 수 없었기 때문에 후처를 들일 수는 없었다. 홍상은 연산군 10년(1504)에 갑자사화에 연루되어 함평, 안성, 거제도, 제주로 유배되었다가 중종반정 때 풀려나 원종공신(原從功臣)이 되었다.

명숙공주는 폐비 윤씨가 죽임을 당하고 얼마 되지 않아 죽었다. 성종은 10년 10월에 호조에 명하여 명숙공주가 피병하는 곳에 쌀 30석, 콩 20석, 면포(綿布) 2백 50필을 하사하게 한 것으로 보아 꽤 오랫동안 병석에 누웠다가 죽은 것 같다. 성종은 누나인 명숙공주가 죽자 부의로 쌀 60석, 콩 20석, 청밀(淸蜜) 10두, 기름 15두, 밀 3석, 석회 50석을 특별히 하사했고, 대군의 상례와 같은 예로 3일 동안 조회를 중지했다. 인수대비는 자신보다 먼저 죽은 젊은 딸의 죽음에 그 누구보다도 슬펐다. 이때 인수대비의 나이는 43살이었다.

맏아들, 월산대군의 죽음

추강에 밤이 드니 물결이 차노메라
낚시 드리워도 고기 아니 무노매라
무심한 달빛만 싣고 빈 배 저어오노라

　　이 시는 평생 왕의 형으로 살면서 권력을 등지고 마음을 비우며 살아야 했던 월산대군의 입장과 심정을 처연할 정도로 담담하게 풀어낸 작품이다. 월산대군은 원래 월산군으로 불렸으나 후에 아버지 의경세자가 덕종으로 추존되자 왕의 적자를 의미하는 대군의 칭호를 얻게 되었다.

　　세조 3년, 그의 나이 4살 때 세조의 장남으로 다음 왕위를 이어갈 것으로 예정되었던 아버지 의경세자가 세상을 떠났다. 이때 세조의 나이가 벌써 41살로 장손 월산대군이 커서 왕위를 이어받게 될 때까지 기다리기엔 나이가 적지 않았다. 자연히 세자의 자리는 세조의 둘째 아들이자 월산대군의 삼촌이 되는 8살의 해양대군(후의 예종)에게 넘어갔다. 월산대군은 세손으로 책봉되지 못했다. 사실 예종과 월산대군의 나이차는 불과 4살 밖에 나지 않았다. 그러나 세조는 손자보다는 아들로 왕위를 계승시키고 싶었다. 월산대군은 왕위 계승권에서 밀려났다. 그리고 예종이 죽고 난 뒤 왕위는 동생인 성종에게 넘어갔다. 계속 왕위 계승에서 밀려났다. 이를 지켜봐야 하는 인수대비의 마음은 한편으로 안타깝고 측은했을 것이다.

성종이 즉위하고 인수대비가 궁으로 들어가자 월산대군은 홀로 궁궐 밖 사저를 지키며 살았다. 성종은 의경왕묘(懿敬王廟)를 따로 세워서 월산대군으로 하여금 제사를 받들게 했다.(성종 2년 1월 14일 정해) 그런데 얼마 안 있어 영응대군 이염의 처 송씨가 성종에게 집을 바치자 이를 연경궁으로 고쳤다.(성종 2년 7월 24일 을미) 영응대군은 세종의 막내아들로 세종과 세조의 특별한 총애를 받았다. 세종은 영응대군을 위해 큰 집을 지어주었고, 죽을 때도 영응대군의 집에서 죽었다. 많은 보화(寶貨)도 영응대군에게 주어 그 재물이 쌓여서 큰 부자가 되었다. 그런데 영응대군의 처 송씨는 혼인한 뒤 얼마 되지 않아 병이 있어 시아버지 세종에 의해 쫓겨났다. 영응대군은 다시 정충경(鄭忠敬)의 딸에게 장가들었지만 세종이 죽자 송씨를 그리워하여 정씨를 내쫓고 송씨와 다시 결합하여 살았다.[25] 그

---

25 한희숙, 2015, 「조선 초기 대군들의 이혼사례와 처의 지위」, 『여성과 역사』 22 참고.

리고 세조 13년 2월 2일(무술)에 33살로 죽었다. 그러다 보니 종친 부인으로 큰 재산을 가지고 있었던 송씨는 집을 성종에게 바쳤다. 성종은 이 연경궁 후원에 친부 의경세자의 사당인 의묘(懿廟)를 세우고 그 연경궁을 월산대군에게 주었다.(성종 3년 12월 2일 갑자)

그런데 이것은 성종의 뜻이라기보다는 정희왕후와 인수대비의 뜻이었다. 성종은 예종의 뒤를 이었기 때문에 친부의 제사를 지낼 수 없었다. 이를 잘 아는 인수대비는 남편 의경세자를 왕으로 추증하여 종묘에 부묘되기 전까지 장남인 월산대군으로 하여금 아버지의 제사와 사당을 보살피게 했다. 그러나 의경세자가 덕종으로 추존되고 종묘에 부묘되면서 실제 제사는 성종이 지내게 되었고, 그는 종실의 한 사람으로 현실을 떠나 자연 속에 은둔해 조용히 여생을 보냈다. 왕의 형으로 산다는 것은 자칫하면 역모에 얽혀 목숨을 부지하기 어려운 삶이 될 수도 있었기 때문이었다. 그는 경치 좋은 양화도(楊花渡) 북쪽 언덕에 위치한 희우정(喜雨亭)을 개축해 망원정(望遠亭)이라 하고, 서적을 쌓아두고 시문을 읊으면서 풍류적인 생활을 했다.

월산대군의 호는 풍월정(風月亭)이다. 이 호는 성종 8년에 성종이 월산대군의 집에 놀러갔다가 그 곳 정자에 이름이 없는 것을 보고 '풍월정'이라는 시와 함께 지어준 것이다. 월산대군은 정자의 이름 같이 그렇게 풍월을 읊으니 한 세상을 살았다. 월산대군과 성종의 우애는 매우 돈독했다. 성종은 월산대군을 형님으로 대우하며 자주 풍월정을 찾았다. 월산대군은 왕의 형이지만 자신을 낮추며 성종의 왕권에 저촉되지 않으려는 삶을 살았다. 월산대군은 성종 19년 12월에 35살의 짧은 생을 마감했다.

그런데 젊은 월산대군의 죽음을 재촉한 원인은 인수대비에 대한 극진한 간병 때문이었다. 월산대군이 죽기 3달 전인 성종 19년 9월에 인수대비가 크게 병이 났다. 병이 난 인수대비는 처음에는 창경궁을 떠나 학림정(鶴林正) 이이(李頤)의 집으로 피접(避接: 아픈 사람이 다른 곳으로 자리를 옮겨서 요양함) 했다.(성종 19년 9월 15일 을해) 그러다 9월 25일(을유)에는 임사홍의 집으로 옮겨갔고, 이후 다시 10월에 월산대군의 집으로 옮겨 갔다. 월산대군은 인수대비가 병이 나서 이미 2곳이나 옮겨 다니다가 자신의 집으로 오자 극진히 간병했다. 그 결과 인수대비는 이곳에서 약 한달 간 치료를 받고 병이 나아서 11월에 궁으로 돌아갔다. 인수대비가 환궁하자 성종은 경복궁에 나아가 문안하고 근정전에 나아가 하례를 받고 사면령을 내렸다.

그 글에 이르기를, "효자의 지극한 마음은 어버이를 높이는 것보다 큰 것이 없고 어버이를 높이는 지극함은 한 나라로써 봉양하는 것보다 큰 것이 없다. 내가 보잘것없는 몸으로 외람되게 영도(靈圖: 훌륭한 계책)를 이어받아 양전(인수대비와 안순왕후)을 봉양한 것이 이제 20년이 되었다. 얼굴색을 보고 뜻에 순종하며 음식을 받들어 모시고 잠자리를 묻는 데에 감히 게으르지 않았는데 금년 9월에 인수왕대비께서 갑자기 작은 병환에 걸리시니 내 마음이 두려워 몸 둘 바를 알지 못하여 약이 되는 음식을 먼저 맛보는 것과 기도와 제사로 정성을 다하는 일에 그 극진함을 쓰지 아니한 바가 없었다. 그래도 병환이 얽혀서 몸에 떠나지 아니하므로 드디어 대궐 밖에 옮겨 치료하시도록 했는데 세 곳이나 옮기시는 데 이르렀다. 그래서 영위(榮衛: 원기를 왕성하게 하는 피와 몸을 호위하는 기운)가 점점 회복되고 시일이 오래 되어서야 강녕하신 데 이르러 지금 11월 13일 경복궁으로 환어하셨으니 이는 오직 하늘과 조종(祖宗)께서 묵묵히 도우신 소치이다. 내 마음의 기쁨과 우리 백성의 복은 어찌 다함이 있겠는가? 이 기쁘고 경사로운 날을 당하여 관대한 은혜를 베푸는 것이 마땅하다. … 아아! 어버이를 받드는 것은 나 한 사람의 지극한 정성인데 이미 약을 쓰지 아니하고 병환이 나으셨으므로 기쁨을 가지고 은혜를 베풀어서 만백성과 즐거움을 같이하니 어찌 함께 더불어 마음을 새롭게 하지 아니하겠는가?"라고 했다.

『성종실록』 권222, 19년 11월 15일 갑술)

인수대비가 병이 났을 때 성종은 친히 의원을 거느리고 내전에 들어와 증후를 진찰했다. 성종은 인수대비에게는 매우 효자였고, 자식의 도리를 다하고자 했다. 월산대군도 역시 매우 효자였다. 그런데 인수대비가 병이 나아 궁궐로 돌아간 지 한 달 만에 월산대군이 죽었다. 인수대비가 그의 집에서 피병을 할 때 병수발 하느라 너무 무리를 했기 때문에 도리어 병을 얻어 어머니보다 먼저 세상을 떠났다. 성종 19년 12월 21일(경술)의 월산대군의 졸기에는 다음과 같이 기록하고 있다.

월산대군 이정이 졸했다. 조회와 시장을 정지하고 예장(禮葬)하기를 예와 같이 했으며, 치제(致祭: 윗사람이 제물과 제문을 내리어 죽은 아랫사람을 제사하는 일)와 부의는 관례보다 더했다. 정(婷)의 자(字)는 자미(子美)인데, 바로 현 임금의 동복형이다. 나면서부터 총명함이 보통과 다르니, 세조가 사랑하여 궁중에서 길렀다. … 매일 아침에 예궐하여 문안하며 아무리 심한 추위와 더위에도 일찍이 잠시도 폐함이 없었다. 잔치와 활 쏘는 데 입시(入侍)하여 아무리 즐거움이 지극하더라도 법도에 따르고 조금도 실수함이 없었다. 임금도 우애가 매우 돈독하고 대우가 극히 융숭하여 은혜를 자주자주 베풀었다. 이해 9월에 인수왕대비가 편찮으시자 약을 시중들면서 근심과 걱정으로 병을 얻어 두어 달을 끌어오다가 이에 이르러 졸하니, 나이가 35세이다. 평양군 박중선의 딸에게 장가들었는데, 후사가 없고 측실에 두 아들이 있다 ….

딸에 이어 아들을 먼저 보내야 하는 인수대비의 가슴은 찢어질 듯이 아팠다. 자신 때문에 죽었을지도 모른다는 자책감 때문에 인수대비는 더 괴로워했다. 그러나 인명은 재천, 돌이킬 수 없는 일이었다. 명숙공주를 저 세상으로 보낸 지 6년만의 일이었다. 이제 남은 자식은 막내 성종 하나 밖에 없었다. 성종은 상심한 인수대비를 위로하기 위해 자주 창경궁에 나아가 문안을 드렸다.

▲ 오늘날의 덕수궁 전경. 이곳은 원래 월산대군의 사저 자리였다.〈사진제공: 한국학중앙연구원〉

삶의 버팀목, 성종의 죽음

새 궁궐을 만드는 것은 내 한 몸의 즐거움을 위한 것이 아니라 오로지 양전
(인수대비와 안순왕후)을 위해 지은 것이다.(『성종실록』 권170, 15년 9월 30일 갑인)

　　성종은 효자였고, 인수대비의 야망 실현과 삶 속에서
존재 그 자체의 의미를 가졌다. 아버지 의경세자의 얼굴 한번
제대로 보지 못한 막내아들 성종은 인수대비에게는 가장 아
픈 손가락이었다. 그런 아들이 왕이 되었고, 그 아들 역시 홀
로 된 어머니에게 지극한 효를 실천했다. 성종은 불교보다는
유학을 더 많이 공부한 왕이다. 효의 실천은 유학적 성군의 첫
걸음이라 생각했다. 인수대비 역시 오직 성종의 안녕과 왕권
강화를 위해 살았다고 해도 과언이 아닐 만큼 성종에게 정성
을 다했다. 그런 만큼 성종은 인수대비의 뜻을 잘 받들었다.

　　왕은 천성이 효우(孝友)하여 혜장왕비(세조비) · 회간왕비(인수대
비) · 양도왕비(예종비)가 한 궁에 같이 있었는데, 한결 같이 섬겨
서 하루에 세 번 문안하고 맛있는 음식을 반드시 친히 조리하

며 약이(藥餌: 약이 되는 음식)를 반드시 먼저 맛보아 조금도 게을리 한 적이 없었습니다. 혜장왕비가 만년에 병으로 앓았는데, 매양 왕을 보면 문득 조금 나았으므로, 사람들이 효성에 감동했기 때문이라고 했습니다. 무릇 제사 일에 그 정성과 공경을 다했고, 일이 있지 아니하면 반드시 친히 행했습니다. 월산대군 이정(李婷)을 대우하는 데 있어서 은혜와 예가 모두 지극했고, 죽음에 미쳐서는 슬퍼한 나머지 철선(輟膳: 국가에 국상이 있거나 대신이 죽었을 때, 혹은 천재지변이 발생했을 때 국왕이 수라상에 나오는 반찬을 물리치는 행위)하여 병을 이루는 데 이르렀습니다. ….

(『성종실록』 권297, 성종대왕 행장 行狀)

성종은 인수대비뿐만 아니라 할머니, 양어머니 등 3대비를 한결 같이 섬겼다. 3대비는 모두 성종을 가운데 두고 왕실의 안녕을 위해 서로 의지하며 사이좋게 지냈다. 그런 아들 성종이 월산대군이 죽은 지 또 다시 6년이 되는 성종 25년(1494)에 38세로 세상을 떠났다.

왕위 계승의 정통성 없이 13살의 나이로 왕위에 올라 할머니 정희왕후의 수렴청정 하에 왕권을 유지하다가 20살의 나이로 친정을 시작했으나, 일찍이 공혜왕후와 사별하고 계비인 연산군의 어머니 폐비 윤씨를 사사시켰던 성종은 38세라는 짧은 삶을 치열하게 살다가 인수대비보다 먼저 세상을 떠났다. 성종이라는 묘호가 말하듯이 그는 건국 후 유교적 문물을 정비하고 『경국대전』 『국조오례의』 등 통치의 기본틀을 완성한 왕이었다.

인수대비는 어린 아들이 왕위에 오른 후 왕권 강화와 태평성대를 만들기 위한 남모를 노력을 한시도 그치지 않았다. 성종은 그 누구보다도 운이 좋아 자신은 힘 하나들이지 않고 어른들의 뜻에 따라 어린 나이에 왕위에 오른 인물인 만큼 대비들의 입김을 막기 어려운 왕이었다. 특히 인수대비의 뜻과 청을 거절하지 못했던 효자 왕이었다. 그런 효자 아들이 자신의 곁을 떠날 때 인수대비도 이미 60을 바라보는 58세의 노년이었다.

자신을 대비로 만들어 주고, 또 자신을 위해 창경궁도 지어주며, 성종 치세 25년 동안 삶의 영광을 많이도 누리게 해 주었던 성종이 죽었다. 인수대비는 그의 효성에 대해 한글 교지를 내렸다.

왕대비가 행장 수찬(行狀修撰)에서 언서(諺書)를 내렸는데, 한문으로 번역하면 다음과 같다. "대행왕께서 정희·인수·인혜 3전을 받들기를 극진히 하지 않은 것이 없이 하셨음은 일일이 듣기 어렵거니와 날마다 세 번 문안하고, 대비전의 일용 경비를 벽에 써 붙여 두고 늘 계속하여 바치매, 정희왕후께서 말씀하시기를 '국가 경비의 물품을 매양 나한데 바치니 마음에 실로 미안하다.' 하시니, 대행왕이 대답하시기를 '온 나라로써 봉양하는 데 무엇이 어렵겠습니까.' 하시며, 그래도 오히려 뜻에 거슬릴까 염려하여 때로 내탕(內帑)에 저장된 것을 내어 바치고, 또 평상시 먹는 음식에는 친히 별미를 조리하시되 그 즐기시는 것은 반드시 벽에다 써 붙여 두고서 바치며, 항상 대비께서 적적하실 것을 생각하여 특별한 잔치를 여러 번 올리고, 또 작은 연회를 자주 청하여 허락을 얻으면 기뻐하셨다. 정희왕후께서 만년에 병환이 많으시매 친히 의서(醫書)를 상고하여 약을 드리고 또 문안할 때에는 한참 동안이나 서 계시다가 왕후께서 마음에 미안해하시는 듯하면 시녀를 따라서 안부를 여쭙고 물러가고, 또 오부(五部)에 널리 물어서 왕후의 병 증세와 같은 사람이 있으면 약을 시험했으며, 왕후께서 매양 상감을 보면 병환이 문득 조금 뜸하셨으니, 어찌 지극한 효성에 감동된 바가 아니겠는가. 두 대비에게 효도로 봉양하는 것도 처음부터 끝까지 한결같아 수라상을 친히 보살피기를 폐하지 않았으며, 늙은 부모가 있는 재상에게는 매양 음식물을 내리셨다."

(『연산군일기』 권2, 연산군 1년 1월 2일 병술)

성종이 대비들의 봉양을 위해 얼마나 신경을 썼는지를 여실히 그려내고 있다. 이제 인수대비의 곁에는 그런 성종이 없다. 인수대비의 삶에 가장 큰 버팀목이었던 성종을 앞서 보내야 하는 그의 심정은 그 어떤 자식을 보내는 마음보다 더 아팠을 것이다. 성종을 잃은 탓인지 인수대비의 건강도 급격하게 나빠졌다.

그러나 왕실의 최고 어른으로서 왕실의 안녕과 안정에 신경쓰지 않을 수 없었다. 그녀는 앞날이 불안하기는 했지만 새로이 왕이 될 손자 연산군이 자신의 뜻과 성종의 유지를 잘 받들어 태평성대를 이루어나갈 것을 기대했다. 그러나 그 기대는 크게 어그러져 갔다.

8

왕실의 안녕을 위해, 불교를 숭상하다

가족과 왕실을 위한 불교신앙 숭배

　　젊은 나이에 청상과부가 된 인수대비는 불교에 대해 매우 우호적이었다. 그는 사실상 불교신자였다. 인수대비는 유교적인 가족 질서를 추구하면서도 불교적인 신앙으로 자신을 다독거렸다. 그녀가 혼인 전에도 불교에 심취했는지는 잘 알 수 없다. 그러나 혼인 후 시아버지 세조를 도와 불경 간행에 참여하면서, 또한 살면서 여러 어려움을 당하면서 자연히 불교를 숭배했다. 인수대비는 부처에 의지하여 부모님과 남편의 명복, 자식들의 무고를 빌며 외로운 자신의 마음을 달랬다. 남편의 죽음, 사육신 사건을 비롯한 세조대의 피비린내 나는 여러 사건들, 나아가 폐비 윤씨의 사사, 자식들의 죽음 등 끝임 없는 비극들을 경험하면서 불교를 더욱 신봉했다. 불교는 그의 삶을 지탱해 주는 신앙이었다.[26]

　　조선을 건국한 성리학자들은 유학을 숭상하는 대신

불교를 억압했다. 사찰이 가진 면세 특권을 빼앗고 소유한 사원의 토지를 몰수했다. 승직(僧職)을 폐지하고 승려의 인원도 제한했다. 그러나 왕실의 경우는 달랐다. 왕실에서는 태조대부터 세조대까지 왕들도 불교에 대해 매우 우호적이었다. 왕들뿐만 아니라 왕비, 비빈, 대군들도 자신들의 사재를 내어 불서를 간행했다. 세종은 불교를 존숭하여 왕비 소헌왕후의 병이 중하자 중들을 불러 모아 정근재(精勤齋)를 베풀고 정성을 다했다.(세종 28년 10월 9일 계묘), 또 세자가 아프자 수양대군과 도승지 이사철에게 명하여 약사재(藥師齋)를 불당(佛堂)에서 행하게 하고, 안평대군에게 수륙재를 대자암(大慈菴)에서 행하게 했다.(세종 31년 11월 1일 정축)

특히 세조는 즉위 과정에서 계유정난과 사육신 사건 등을 통해 많은 사람들을 죽였기 때문에 자신의 죄업을 씻기 위해 더욱 더 불교에 의지했다. 이미 세종대에 불서인『석보상절』을 언문으로 번역하여 편찬한 바 있는 세조는 성리학자들의 비판에도 불구하고 승려 신미(信眉)와 김수온(金守溫) 등의 도움으로 다른 왕들에 비해 더욱 강력한 호불적인 모습을 보

26 인수대비의 여러 불교 옹호적 사업과 활동에 대해서는 김무봉, 2002,「조선시대 간경도감의 역경사업」,『電子佛典』제4집. 이경하, 2004,「소혜왕후의 불교옹호발언과 젠더권력관계」,『한국여성학』제20권 1호. 奇倫慧, 2011,「朝鮮前期 仁粹大妃 刊行 佛書의 분석」, 경북대학교 文獻情報學석사학위논문 참고.

였다. 세조는 3년(1457) 9월에 아들 의경세자가 병으로 죽자 그의 명복을 빌기 위해 친히 불경을 베껴 쓰기도 했다. 이때 인수대비도 부처에게 남편 의경세자의 명복을 빌었다.

또한 세조는 대장경을 비롯한 많은 불경을 경판에 찍었으며, 『법화경』 등 여러 종류의 불경을 활자로 인출했다. 세조 4년에는 신미, 수미, 학열 등을 시켜 해인사 대장경 50부를 인출하여 각도의 명산 사찰에 나누어 보관하도록 했다. 그 후 세조 7년(1461) 6월에는 간경도감을 설치하여 불서의 간행뿐만 아니라 각종 불사활동을 주관했다.

인수대비는 세자빈 시절부터 세조를 도와 불서간행에 참여했다. 세조는 『능엄경언해』를 두 달 만에 완성하여 활자본으로 찍었다. 이 때 너무 급히 간행하여 오류가 많았으므로 이를 다시 교정하여 목판본으로 재간행 했다. 이 경전의 권10 끝에는 세조가 직접 지은 발문과 역경사업에 참여한 사람들의 이름이 실려 있다. 그 가운데 언문으로 토를 달면 그 문장을 소리 내어 읽어서 교정을 담당한 자로 '정빈 한씨'가 있다. '정빈'은 인수대비의 세자빈 초기 칭호였다. 인수대비는 세조의 첫 역경사업에 직접 참여했다. 그만큼 인수대비는 총명하고 문자와 불경에 밝았다. 그 후의 역경사업에도 참여 했을 것으로 보이나 그 기록은 발견되지 않는다.

인수대비는 세자빈 시절뿐만 아니라 이후 성종조에도

많은 양의 불서를 간행했다. 그녀는 많은 재산을 가지고 있었다. 조선 초기에는 남녀 균분의 재산상속이 이루어졌기 때문에 아버지 한확으로부터도 많은 재산을 상속받았으며, 세자빈 시절에는 내명부의 품계에 따른 대우를 받았고, 남편 의경세자가 죽고 아이들 셋과 함께 사가로 나와 살 때에도 세자빈으로서 대우를 받았다. 거기에 세조로부터 집과 땅, 어장, 쌀과 여타의 곡식, 노비 등을 하사받았다. 대비가 된 뒤에는 더욱 많은 재산을 가지게 되었으며, 권력까지 가졌다. 자신이 하고 싶은 일은 사재를 들여서라도 할 수 있는 재력을 가지고 있었다. 그러한 권력과 재산으로 여러 불교 행사를 주관했다.

조선 초기에는 여성들이 불교에 관심을 가지고 신앙으로서 부처를 섬기는 일은 매우 자연스러운 일이었다. 인수대비는 의경세자가 죽은 뒤 그의 명복을 빌기 위해, 그리고 아들이 왕이 된 뒤에는 그의 건강과 국가의 안녕을 빌기 위해 더욱 더 불교에 의지했다. 오직 가족과 왕실을 위해 불교를 신봉했다. 인수대비는 당시 정희왕후를 비롯해 왕실 여성 대부분이 불교를 믿었듯이 매우 호불적인 성향을 보여주었다. 이러한 활동은 크게 불경을 베껴 쓰는 사경(寫經) 사업 지원, 사찰의 중수(重修), 불상의 조성, 불서(佛書)의 간행, 목활자(木活字)의 제작, 도첩제 폐지에 대한 반대 등으로 나타났다.

사경(寫經)과 불서(佛書) 간행 지원

오늘 인수왕대비가 나에게 이르시기를, '내가 들으니, 대간이 내가 봉선사에서 사경(寫經)하는 일로써 경연에서 극론(極論)한다 하니 그런 일이 있는가?' 하시므로, 내가 대답하기를, '있습니다.' 하니, …대비께서 말씀하시기를, '… 대저 옛부터 유학자가 부처를 배척함은 다른 뜻이 아니라, 오로지 인군이 지나치게 석씨를 숭상하게 되면 반드시 국정에 어둡게 되고서 절을 세움으로써 백성을 괴롭게 하고 중을 대접하느라 재물을 없애며, 소량(蕭梁: 중국 남조의 양나라) 때에는 면(麵)으로 희생(犧牲: 종묘 제사 때 제물로 바치는 산 짐승)을 대신 했는데, 나는 사재로 불경을 만들고 내 개인의 곡식으로 사람들을 먹여서 조금도 국가에 관계되지 않는데도 대간에서 논란하는 것이 이같이 심하니, 내가 할 수가 없다.(『성종실록』 권78, 8년 3월 7일 갑술)

성종 8년 3월, 인수대비는 자신이 사재를 들여 봉선사의 사경작업을 돕는 일에 대해 중단해야 한다고 주장하는 대간들에게 자신은 자신의 곡식으로 사람들을 먹여서 국가에 조금도 폐를 끼치지 않는다며 서운함을 토로했다. 글을 알고 학문적 소양을 갖춘 인수대비는 사경이나 불경간행 등 불가에서 행하는 일들을 적극적으로 지원했다. 그녀는 사재를 내어 사경과 불경간행을 도왔다.

이전에도 인수대비는 세조 7년(1461)에 설립된 간경도감을 적극 지원했고, 『금강경 金剛經』을 직접 필사했다. 성종 2년(1472)에는 전국에 흩어진 불경목판을 수집하여 총 29편 2,815권에 달하는 방대한 불경을 간행했다. 또 부모님의 내세 천도를 위해 『은중경 恩重經』 10부를 간행했다.

그리고 성종 8년 3월에는 봉선사에서 불경을 간행하자 사재를 들여 이를 도왔다. 봉선사는 세조의 명복을 빌기 위해 광릉의 옆에 세운 세조의 원찰이다. 그런데 인수대비가 봉선사에서 벌인 사경(寫經)사업 때문에 성종과 신료들 사이에 논쟁이 벌어졌다. 이조좌랑 이창신(李昌臣)은 상소를 올려 이를 중단시켜야 한다고 주장했고, 성종은 인수대비가 선왕을 위해 하는 일인 만큼 말릴 도리가 없다고 거절했다. 그러나 사헌부는 계속 물고 늘어졌다. 3월 7일에 성종은 사헌부의 주장을 설득하기 어려웠는지 어찰을 승정원에 내려 인수대비의 뜻을 전했다.(성종 8년 3월 7일 갑술) 이때 인수대비가 보여준 발언의 요지는 이러하다. 첫째, 불경을 베껴 쓰는 일이 모두 선왕의 명복을 빌고 성종을 위한 것이고, 옛날부터 있던 일이다. 둘째, 내 재산으로 하는 일이니 국가와 관계가 없다. 셋째, 불도가 허망하다고 하지만 그렇지 않다. 선왕과 선후를 위해 수륙재를 지내고 명산대천에 제사를 지내는 것과 같은 이치이다. 넷째, 이미 문종대 불경과 불상을 만들었어도 아무도 간쟁하지 않았다는 것이다. 인수대비가 성종에게 자신이 살아온 인생사를 말하면서 '내 나이 열일곱에 동궁을 모셨는데… 영원히 이별했다.'고 하며 옛 시절을 서럽게 하소연하자 성종은 차마 그 뜻을 거역하기 어려웠다. 인수대비는 성종이 자신의 뜻을 꺾지 못할 것이란 걸 이미 잘 알고 있었다. 그런 만큼 성종은 인수대비의 편을 들어 사헌부 관원들에게 강한 어조로 비판했다.

이에 대한 조정 신료들의 반응은 비교적 온건했다. 인수대비의 의지와 그녀를 비호하는 성종의 뜻에 결국 직제학 노공필(盧公弼)과 응교(應敎) 유순(柳洵)은 동의했다. 그들은 이미 이루어진 일이니 비록 청한다 하더라도 주상께서 받아들이지 않을 것이며, 더구나 대비가 선왕을 위해서 하는 일이기 때문에 막지 못할 것이며, 자식이 어버이를 위해 부처에게 재(齋)를 올리고 승려들에게 음식을 대접하는 것은 보통 하는 일이며, 국모가 선왕을 위해서 불경을 베끼는 일은 나라를 다스리는 도에 해롭지 않다고 했다. 그러나 예문관 부제학 손비장은 '큰 집에서 하는 것은 아래에 있는 백성들이 본받는 것이니 삼가 해야 한다.'며 왕과 신료들의 온건한 태도를 강하게 비판했다. 이 같은 대간들의 비판에도 불구하고 인수대비는 사경 사업을 돕고 그것을 칭송했다.

청상과부로서 3자식을 길러내야 했고, 부모와 남편 등 가까운 사람들을 먼저 떠나보내야 했던 인수대비의 불교에 대한 신봉은 매우 컸다. 자신이 틀렸다고 생각하지는 않지만 대간들이 억지로 간한다면 '내 어찌 억지로 하겠는가?'라며 한 발 물러서는 척했다. 그러나 결코 그녀의 숭불적인 입장은 바뀌지 않았다.

인수대비가 간여한 불경 간행 사업은 대단히 많았다. 그녀가 많은 불경을 간행한 목적은 왕실 가족 때문이었다. 남편과 부모, 시부모, 예종, 성종을 비롯한 자식 등 죽은 왕실 가족들의 명복과 살아남은 가족들의 건강과 장수를 빌기 위한 것이었다.

성종 3년(1472) 6월에 인수대비는 세조, 예종, 덕종 등의 초생정계(超生淨界)와 어린 나이에 죽은 예종의 아들 인성대군의 선지수생(善地受生), 그리고 정희왕후와 성종의 장수와 복을 빌기 위해 총 29종 2,805부라는 방대한 양의 불경을 인출하고, 발원문을 찍어 각 책마다 붙였다. 왕실 가족을 위해『묘법연화경 妙法蓮華經』60부를 비롯하여 총 28종 2,795부를 인출했다. 친정 부모님의 내세천도를 기원하고자 별도로『은중경 恩重經』10부를 인출했다. 또 같은 해 9월에는 덕종의 유모 봉보부인 박씨가 죽자 그의 명복을 빌기 위해『묘법연화경 妙法蓮華經』,『지장경 地藏經』,『육경합부 六經合部』,『자비참법 慈悲懺法』각 7부를 인출했다.

성종 5년(1474) 5월에는 정희왕후, 안순왕후, 그리고 성종과 함께 공혜왕후의 명복을 빌기 위해『지장보살본원경 地藏菩薩本願經』1책을 발원했다. 그리고 내수사의 재산을 내어 광평대군부인 신씨의 원당(願堂)인 견성사(見性寺)에서 공혜왕후의 천도일에 인쇄했다. 또 8월에는 정희왕후가 시부모인 세종과 소헌왕후 심씨, 남편 세조와 아들 의경세자 및 예종, 그리고 공혜왕후의 극락천도를 위해 성임(成任)으로 하여금 대자(大字) 해서(楷書)로『상교정본자비도량참법 詳校正本慈悲道場懺法』과『예념미타도량참법 禮念彌陀道場懺法』을 쓰게 한 후 김수온의 발문을 붙였다. 이때 시주질(施主秩: 시주한 사람들의 명단)을 보면 인수대비도 대군, 군, 공주, 귀인, 숙의, 상궁, 고관부인 및 신미(信眉), 학열(學悅), 학조(學祖) 등의 고승들과 함께 참여했다.

성종 13년(1482)에는 외동딸인 명숙공주의 극락천도를 위해『법화경 法華經』14부를 찍어내고, 그밖에도『대미타참 大彌陀懺』,『참경 懺經』,『지장경 地藏經』,『육경합부 六經合部』 14부씩을 인출했다.

그리고 성종 16년(1485) 2월에는 성종의 장수를 빌고 악귀를 쫓아내기 위해『불정심다라니경 佛頂心陀羅尼經』을 간행했고, 여름에는 백성들이 불서를 암송하고 익히는데 편리하도록『오대진언 五大眞言』을 나무판에 새겼다.

이 외에도 인수대비는 성종이 죽자 명복을 빌기 위하

여 연산군 1년(1495)에 공장(工匠)들을 사방으로 모집해서 원각
사(圓覺寺)에서 불경(佛經)을 대대적으로 인출했다.(연산군 1년 6월
26일 정축) 이때 목활자를 이용하여 찍어냈는데 이 목활자가 바
로 '인경목활자'이다. 이때 찍어낸 불서 중 현재까지 전해지는
『선종영가집 禪宗永嘉集』의 발원문에 따르면 인수대비가 성
종의 죽음을 매우 슬퍼하며『묘법연화경 妙法蓮華經(언해)』50
부,『대불수능엄경 大佛首楞嚴經(언해)』50부,『금강반야바라밀
경육조해 金剛般若波羅密經六祖解(언해)』60부,『반야바라밀다
경 般若波羅密多經(언해)』60부,『선종영가집 禪宗永嘉集(언해)』
60부,『석보상절 釋譜詳節』20부를 간행하고, 한역으로『금강
반야바라밀경오가해 金剛般若波羅密經五家解』50부,『육경합
부 六經合部』300부 등 불서 8종 650부를 간행했다.[27]

연산군 2년(1496) 3월에도 죽은 성종을 위해『천지명
양수륙잡문 天地冥陽水陸雜文』을 찍어냈다. 5월에는 국역본
『육조대사법보단경 六祖大師法寶壇經』300부, 한역본『진언
권공 眞言勸供』400부를 인출했다.『천지명양수륙잡문 天地
冥陽水陸雜文』에 의하면 당시 인수대비는 자신의 사재를 내
어서 목활자를 제작토록 했다. 이렇게 불서를 본격으로 목활
자본으로 인출한 것은 죽은 성종의 천도를 위한 수륙재에 쓰

---

27 정해은, 2011,「내훈에 담긴 야망, 소혜왕후」,『조선의 여성 역사가 다시 말하다』
  너머북스, 149쪽.

기 위해서였다.

인수대비가 불서를 발원하는 목적은 발원문에 상세히 수록되어 있다. 그 목적은 크게 가족을 비롯하여 유모, 백성들을 위한 것이었다. 인수대비는 총 9회에 걸쳐 발원을 했는데 대부분 망자의 천도를 위한 것이었다. 그 중 가족을 위한 발원이 6회, 덕종의 유모를 위한 발원이 1회, 백성들을 위한 발원이 2회 실시되었다.

인수대비가 발원하여 2회 이상 간행된 불서를 보면 『묘법연화경 妙法蓮華經』이 4회, 『육경합부 六經合部』가 4회, 『지장보살본원경 地藏菩薩本願經』이 4회, 『상교정본자비도량참법 詳校正本慈悲道場懺法』이 3회, 『능엄경 楞嚴經』이 2회, 『선종영가집 禪宗永嘉集』이 2회 인출되었다. 또한 다시 인수대비가 발원하거나 정희왕후나 안순왕후가 간행하는데 참여한 불서를 나누어 보면 크게 대승경전류(大乘經典類)는 10종, 다라니(陀羅尼)·진언집류(眞言集類)는 3종, 의식집류(儀式集類)는 9종, 장소류(章疏類)는 4종, 선서류(禪書類)는 고승의 일대기류, 사전류, 언행류 등 12종으로, 총38종이 간행되었다. 조선 초 왕실에서는 망자의 천도를 위한 수륙재가 성행하여 이와 관련된 의식집류가 많이 인출되었는데 인수대비도 이러한 의식에 사용하기 위해 관련 불서를 많이 간행했다.

사찰의 중수 · 중창 지원과 불상 조성

대저 백성을 지치게 하는 것으로는 토목(土木)의 역사(役事)보다 심한 것이 없어서, 이것이 원망과 한탄이 일어나는 까닭이 됩니다. … 사찰의 역사(役事)가 없는 해가 없어, 올해에는 봉선사(奉先寺)를 짓고 이듬해에는 정인사(正因寺)를 지으며, 신륵사(神勒寺)의 수리가 겨우 끝나자마자 회암사(檜巖寺)의 역사가 이어서 시작되니, 그 낭비가 자칫하면 만금(萬金)을 헤아리고 운반하는 수레가 길에 잇달아 있게 됩니다.(『성종실록』, 권55, 6년 5월 10일 무오)

위의 말은 성종 6년 5월 사간원 대사간 정괄(鄭佸) 등이 올린 상소 가운데 일부이다. 당시 성리학의 발전에도 불구하고 다수의 사찰이 중수되고 있었다. 인수대비는 사찰의 중수에도 매우 적극적이었다.

성종 2년(1471)에 인수대비는 급하게 지어진 정인사의 이음새가 정밀하지 못하고 또한 후대까지 계속 전해지게 하기 위해 판내시부사(判內侍府事) 이효지(李孝智)에게 명하여 사찰의 중수를 감독토록 했다. 이를 위해 궁중 물품 중 절약된 것은 쌀과 베로 계산하여 그 중의 일부를 내수사에 주었다. 정희왕후도 이것을 도와 내수사에서 돈과 곡식을 더 내도록 하여 부족한 것에 적극적으로 쓸 수 있두록 신경을 썼다. 긴수온은 인수대비에 의해 중수된 정인사를 위한 중수기(重修記)를 썼다.

또 인수대비는 성종 15년에 안암사 중창을 허락했다. 이때 중창문제를 두고 대간들이 반대하고 나섰지만 결코 물러서지 않았다. 안암사 중창에 관한 시비는 성종 15년 2월 24일에 홍문관 부제학 이명숭(李命崇)이 덕종의 후궁인 귀인 권씨가 안암사 중창을 청하자 성종이 이를 허락하고 민전(民田)을 안암사에 헤아려 지급하도록 한 것은 잘못이라고 지적한 데에서 시작되었다. 귀인 권씨는 수의교위(修義校尉)를 지낸 권치명(權致命)의 딸로 세조 2년(1456)에 의경세자의 소실인 소훈으로 간택되어 입궁했다. 그러나 입궁한 이듬해에 의경세자가 20세로 요절하는 바람에 소생을 얻지 못하고 평생 청상과부로 살았다. 이후 의경세자가 덕종으로 추존되자 권씨는 종2품 숙의에 진봉되었고, 성종 14년(1483)에 세조와 덕종, 예종의 여러 후궁들과 함께 종1품 귀인에 진봉되었다.(성종 14년 6월 15일 병자) 성종은 아버지 덕종의 후궁인 귀인 권씨의 청을 들어준 것이다.

이에 이명숭이 반대하는 상소를 올린 이후 성종 15년 2월 25일부터 3월 15일까지 대간들은 잇달아 안암사 중창의 부당함을 아뢰었다. 그리고 이명숭이 다시 장문의 반대상소를 올렸다. 성종은 내관에게 명하여 신료들의 상소를 가지고 가서 인수대비와 안순왕후 양전에게 아뢰게 했다. 이에 양전이 언문을 내려 답했는데, 양전이라고 하지만 인수대비의 뜻이 강했다.

그 내지(內旨)에 이르기를, "안암사의 옛 터는 법으로 중창을 허락함이 마땅하며, 이 절은 다른 옛 터에 비할 것이 아니다. 탑과 집도 아직 그대로 있고 승인(僧人)도 더러는 거주하는데, 부근의 인민이 침입하여 빼앗아 경작한 까닭으로 귀인(貴人)이 주상을 위하여 중창하고자 한 것이다. 또 경성(京城) 안에는 비구니의 거주를 허락하지 않는 까닭으로 여기에서 거처하게 하고자 했으며, 정희왕후께서 수강궁에서 철거한 재목을 내려 주시었다. 『대전 大典』에 이미 중창을 허락했는데, 어떤 것이 할 만하며 어떤 것이 금할 만하겠느냐? 저 양종(兩宗: 교종과 선종)에 알리고 해당 관아에 보고하여 아뢰라고 이른 것은 하지 못하게 하려는 것이 아니고, 차례로 상소함이 예사인데, 이제 말한 바는 법에 혹 다름이 있는 듯하다. 불법은 한나라·당나라 이후로부터 대대로 금할 수 없었던 까닭으로 중에게 도첩을 주고 절을 창건하는 법을 세웠는데, 이제 이 절만을 허락하지 않으면 이는 선왕의 만세의 법을 하루아침에 버리는 것이다.

또 불경을 베끼는 일은 사람의 자식이 되어 애척(哀戚:사람의 죽음을 슬퍼함)의 정이 무궁한 까닭으로 뜻에는 하지 않는 것이 없도록 하려고 했으나, 법이 두려워서 우리 두 사람이 스스로 마련하여 이룬 것이다. ··· 이와 같이 추천하는 일도 할 수 없다면 우리들의 마음이 더욱 아프고 상한다."고 했다. 임금이 이명숭 등에게 내보이며 이르기를, "내가 그대들의 상소문을 가지고 양전께 나아가 아뢰고 중창하지 말라고 청했더니, 양전께서 이와 같으시니, 그대들은 이를 알라."고 했다.

(『성종실록』 권164, 15년 3월 1일 무자)

　　인수대비는 『경국대전』에 이미 사찰의 중창을 허락했는데, 무슨 문제가 되느냐며 강한 의지를 표명했다. 그리고 다음날 다시 성종이 전한 인수대비의 하교는 안암사를 중창하는 것은 승도들을 거처하게 하려고 함이 아니고, 비구니를 거주하도록 함이라는 항변이었다. 성종은 인수대비의 뜻을 받아들여 민전을 빼앗아 비구니 방을 짓는 것도 괜찮은데, 옛터에 중수하는 것은 전혀 문제가 될 수 없다는 뜻을 홍문관과 대간에 알리라고 했다.(성종 15년 3월 2일 기축)

　　안암사 중창 문제에 있어서 인수대비의 불교옹호 입장은 이전보다 훨씬 확고하고 강했다. 정희왕후가 세상을 뜨고 인수대비는 명실상부하게 왕실의 가장 큰 어른이 되었다. 성종의 배후에서 가장 큰 목소리를 낼 수 있는 존재가 되었다. 성종에게 인수대비의 입김이 세게 작용하면 할수록 그에 비례하여 대비와 성종을 비판하는 신료들의 목소리도 강도를 더해 갔다.

　　성종이 양전의 뜻에 따르는 전교를 내리자 이를 반대하는 상소가 계속되었다. 사헌부 지평 양순경(梁舜卿)이 다시 안암사 중창이 불가하다고 했다. 성종은 내관에게 명하여 양순경의 말을 양전에게 가서 아뢰게 했다. 이에 대한 인수대비의 주장은 확고하고 강했다.

　　안암사를 중창하는 일은 우리들이 한 바가 아닌데, 우리들로 하여금 중지시키려고 하는 것은 무엇이냐? 안암사의 옛 터에 탑이 있고 남은 구역이 있으되, 양인이 입안도 없이 경작했다면 양인이 몰래 경작한 것인가, 중들이 몰래 거처한 것인가? 전자에 성 안의 비구니 집을 철거할 때에 성 밖의 민전은 담당 관청으로 하여금 나누어 주게 했는데, 그 때에는 말하지 않고 권씨의 일에 이르러 그것을 말하는 것은 어째서인가? 권씨의 일을 금하는 것이 무엇이 어렵겠느냐마는, 법이란 것이 만세토록 통행하여 상하에 사이가 없는 것인데 어찌 유독 권씨에게만 금하겠느냐? 마땅히 법에 의하여 하게 하라.

　　　　　　　　　　　　　　(『성종실록』, 권164, 15년 3월 2일 기축)

　　인수대비는 '법에 의하여 하게 하라.'며 강하게 거부했다. 성종은 홍문관과 대간이 모두 잘못했다고 비판했다. 그러자 제일 처음 안암사 중창의 부당함을 아뢰었던 이명숭은 다시 상소를 올려 인수대비의 주장이 잘못되었다고 지적했다. 즉 인수대비가 '불법(佛法)은 한(漢)나라 · 당(唐)나라 이후로 없을 수가 없던 것'이라고 한 것, '옛 터에 중창함이 법인데, 안암사는 아직도 허물어진 집 수 칸이 있고, 또 탑이 있는 까닭으로 중창하도록 허락한 것으로, 만약 허락하지 않으면 이것은 선왕의 만세(萬世)의 법을 버리는 것'이라고 한 것, '승니(僧尼)는 도성 안에 거처하기를 허락하지 않는 까닭으로 귀인 권씨가 이 절을 중창하여 비구니가 거처하는 곳으로 삼은 것'이라한 것, '추천(追薦: 죽은 사람을 위하여 공덕을 베풀고 그 명복을 빎)하는일도 우리들 마음으로 할 수 없으니 더욱 마음이 상한다.'라고한 것, '인군이 불교를 좋아하면 백성이 수고롭고 재물을 손상하니 진실로 불가하나, 우리들이 비록 숭상하고 믿더라도 무엇이 해롭겠느냐?'고 한 것 등에 대해 조목조목 비판했다.

　　성종은 내시에게 명하여 이를 인수대비와 안순왕후에게 가서 아뢰게 했다. 이에 대해 양전은 언문으로 대답했다.(성종 15년 3월 13일 경자) 그러나 그 내용은 기록되어 있지 않아 잘알 수는 없다. 아마도 이명숭의 비판을 다시 비판하는 내용이었을 것으로 짐작된다.

　　이후 다음날인 3월 14일에도 대사간 성숙(成俶) 등이 다시 안암사의 중창은 불가하다고 논했다. 그러나 성종은 들어주지 않았고, 3월 15일(임인)에도 대간을 불러 양전의 언문을 보게 했다. 여전히 대간들이 다시 반대했지만 들어주지 않았다. 결국 인수대비의 지원에 의해 안암사는 중창되었다.

또한 인수대비는 성종 19년(1488)에 안순왕후와 함께 승려 학조에게 명하여 해인사를 중수하게 했다. 이러한 상황은 성종 21년(1490)에 봉인된 비로자나불의 복장유물을 통해서 확인된다. 학조의 법보전(法寶殿) 및 대적광전(大寂光殿) 청초홍서중수발원문(清綃紅書重修發願文)은 해인사 중수사업과 불상을 수리한 내용을 담고 있다.[28]

…정희왕후가 이것을 안타까워하여 옛 주지인 학조에게 중수토록 명했으나 가뭄이 심하여 이로 인해 일이 제대로 이루어지지 못한 채 세상을 떠났다. 인수대비와 인혜대비께서 정희왕후의 뜻을 받들고자 했으나 이루어지지 않고 몇 년이 지났다… 기유년(1489) 봄, 쌀 1,000여석과 면포 70여동, 역승 200여명이 동원되어 승당이 중창되었으니 이를 탐진당(探眞堂)이라 불렀으며 선당을 궁현당(窮玄堂), 상실을 감물당(鑑物堂)이라 부르고 삼보위(三寶位)를 보수했다. 강당을 무설당(無說堂)이라 이름 짓고 또한

---

28 기윤혜, 앞의 논문 참고.

비로자나유리전(毘盧蔗那琉璃殿), 약사여래진상전(藥師如來眞常殿), 비로자나보안당(毘盧蔗那普眼堂), 비로자나 및 문수보살 등의 불상을 수리했다…

정희왕후가 허물어진 장경의 판당을 보고 학조에게 사찰을 중수하도록 명했으나 흉년이 들고 일이 많아 미처 행하지 못한 채 죽었다. 이에 인수대비가 안순왕후와 함께 그의 뜻을 이어 해인사를 중수하게 하여 성종 21년(1490)에 완공했다.

또한 인수대비는 성종 20년 무렵에는 불상을 만들어 정업원에 보냈다. 그런데 유생 이벽(李鼊) 등이 그 불상을 가져다 불에 태워 버렸다. 이것은 인수대비에 대한 엄청난 불충(不忠)이었다. 사성(司成) 이문흥이 그 유생들을 벌하려 하자, 사성 김율(金硉)이 유생으로서 불교를 배격한 것은 옳다며 두둔하고 나섰다.

인수대비는 이 소식을 듣고 이벽 등을 국문하기 위하여 성종에게 이 사실을 아뢰게 했다. 그러나 성종은 '이 사건은 밖에서 들은 소문이라고 해도 유생을 추국하면 대간이 반드시 말할 것인데, 하물며 대비전에서 듣고 유생을 추국하도록 명한다면 임금으로서 할 정사가 아니다.' 라며 인수대비의 요청을 거절했다. 이벽은 유생으로서 해야 할 일을 했다는 뜻이다. 그러자 인수대비는 서운했지만 유생을 추국하라고 더

이상 강요할 수가 없었다.(성종 20년 5월 11일 무진)

그런데 마침 이벽을 비롯해 유생 홍덕창·유중익·윤양보·양희수·박안영 등이 흥덕사(興德寺)에 가서 논 일이 발생했다. 인수대비는 이를 듣고 기회를 놓치지 않았다. 내관을 보내어 가서 살펴보게 하고 참석한 사람들의 이름을 갖추어 성종에게 아뢰게 했다. 이에 성종은 유생이 절에 올라갈 수 없다는 것은 법령에 있는데, 유생들이 이 법령을 어기고 떼 지어 절에 올라갔으니 그들을 해당 관청에 내려 국문하고, 이후부터는 절에 올라가는 일이 없도록 엄금하라고 했다. 결국 인수대비는 자신이 정업원에 만들어 보낸 불상을 태워버렸던 이벽 등 유생들을 죄주도록 했다.

도칩제 폐지 반대

근자에 원각사 부처가 돌아선 것으로 인하여 의논하는 자가 여러 말을 하여서 조정이 소요스럽다. 이 절은 세조께서 이루기를 원하신 곳인데, 그 때에는 소화(素花)·감로(甘露)의 경사롭고 길한 징조가 있었고 지금 또 부처가 돌아서는 이상함이 있으므로, 내가 월산대군 이정(李婷)으로 하여금 가보게 한 것이다. 그런데 지금 대간이 월산대군을 추문하도록 청하니, 대군이 남의 자식이 되어서 어미가 가라고 명하면 가지 않겠는가? 이것은 나의 죄이다. 예전부터 유교와 불교는 서로 용납하지 못하지만, 그러나 부처를 다 없애지는 못할 것이다. 대저 신하가 임금이 부처 좋아하는 것을 간하는 것은 비록 양나라 무제(武帝)와 같이 될까 두려워함이다. 그렇지만 나와 같다면 비록 좋아하더라도 무엇이 해로운가? (『성종실록』 권117, 11년 5월 30일 기유)

성종 11년 5월에 도성에는 '원각사의 목불(木佛)이 돌아섰다'는 말이 떠돌았다. 인수대비가 이 말을 얼마나 믿었는지는 알 수 없지만 월산대군을 원각사에 보내어 살펴보게 했다. 아마도 이 믿기 어려운 신령스러운 이야기에 관심이 많았던 모양이다.

그런데 이 유언비어로 인해 성종 11년(1480) 5월 말에서 6월 중순까지 조정에서 논란이 시끄럽게 일어나자 인수대비는 이를 비호하며 나섰다. 인수대비는 원각사가 세조 때부터 소화(素花)·감로(甘露)의 상서로운 기운이 있던 절이었고, 월산대군이 원각사에 간 것은 어미인 자신이 시켜서 한 일이라며 잘못을 자신에게로 돌렸다. 그러면서도 자기가 불교를 좋아해서 크게 해가 될 것은 없지 않느냐며 항변했다.

이 논쟁은 성종 11년 5월 25일에 경연을 마치자 장령(掌令) 이인석(李仁錫)이 '도성의 남녀들이 원각사의 목불(木佛)이 돌아섰다는 말을 듣고 다투어 서로 시납하고, 월산대군도 가보았으니 허탄한 말을 만들어 인심을 현혹하는 자를 국문하여 사람들의 의혹을 풀라'고 문제를 제기하면서 시작되었다. 윤석보도 사람들이 하루 동안에 요망한 말을 모두 믿고 혹하여 일을 하지 않고 양식을 싸가지고 와서 돌아선 목불을 보고 복과 이익을 구하니 국문하라고 했다. 이들은 유언비어로 민심을 현혹시킨 중들을 국문할 것을 청했다. 그러나 성종은 더운 날씨를 핑계로 들어주지 않았다.

이에 사흘이 지난 5월 28일에는 성균관 생원 김경충(金敬忠)을 비롯한 무려 4백 6인이 불교를 금하도록 상소했다. 성종은 노하여 오히려 김경충을 국문하게 했다. 그러자 홍문관 부제학 최숙정(崔淑精) 등이 중을 국문하고 유생을 용서해줄 것을 청했으나 역시 들어주지 않았다.(성종 11년 5월 28일 정미), 다음날 원각사의 중 지일(智一)이 불상이 돌아섰다는 말을

먼저 발설한 자로 지목되어 추국 당했다.(성종 11년 5월 29일 무신)
유언비어를 만들어 퍼트린 중의 처벌 문제를 놓고 성종과 대
간·유생들은 한바탕 신경전을 벌였다.

그러자 인수대비는 5월 30일(기유)에 직접 언서를 내려
불사를 좋아하는 자신 때문에 온 나라가 시끄러우니 참으로
마음이 아프다는 뜻을 전했다. 그리고는 불교를 신봉하는 자
신의 입장을 표명했다.

또 조정의 신하들이 부처는 배척하면서도 오히려 수륙재를
폐지하지 않는 것은, 선왕을 위하여 명복을 비는 것이다. 내게
있어서는 선왕을 위하여 비록 날마다 불사를 하더라도 마음에
만족하지 않다. 자고로 왕후가 부처를 좋아하지 않은 자가 몇이
나 있었는가? 나의 연고로 하여 온 나라가 소동하니, 참으로 마
음이 아프다.(『성종실록』 권117, 11년 5월 30일 기유)

인수대비는 선왕의 명복을 비는 마음에서 불사를 행
하는 것은 매일 해도 부족한 심정인데 자신 때문에 온 나라가
소동하니 마음이 아프다고 하소연했다. 자신이 행하는 불사
에 간섭하지 말라는 강한 불만을 표출했다.

인수대비가 언서를 내리자 성종은 원각사 중이 목불
이 돌아앉았다고 거짓말을 한 것과 성균관과 사학(四學)의 유

생들이 흥덕사를 가리켜 함부로 궁궐을 모방했다고 상소한 것은 모두 사실이 아니므로 양측 모두 죄로 다스리고자 했다. 그러나 인수대비가 이를 반대하여 모두 석방했다.(성종 11년 5월 30일 기유) 성종이 양비론을 내세워 중과 유생들을 모두 석방하면서 원각사 유언비어 사건은 마무리 되는 듯 했다. 그러나 유언비어를 퍼뜨린 원각사 중을 처벌해야 한다는 대간들의 상소는 6월 1일부터 16일까지 계속 이어졌다. 그럼에도 불구하고 성종은 이 사건을 더 이상 문제 삼지 않았다. 성종은 불교를 옹호하는 인수대비의 입장을 외면할 수 없었다.

이때까지만 해도 인수대비는 자신의 의견을 표함에 있어 조심스러운 태도를 견지했다. 그 어조는 대체로 온건했다. 아직 시어머니 정희왕후가 대왕대비로서 웃전에 생존해 있었기 때문이었다.

그러나 정희왕후가 죽은 뒤 일어난 도첩제 폐지 문제에 대해서는 매우 강경한 입장을 보였다. 이 일로 인수대비와 대간들은 매우 심각하게 논쟁했다. 도첩이란 국가가 승인하는 승려의 신분증에 해당한다. 도첩제는 억불책의 하나로 자유로이 승려가 되는 것을 제한하고 성리학적 국가체제 속에 불교를 예속시키기 위해서 시행되었다.

도첩제는 태조 때부터 강화되어, 승려가 되기를 원할 경우 양반의 자제는 포(布) 100필, 서인은 150필, 천인은 200필을 각각 바치도록 했다. 그러나 제대로 시행되지 못하다가 세조 때 이 제도를 새롭게 조정하여 승려가 되려는 사람은 교종이나 선종의 본산에서 실시하는 과거인 승과(僧科)에 합격한 뒤 포 30필을 바치도록 규정했다. 세조 때 개정된 도첩제의 내용은 『경국대전』에 수록되어 있지만, 이 또한 엄격하게 시행되지는 못했다. 따라서 도첩이 없는 승려의 증가 때문에 군액이 줄어 군역 부담자의 부담이 늘어나는 문제가 계속해서 제기되었다. 그러자 성종 8년(1477)에는 이들을 색출하는 책임을 지방 관찰사에게 맡겼다.

나아가 성종 23년(1492)에 도첩제를 폐지하여 아예 승려가 되는 것을 막았다. 합법적으로는 승려가 될 수 없게 한 강력한 억불정책이었다. 성종 23년 1월 14일(을유)에 정언(正言) 이계맹(李繼孟)이 '도승(度僧)의 법을 없앤다면, 중의 무리가 없어질 것'이라고 건의하자 성종은 좌우에 물었다. 이에 지사(知事) 이극증(李克增)은 도승이 비록 『대전』에 있는 법이지만, 요즈음 도첩을 받은 자가 매우 많으니 그 액수를 정한다면 승려들이 약간은 줄어들 것이라고 찬성했다. 그러나 성종은 도승법이 이미 『대전』에 실려 있고, 도첩이 없는 중은 소재지의 감사와 수령도 색출해낼 수 있으니 『대전』의 법을 경솔히 고칠 수는 없다며 반대했다.

그러나 시독관 강겸(姜謙) 등은 도승법(度僧法)을 혁파

해야 한다고 주장했다. 그는 선승(選僧)과 재상들이 모두 도승법을 선왕의 법이라 고칠 수 없다고 하지만 폐단이 있으면 마땅히 고쳐야 한다고 주장했다. 영사 윤호도 중은 몹시 많고 군액은 몹시 적으니, 도첩이 없는 자는 철저하게 수색하여 군역을 정해야 한다고 주장했다.(성종 23년 1월 29일 경자)

도승법을 혁파해야 한다고 주장하는 이유는 크게 두 가지 때문이었다. 하나는 이념적인 문제로 성리학을 기본 통치이념으로 지향하는 조선에서 불교를 숭상하는 것은 이단이 된다. 따라서 공자를 숭배하는 유학자가 되지 않고 석가를 숭배하는 승려가 되는 것은 용납되기 어려운 일이었다. 둘째는 군역을 져야할 군정의 감소 때문이었다. 양반 사회의 심화와 지주전호제의 발달로 양반들이 군역을 지지 않게 되자 양인들의 군역 부담이 날로 더 늘어나게 되었다. 이에 군역을 피해 승려가 되는 양인들이 더 늘어나자 국역을 담당할 인력이 부족해졌다. 지평 유경(劉璟)이 '지금 중이 되는 자는 화복설(禍福 說: 인간의 화와 복에 대한 불교교리)에 현혹되어 그 도를 닦으려는 자가 아니고 모두 군역을 피하려는 자들'(성종 23년 1월 29일 경자)이라고 지적한 바와 같이 군역을 피해 땡중이 되는 자들이 늘어났다.

따라서 성종 23년 1월에서 2월 사이에 도승법을 개정하기 위한 논의가 활발했다. 대간들의 끈질긴 요구에 성종은

23년 말에 승려가 되는 것을 금지하기 위한 금승법(禁僧法)을 시행하려고 했다. 그러자 인수대비는 매우 강하게 반대하고 나섰다. 인수대비는 11월 21일, 11월 25일, 12월 2일 등 3차례에 걸쳐 도첩제 폐지를 비판·반대하는 언서를 내렸다. 11월 21일(무자)에 양대비전에서 내린 언문을 보면 인수대비는 "우리들은 부귀를 편히 누리면서 국가의 공사에 참여하지 못하나, 다만 (백성이) 중이 되는 것을 금하는 법이 크게 엄중하여, 중이 모두 도망해 흩어지고 조종(祖宗)의 원당(願堂)을 수호할 수 없어 도적이 두렵기 때문에 말하지 않을 수 없다."며 적극 반대했다. 인수대비는 자신이 비록 여성이라 국가의 일에 참여할 수는 없지만, 대비로서 조종의 원당을 수호하기 위해 중들이 필요하다는 것을 피력했다. 그러나 이것은 불교 탄압에 대한 인수대비의 항변이었다.

인수대비가 내세운 도첩제 폐지 반대론의 요지는 이러했다. 첫째, 도승법은 선왕의 유제로 『대전』에 실려 있고, 둘째, 역대 왕들이 불교를 완전히 근절시키지 않은 것은 인심의 동요를 막고 편히 살도록 하기 위함이며, 셋째 야인이 만약 우리나라에 군정이 부족하여 중이 되는 것을 금한다는 말을 들으면 저들에게 약함을 보이는 것이 되고, 넷째, 중국은 불교 숭상이 우리보다 더한데도 오랑캐를 잘 막고 있으며, 다섯째, 승려가 탄압을 받아 굶어 죽게 된다면 이는 화기(和氣)를 손상시키는 것이고, 여섯째, 승려가 산중에 살기 때문에 도적을 예방하는 효과가 있고, 일곱째, 절을 수호하여 선왕·선후의 수륙재 시식 때에 정결한 음식을 공급케 하면 다행이라는 것 등이었다.(성종 23년 11월 21일 무자) 이같이 인수대비는 불교를 옹호하는 여러 가지 이유를 적극적으로 개진했다.

그러자 윤필상·이극배·노사신·윤호·정문형 등 대신들은 인수대비의 뜻을 힘써 받드는 것이 좋겠다며 찬성했다. 심회·유지 등도 대비의 말이 매우 절실하고, 단지 법이 가혹하고 각박하여 민간이 시끄러울 것을 두려워한 것이니 각도 관찰사로 하여금 검거하여 죄를 주게 하자고 했다. 그러나 안호·안침·유호인·권오복 등 사림들은 강하게 반대했다. 그들은 만약 지금 단서를 열어 금하지 않으면 백성들이 장차 중이 되어 군액이 날마다 부족할 것이라며 대비전의 말을 따르는 것은 옳지 않을 뿐만 아니라, 대비가 조정의 정사를 저지하는 것은 옳지 않다고 강하게 비판했다. 그리고 또 승도들의 어렵고 힘든 상황은 조정에서도 듣지 못했는데, 궁중의 깊숙한 대비전에 먼저 전달되었으니 잘못이라며 인수대비가 정치에 간섭하는 것에 대해 크게 불만을 표했다.

이에 성종은 일찍이 두 대비가 금승법에 대해 묻기에 자신이 모두 자세히 알려주었을 뿐이라고 해명했다. 그러나 '법을 고치는 것은 가벼운 일이고 대비의 뜻을 거스르는 것은 중한 것'이기 때문에 금승법을 고치려고 한다며 다시 의논하여 아뢰게 했다.

이와 같이 대신들과 대간들의 의견이 서로 상반된 가운데 심회 · 유지는 모후의 전교를 따르지 않을 수 없는 것이지만 몇 달이 되지 않아 법을 고치는 것은 옳지 않다고 반대했다. 이세좌 · 안호 · 신경 · 민수복 등은 '어버이의 명령에만 따르는 것이 효라고 할 수는 없다.'며 조정의 큰 법을 가볍게 변경해서는 안된다고 반대했다. 안침 등도 '금승법은 국가의 큰 계책인데 대비의 뜻을 거스르는 것을 구실로 대신이 받들어 순종하니, 실망스럽다.'며 비판했다.(성종 23년 11월 21일 무자)

그러나 다음날 성종은 대비의 뜻에 따르겠다며 승정원에 전교했다. 성종은 승도가 번성하는 것을 자신도 몹시 싫어하여 법을 세워 금했지만 대비께서 유시(諭示: 백성에게 타일러 가르침, 또는 그 문서)를 내림이 간절하고 지극하며 대신도 대비의 뜻을 힘써 따르라고 했고, 또 이 일은 국가의 대계에 관계되지 않으니 대비의 뜻을 거스를 수 없다고 했다.(성종 23년 11월 22일 기축) 대간들의 적극적인 반대에도 불구하고 성종은 인수대비의 뜻을 따랐다.

그러자 다음날 23일(경인)에 도승지 정경조(鄭敬祖) 등은 대비의 전교 때문에 이미 결정한 명령을 도로 거두는 것은 잘못이니 대비의 청을 돌이키게 했다. 그러나 성종은 이단의 그릇됨을 알지만 어머니의 뜻을 차마 거스를 수 없다며 반대했다. 또 사헌부 장령 신경(申經)도 대비의 전교 때문에 하루아침에 법을 고치는 것은 부당하다고 반대했다. 그러나 성종의 뜻은 단호했다.(성종 23년 11월 23일 경인) 결국 금승법을 철회해야 한다는 인수대비의 뜻이 관철되었다.

이와 같은 인수대비의 강력한 저항으로 도첩제 폐지는 일시 저지되었다. 그러나 사림들과 유생들은 물러서지 않았다. 그들의 끊임없는 상소와 저항에 밀려 결국 성종은 23년 12월 5일에 금승법 문제 때문에 조정이 안정되지 않는다며 다시 그 법령을 세우고자 했다. 영돈녕(領敦寧) 이상과 의정부로 하여금 절목(節目)을 상의하여 아뢰게 했다.(성종 23년 12월 5일 신축) 결국 인수대비는 성종과 정국의 안정을 위하여 일단 자신의 소신을 굽히지 않을 수 없었다. 그리고 도첩제는 성종 23년 말에 폐지되었다.

성종 집권 말년에 중부 지방 민가에서 세발 달린 암탉이 나왔다. 이를 두고 홍문관 부제학 성세명(成世明) 등은 동진의 효무제 때에 팽성의 민가에 세 발 달린 닭이 있었고, 당나라 중종 때에 광성의 민가에 세 발 달린 닭이 있었으며, 송나라 고종 때에 송양의 민가에 세 발 달린 것이 있었는데, 그 점괘에 모두 이르기를, '임금이 부인의 말을 쓰면 닭이 요물을 낳는다.'고 했다며 비꼬았다.(성종 25년 10월 9일 갑자) 이것은 성종이 인수대비의 말을 들어주고, 인수대비가 정치에 개입하기 때문에 이런 요사스러운 변괴가 나타났다고 비판한 말이다. 이처럼 당시의 사람들은 인수대비의 정치 개입을 좋지 않은 징후에 빗대어 비판했다.

그러나 지적활동이 활발했던 인수대비는 신앙으로서 불교에 의지했지만, 시대적 당면과제인 유교적 이념을 추구한 여성이었다. 그녀가 이 같이 양면성을 보이는 것은 자연스러운 일이었다. 사적이지만 지극히 공적인 존재인 대비라는 위치에서 인수대비는 개인적 신앙으로서의 불교숭배와 통치이념으로서의 유교사상 중 그 어느 하나도 결코 소홀히 하지 않았다. 인수대비는 유교적 통치이념의 실천을 통해 성종이 성군이 되고 왕권을 강화시키기를 희망했지만, 한편으로는 자신에게 닥쳤던 여러 가지 시련과 미래에 대한 불안감을 극복하고 죽은 이에 대한 명복과 성종의 수복과 태평성대를 기원하기 위해 불교신앙에 의지했다. 그녀는 불교를 적극 옹호했고, 그것은 결과적으로 조선 왕실의 불교발전과 불교문화 유산의 보존에 크게 기여한 바가 되었다.

9

무너지는 태평성대의 꿈,
쓸쓸한 죽음을 맞다

손자 연산군의 패행을 막으려 했지만…

이때 왕이 친근한 사람들을 사랑하여 물품을 내려줌이 너무 지나치고 잔치 놀이를 법도 없이 하므로, 인수왕비가 바로잡지 못할 것을 알고, 비밀히 한 치형에게 유지(諭旨)를 내리기를, "왕의 하는 짓이 이러면서도 고치지 않는데, 경(卿)이 사직의 중신으로서 죽을힘을 다해 바로잡지 못한다면 무슨 낯으로 지하에서 조종(祖宗)의 혼령을 뵙겠는가?" 하니, 이로부터 한치형이 성준·이극균과 더불어 왕의 하는 일을 바로잡고 깨우침이 많았다.(「연산군일기」권44, 8년 6월 28일 무진)

연산군 즉위 후 인수대비의 말년은 불행했다. 폐모비사에 대해 알게 된 이후 연산군은 부왕 성종이 이룬 치적들을 뒤엎었으며, 할머니 인수대비에 대해서도 패륜적인 행동을 일삼았다. 연산군은 폐비 윤씨의 아들이기도 하지만 성종의 아들이자 인수대비의 손자였다. 그를 낳고 키운 것은 이들이다.

흔히들 자식은 부모를 닮고, 자식 이기는 부모는 없다고 했다. 또 가화만사성이라는 말도 있다. 폭군 연산군을 만든 것은 결국 성종과 정희왕후, 인수대비, 그리고 성종의 후궁들, 즉 폐비 윤씨를 둘러싼 불행한 가족사이자 그들이 남긴 유산이었다. 당시에는 폐비 윤씨를 죽이는 것이 왕권강화를 위한 최선책이라 생각했고, 연산군이 성장하면 모든 걸 이해할 것이라 기대했다. 그러나 그것은 한갓 바람일 뿐이었다.

정통성이 부족한 채 왕위에 올랐던 성종이 왕권을 강화하기 위해 대간들과 치열한 정쟁을 했듯이, 폐비의 아들이라는 것 때문에 무시를 당해야 하는 능상지풍(凌上之風: 왕을 업신여기는 풍조)의 분위기 속에서 왕권을 강화하고자 했던 연산군은 대간들과의 정쟁 속에서 폭군이 되어 갔다.[29] 궁극적으로 성종과 대간들의 대립 속에서 왕권 강화를 위해 단행되었던 폐비 사사사건은 연산군을 폭군으로 만들었고, 그 결과 인수대비의 노년은 불행했다. 인수대비는 연산군의 폭정을 말리고자 애썼지만 연산군과의 갈등 속에서 편치 않은 노년을 보내야 했다.

성종 7년(1476)에 성종의 적장자로 태어난 연산군은 이듬해인 성종 8년에 병이 나서 강희맹(姜希孟)의 집에 피병 간 이후 오랫동안 거기에서 자랐다. 꼭 피병이 아니어도 성종은 경제적 문제를 해결하기 위해 많은 자녀들을 궁 밖에 위탁해 키웠다. 연산군은 아주 어려서부터 궁궐 밖에서 생활했기 때

29 연산군의 폐비 윤씨 추숭 과정에 대해서는 한희숙, 2008, 「연산군대 폐비윤씨 추봉존숭 과정과 갑자사화」, 『한국인물사연구』 제10호; 2009, 「조선전기 이세좌의 생애와 갑자사화」, 『조선시대사학보』, 50 및 김범, 2010, 『연산군-그 인간과 시대의 내면-』 글항아리 참고.

문에 생모의 폐비사실과 죽임에 대해 알지 못했다. 윤씨는 연산군이 3세 때 폐비되어 사가로 쫓겨났고, 6세 때 죽임을 당했다. 그리고 연산군은 7세가 되는 성종 14년(1483) 2월에 세자로 책봉되었다. 폐비 윤씨가 죽임을 당한 이듬해였다.

성종 14년(1483) 2월 6일(기사)에 성종은 경복궁 사정전에 나아가 왕세자를 책봉했다. 그 책문을 보면 이러하다.

세자를 세워 여정(輿情)을 붙잡아 매는 것은 대본을 위함이며 주기(主器: 종묘의 제기(祭器)를 맡아 간수하는 일, 왕을 의미함)에는 맡아들만한 자가 없으니, 이는 실로 사람으로서 떳떳하게 지켜야 할 큰 도리이다. 이에 지난날의 법도를 상고하여, 금보(金寶)·옥책(玉册)을 내리노라. 아! 너 이융(李㦕)은 … 나면서부터 영리하여 일찍부터 어질고 효성스러운 성품이 현저하고, 총명이 날로 더해 가 장차 학문의 공이 융성할 것이니, 마땅히 동궁에서 덕을 기르고 대업을 계승할 몸임을 보여야 할 것이다. 그래서 너를 세워 왕세자로 삼는다. 아! 이에 총명을 받았으니, 더욱 영구한 계책을 생각하라. 간사함을 멀리하고 어진이를 친근히 하여 힘써 스승의 아름다운 가르침을 지키고 〈항상〉 깊은 못에 임하듯 얇은 얼음을 밟는 듯 조심하여 조종의 빛나는 발자취를 뒤따르면, 이 어찌 아름답지 아니하랴?

『성종실록』 권151, 14년 2월 6일 기사)

세자를 책봉한 성종은 새로운 경사를 축하하는 의미에서 대사면의 교시를 반포했다. 성종과 인수대비는 폐비 윤씨의 아들이 세자가 되는 것이 달갑지 않았을지도 모른다. 나아가 세자를 바꾸고 싶어도 어쩔 수 없는 일이었다. 오직 연산군이 가장 큰 아들이자 유일한 적자였고, 연산군에게 특별한 하자가 없었기 때문이다.

그러나 『연산군일기』에는 '하루는 성종이 인수대비에게 술을 올리면서 세자를 불렀으나, 병을 칭탁하고, 누차 재촉해도 끝내 오지 않으므로, 성종이 나인을 보내어 살피게 했더니, 병이 없으면서 이르기를 '만약 병이 없다고 아뢰면 뒷날 너를 죽이겠다.' 하자, 나인은 두려워서 돌아와 병이 있다고 아뢰었다. 성종은 속으로 알고 마음에 언짢게 여기며 그만두었다. 이로부터 〈세자를〉 폐하고 싶은 마음이 많았으나 연산군이 아직 어리고, 다른 적자가 없으며, 또한 어리고 약하여 의지할 곳이 없음을 불쌍히 여겨 차마 못했다'(연산군 12년 9월 2일 기묘)고 기록되어 있다. 연산군 말년의 기록인 것으로 보아 아마도 훗날에 만들어진 이야기일 수도 있다.

연산군의 이복동생이자 정현왕후의 아들인 진성대군(중종)은 성종 19년(1488)에야 태어났다. 연산군과 중종은 12살 차이였고, 성종이 죽을 때 겨우 7살이었다.

연산군은 성종 19년에 가례를 올려 동갑인 신승선의

딸 거창 신씨를 세자빈으로 맞아들였다. 세자빈은 현명했고, 성종 25년 2월 23일에 아들을 낳자 왕실의 후계자 문제도 걱정이 사라지게 되었다. 증손자까지 보게 된 노년의 인수대비는 이제 왕권과 왕위 계승이 안정되었다고 생각했다.

그러나 같은 해인 성종 25년 12월에 성종이 죽고 연산군이 19세의 나이로 왕위에 올랐다. 연산군도 어머니 폐비 윤씨의 일을 알지 못했을 때에는 인수대비에게 잘 대해 주었다. 연산군은 성종의 죽음으로 상심에 빠진 인수대비가 밥을 먹지 못하자 안타까워하며 죽을 들기를 여러 번 청했고, 듣지 않자 정승들로 하여금 함께 청할 것을 명하기도 했다.(연산군 즉위년 12월 26일 신사) 또한 즉위 1년(1495) 1월에 인수대비가 아프자, " '삼대를 내려온 의원이 아니면 그 약을 복용하지 않는다.' 고 함은, 경험이 많은 의원을 가리킨 것이니, 김흥수와 송흠을 우선 내약방에 입직하게 하라." 고 명하며 인수대비의 건강을 살피게 했다.

또한 인수대비가 성종을 위해 수륙재를 설행하려하자 승정원에서 이를 허락하지 말 것을 청했으나 연산군은 만약 재를 지내지 못하게 한다면 대비의 마음이 더욱 애통할 것이니 그만둘 수 없다며 수륙재를 허락했다.(연산군 1년 1월 1일 을유)

성종은 세자가 어머니 폐비 윤씨의 죽임에 대해 알게 될까봐 걱정이 되어 자신이 죽은 뒤 100년까지는 폐비문제에 관해 논하지 말라는 유언을 남겼다. 이것은 생모의 죽음을 알고 연산군이 어떻게 반응을 할지 두려웠고, 또 자신이 선택한 가혹한 결정에 대해 논하지 말라는 엄명이었다. 그러나 비밀은 아무리 감추려 해도 오래가지 않는 법, 너무도 빨리 예상치 못한 것에서 탄로 나기 시작했다. 연산군은 즉위 직후 곧바로 생모의 죽음에 대해 알게 되었다.

> 왕이 성종의 묘지문을 보고 승정원에 전교하기를, "이른바 판봉상시사 윤기견이란 이는 어떤 사람이냐? 혹시 영돈녕 윤호를 기무(起畝)라 잘못 쓴 것이 아니냐?" 하자, 승지들이 아뢰기를, "이는 폐비 윤씨의 아버지인데, 윤씨가 왕비로 책봉되기 전에 죽었습니다." 라고 했다. 왕이 비로소 윤씨가 죄로 폐위되어 죽은 줄을 알고, 수라(水刺)를 들지 않았다.
>
> 『연산군일기』 권4, 1년 3월 16일 기해)

연산군은 재위 3개월만인 1년 3월 16일(기해)에 성종의 묘지문을 보다가 판봉상시사 윤기견이라는 이름을 발견하면서 생모 윤씨가 폐위되어 죽임을 당했다는 사실을 알게 되었다. 그날 19세의 연산군이 받았던 그 충격은 이루 헤아리기 어려울 것이다. 연산군은 비통한 마음에 밥을 먹지 못했다.

연산군은 속내를 바로 드러낸 것은 아니었지만 출생

의 비밀과 생모의 죽음에 얽힌 사실을 알게 될수록 분노로 가득차기 시작했다. 점차 관련된 사람들뿐만 아니라 특히 그때까지 살아 있던 인수대비에게 깊은 적개심을 갖게 되었다. 그녀가 폐모의 죽음에 결정적인 영향력을 끼쳤다고 판단했기 때문이다. 연산군은 점점 더 폭군으로 변해갔으며, 방탕한 생활로 국정을 파멸로 몰아갔다. 그로 인해 인수대비는 점점 더 걱정 많은 노후를 보내야 했다.

효를 강조하는 유교 문화 속에서 연산군이 어머니의 신원을 회복시키는 것은 곧 효의 실천이었고, 어쩌면 당연한 과정이었다. 연산군은 즉시 폐모의 죽음에 대해 파악하는 한편 추숭작업을 추진해 갔다. 그러나 이것은 아버지 성종에 대해서는 불효행위였다. 또한 자신의 유교(遺敎: 임금이나 부모가 죽을 때에 남긴 명령)를 영원히 고치지 말라는 성종의 엄중한 당부를 생각하면, 그 과정은 순탄치 않았다. 이를 반대하는 사람들과 세력이 많았기 때문이다. 일단 가장 먼저 반대한 사람은 인수대비였을 것이다. 폐모추숭은 성종대 이루어진 폐비 사사 사건을 정면으로 뒤엎는 일이고, 이에 대한 책임 추궁이 불 보듯 뻔한 일이었기 때문이었다.

연산군은 폐모비사를 처음 알게 된 지 한 달 뒤인 4월 11일(갑자)에 성종 때 폐비의 묘소에 묘지기를 배치한 상황과 자신의 외삼촌인 폐비의 동생 윤구 등에게 내려진 죄목을 아뢰라고 승정원에 지시했다. 연산군의 마음을 파악했는지 그 달 20일(갑술)에 연산군의 세자 시절 시강관이었던 전 창원부사 조지서(趙之瑞)가 폐비의 추숭을 건의했다.

대행 전하께서 윤씨를 폐하시고 왕후의 적(籍)을 삭제했으니, 전하께서 의리상 어머니로 여길 수는 없는 것입니다. 예에 '자식 된 자는 쫓겨난 어머니를 위하여 복을 입지 않는다. 복을 입지 않는 것은 〈어미 자격〉을 잃은 자에게는 제사를 지내지 않기 때문이다.' 라고 했는데, 해석하는 자가 그렇다고 수긍하면서 '비록 복은 입지 않을지라도 오히려 심상(心喪)으로 자처하는 것은 은혜를 위한 것이다.' 했으니, 그렇다면 자식으로서 어미를 끊는 이치는 없다는 것이 분명합니다. 폐후(廢后)가 임인년 가을에 돌아가시자 고장(藁葬:마른 풀이나 거적에 싸서 장사지냄)하여, 이제까지 14년 동안 길가는 사람들이 슬퍼하지만, 현재로는 산릉의 일이 있으므로 아울러 거행할 수 없으니, 상이 끝난 뒤에는 마땅히 윤씨의 별전(別殿)을 세우고 능을 만들어서 어머니의 은혜를 보답함이 어찌 심상으로 자처하여 은혜를 위하는 법칙에 맞는 것이 아니겠사옵니까.　　　　(『연산군일기』, 권4, 1년 4월 20일 갑술)

조지서는 폐비 윤씨가 사사된 뒤 제대로 장례를 치르지 않고 무덤 또한 허술하게 만들었기 때문에 아직도 사람들이 슬퍼하다면서 성종의 상례가 끝나면 전가과 능을 만들어 어머니의 은혜에 보답해야 한다고 건의했다. 이에 힘입은 연산군은 장차 생모 윤씨를 추숭할 뜻을 품게 되었다.

인수대비는 연산군이 성종대에 이루어 놓은 유교 문화와 정책을 뒤엎고 그 뜻을 거부하는 정책을 펼수록 수심이 더 깊어 갔다. 힘들게 세워진 성종시대의 치세를 일시에 무너뜨리는 손자의 패행에 비통한 마음이 들었다. 인수대비는 연산군의 폐행을 걱정하며 이를 막기 위한 다양한 방법을 모색했지만 그럴수록 연산군과의 관계는 더욱 나빠지기만 했다. 인수대비는 고관으로 있는 인척들과 대신들을 통해 연산군의 폐행을 저지하기 위해 노력했다.

인수대비는 연산군이 자신이 총애하는 사람들에게 물품을 너무 많이 내려 주고 또 마음대로 연회를 베풀자 비밀리에 사촌인 한치형과 대신들에게 연산군의 폐행을 막도록 부탁했다. 그러나 그 효과는 잠시뿐 별 효과는 없었다.

특히 연산군 8~9년 무렵에는 연산군이 장녹수에게 빠져 날로 방탕이 심해지고 광포한 짓이 많아졌다. 장녹수는 제안대군의 집 여종으로 성품이 영리하여 사람의 뜻을 잘 맞추었다. 처음에는 집이 매우 가난하여 몸을 팔아서 생활을 했으므로 시집을 여러 번 갔다. 그러다가 제안대군 집의 종의 아내가 되어서 아들 하나를 낳은 뒤 노래와 춤을 배워서 창기가 되었다. 나이는 30여 세였지만 얼굴은 16세의 아이와 같았다. 연산군이 장녹수에 대해 듣고 기뻐하여 궁중으로 불러 들여 매우 총애했다. 그녀가 말하는 것을 모두 좇았고, 후궁인 숙원으로 봉했으며, 창고의 재물을 기울여 그 집으로 많이 보내주고, 금은과 구슬, 옥 등을 비롯해 노비·전답·가옥도 매우 많이 내려 주었다. 연산군은 몹시 화를 내다가도 장녹수만 보면 기뻐하여 웃었으므로, 상주고 벌주는 일도 그녀의 뜻에 따랐다.(연산군 8년 11월 25일 갑오)

인수대비는 연산군에게 장녹수를 멀리하고 선정을 베풀 것을 타일렀다. 하지만 도리어 원망만 사게 되었다. 연산군의 문란한 생활이 외부에까지 알려지고 왕을 흉보자 근심스러운 인수대비는 몰래 대신들에게 글을 내려 왕에게 간절히 간하게 했다. 그럴수록 이를 안 연산군은 오히려 더 분노했다.

막을 수 없는 연산군의 생모 추숭사업

　　연산군은 점차 어머니를 그리워하는 마음을 드러내면서 성종이 남긴 명령을 뒤엎고 폐비 윤씨의 추숭사업을 진행해 나갔다. 그의 아버지 성종이 대간들의 반대에도 불구하고 생부인 의경세자를 덕종으로 추존하고 생모 수빈 한씨를 인수대비로 추숭한 것과 같이, 연산군 역시 많은 반대와 제지에도 불구하고 생모 폐비 윤씨의 신원을 회복시키기 위해 추존 · 추숭 사업을 적극 시행했다. 마치 인수대비에게 시위라도 하듯이 보란 듯이 해 나갔다. 그럴수록 인수대비의 심려도 커질 수밖에 없었다.

　　연산군은 재위 6년부터 점차 폐비 윤씨에 대한 자신의 의지를 드러내기 시작했다. 이해 5월에 폐비 윤씨의 사당인 효사묘에 내관 대신 조정 관원으로 하여금 제사를 드리게 했다.(연산군 6년 5월 29일 임오) 그 무렵 연산군은 "다른 개가 어미를 물자 강아지가 그 개에게 덤벼들었는데, 그냥 그런 것인지 정이 있어서 그런 것인지 모르겠다."면서 어머니를 그리워하는 마음을 가만히 드러냈다.(연산군 6년 11월 5일 을묘) 이 발언에는 이미 어미를 위해 자식이 보복을 하겠다는 마음이 내포되어 있었다.

외가 친족에게도 이런저런 보상을 실시했다. 외삼촌들에게는 자급과 관직을 높여 주어 사복시 첨정(종4품)인 윤구는 2자급, 사섬시 주부(종6품)인 윤우와 예빈시 직장(종7품)인 윤후는 1자급씩 승진시켰다.(연산군 6년 9월 26일 정축) 윤구는 노령과 신병으로 임명된 즉시 사직했지만, 정3품 당상관인 동부승지에 제수되기까지 했다.(연산군 9년 9월 10일 계유) 외할머니인 신씨에게는 쌀 40섬과 면포 · 정포 150필씩을 하사했으며, 계속하여 쌀은 1년에 네 번씩 주도록 규정했다.(연산군 9년 9월 11일 갑술, 12일 을해, 14일 정축) 성종이 취했던 조처를 모두 뒤엎었다.

결국 연산군은 재위 8년 2월에 "국왕이 첩의 참소를 살피지 않고 왕후를 폐위시킬 때 조정의 신하들은 목숨을 잊고 간언하는 것이 옳은가, 죽음을 두려워해 순종하는 것이 옳은가"라는 물음을 던졌다.(연산군 8년 2월 5일 무신) 이것은 폐모사건을 지칭한 발언으로 그 책임을 묻겠다는 말이었다. 이 물음은 단지 신하들에게만 해당하는 것이 아니라 인수대비를 향한 물음이기도 했다. 이 말에는 성종의 오판을 유도하고 그렇게 하도록 종용한 인수대비아 참소를 일삼았던 성종의 후궁들, 그런 오판을 막지 못한 신하들에게 책임이 있다는 판단이 담겨 있었다. 아울러 그 비극은 왕인 자신을 극도의 슬픔과 고통으로 빠트렸다는 점에서 바로 갚아야 할 빚, 복수로 다져졌다.

연산군은 폐비 윤씨의 묘에 친히 제사도 거행했다. 일단 연산군은 폐비 윤씨의 묘인 회묘와 사당인 효사묘에만 따로 친제를 올릴 수는 없지만 다른 왕릉에 친제를 거행하면서 병행하면 무방할 것이라는 조심스러운 태도를 보였다. 윤필상, 성준, 이극균 등 대신들은 '폐비는 선왕에게 죄를 지었기 때문에 선왕께서 상제를 갖추지 못하게 했으나, 임금에게는 모자 사이이므로 효도를 하지 않을 수 없으니 친제는 마땅히 거행해야 하고, 묘와 사당에는 각각 관원을 두어 사당에는 아침저녁으로 제사를 행하는 것이 인정과 예절에 맞을 것'이라며 찬성했다.

그러나 대사헌 김영정과 대사간 안윤손은 임금의 효도는 세상 사람과 다르다며 반대했다. 그들은 모자의 정은 지극하지만 회묘는 이미 태묘(종묘)와 끊어졌으니, 친히 제사를 거행하는 것은 선왕·선후(先后)와 높이기를 같이 하는 것이니 안 된다고 반대했다.

이에 연산군은 김영정 등의 의견은 모두 어버이가 없는 사람의 의논이라 취할 수 없으니 대신들의 의논을 취하겠다며 강행 의사를 천명했다.(연산군 8년 7월 29일 기해) 그래도 반대하자 연산군은 비참하게 죽은 어머니를 향한 자식의 마음을 강력하게 피력했다.

경등이 다만 대의에 구애되고 인정의 간절함은 헤아리지 않고서 여러 날 동안 중지하기를 간하니, 그 마음의 고집을 알지 못하겠다. 내가 처음 의논을 낼 적에 '회묘는 허물이 비록 성종에게는 많았지만 공적도 또한 우리나라에서는 무거웠는데, 20여 년 동안이나 오래도록 굶주린 혼령이 되어 짐승과 새들이 먹이를 구하여 스스로 배부르게 되는 것만도 못하다.' 했다. 말과 생각이 여기에 이르니 나도 모르게 슬픔이 마음속에 핍박하여 극히 눈물이 두 눈에서 뚝뚝 떨어졌다. 내가 어찌 간언을 물리쳤다는 이름을 두려워하여 어머니를 잊어버리겠는가.

『연산군일기』 권45, 8년 8월 3일 임인)

연산군은 대간과 홍문관의 반대에도 불구하고 모후의 사당인 효사묘에 친제(親祭)를 드리고 아침저녁으로 상식(上食: 상갓집에서 아침저녁으로 신위 앞에 올리는 음식)을 올리는 것에 관한 의례절목까지 상세하게 마련했다.(연산군 8년 8월 8일 정미)

이처럼 모후에 대한 관심을 내려놓지 않은 연산군은 점차 폐모 사건의 원인을 파악하고 앞으로 어떻게 처리할 것인지를 고민하며 그에 대한 복수심을 키워나갔다. 그것은 갑자사화라는 피비린내 나는 복수극을 준비하는 과정이었다.

　　모후의 죽음을 둘러싸고 인수대비와 연산군의 갈등은 매우 심해졌다. 인수대비는 몰래 대신들에게 명령을 내려 연산군에게 간절히 간하게 했으나, 연산군은 말을 듣지 않았다. 연산군은 10년 3월에는 어머니의 시호를 '제헌(齊獻)'이라 올리고, 무덤인 회묘(懷墓)를 고쳐 '회릉(懷陵)'이라 했다.(연산군 10년 3월 24일 을유) 효사묘(孝思廟)는 고치지 않고 그대로 두었으나(연산군 10년 3월 24일 을유) 곧 혜안전으로 격상하여 폐비 윤씨에 대한 추봉존숭(追封尊崇)의 제반 절차를 갖추었다.(연산군 10년 4월 1일 임진) 성종과 인수대비의 처사를 완전히 무시한 조치였다. 이 상황에서 폐비 윤씨 살아생전에 왕비로 책봉되었던 계비 정현왕후의 입장도 매우 난처할 수밖에 없었다.

　　모후를 추숭하고자 마음먹은 연산군은 폐비 사건의 전말을 자세히 조사해 아뢰라고 지시했다. 이것은 인수대비의 가슴을 향해 비수를 꽂는 행위와 같았다. 성종·정희왕후와 뜻을 같이 하며 폐비를 사사시키는 데 동의했던 자신의 뜻과 행동이 백일하에 드러나게 되면 그 결과는 불을 보듯 뻔했기 때문이다. 대간들은 '10여 년이 된 일이어서 지금 밝히기는 어렵다.'고 했지만 연산군은 대간의 하옥과 국문을 명령한 뒤, 당시 그 사건에 개입된 모든 신하들의 명단을 보고하라고 지시했다.(연

산군 10년 3월 24일 을유, 4월 1일 임진, 23일 갑인, 윤4월 13일 계유)

　　이어 연산군은 허침·김감에게 폐비의 일을 밝힌 교
서를 짓게 했다. 연산군은 자신이 이 일을 하는 것은 곧 '근본
에 보답하고 원통함을 씻으려 하는 것뿐'이며, '이것이 부왕의
일이기는 하지만 보복하지 않으면 천백년 뒤 혼백이 되어서
도 오히려 잊을 수 없다.'는 뜻으로 교서를 지어 바치라고 했
다.(연산군 10년 3월 24일 을유) 그리고 연산군은 참소하는 말 때문
에 끝내 폐비를 죽게 한 것이라며 참소를 미워한 뜻으로 다시
지어 바치라고 했다. 이것은 인수대비를 겨냥한 항변이었다.
인수대비가 후궁들의 참소를 믿고 죄 없는 폐비 윤씨를 죽였
다고 보았기 때문이다. 이어 연산군은 윤씨를 제헌왕후로 추
증하는 교서를 내렸다.

　　… 생각컨대, 우리 회묘(懷墓)께서 처음에 덕으로 뽑혀 중궁의
　　자리를 정하셨다가, 나중에는 참소를 만나고 소인들에게 시달리
　　게 되고, 정유년에는 폐위되려다가 중지되어 도로 금슬(琴瑟)의
　　화목이 있고 아들을 보는 경사[螽斯之慶]가 있게 되었으니, 만
　　일 참으로 덕을 잃었다면 어찌 이 일이 있었겠는가? 그 뒤 꾸미
　　고 얽어맴이 날로 심하여져 스스로 밝히지 못하고 폐위되어 사
　　삿집에 계시다가 그만 큰 변을 만나셨다. 당초 내간에서는 안에
　　서 저지하고, 대신과 대간이 밖에서 다투었다면, 선왕의 총명하

시고 또 이 몸이 있으니, 반드시 상의 마음을 돌리는 힘이 없지 않았을 것인데, 어찌 북[杼]을 던지는 의심이 있었겠는가?

내가 어린 나이로 듣고 봄이 없으면서 외람되이 큰 왕위를 계승한 지 10년이 되었다. 그 연유를 캐물어 비로소 그 사실을 알게 되니, 하늘 아래 다시없을 그 슬픔이 어찌 끝이 있으랴? 이래서 널리 여러 의논을 모아 제헌왕후로 추존하고, 묘도 높여 능으로 한다. 그 큰일을 얽어 만든 자가 아직도 선왕 후궁의 반열에 있으므로 곧 죄주고, 산 자나 죽은 자를 서인으로 하니, 간사함을 다스리는 법을 바로잡고 하늘에 계신 원한을 씻어, 나의 애통하고 그립기 이를 데 없는 심정을 펴게 되었노라.

『연산군일기』 권52, 10년 3월 25일 병술)

연산군은 폐비 윤씨가 죽게 된 이유는 단적으로 참소라고 보았다. 성종과 인수대비가 후궁들의 참소로 그릇된 판단을 하여 폐비 윤씨를 죽였다고 믿었다. 참소로 볼 경우 폐비 윤씨는 잘못이 없게 되며 참소를 한자와 참소를 받아들인 자만이 그 보복을 받아야 한다. 참소를 한 후궁은 살아 있고, 참소를 받아들인 정희왕후, 성종, 인수대비 중 살아있는 사람은 오직 인수대비였다. 따라서 인수대비는 연산군의 보복에서 자유로울 수는 없는 가장 원망스러운 존재였다. 인수대비는 살아있다는 이유만으로 폐비 윤씨의 죽임에 대한 책임과 복수극을 떠안아야 했다.

연산군은 드디어 폐비 윤씨를 제헌왕후(齊獻王后)로 추존하고 묘도 높여 회릉으로 했다. 회릉의 향축(香祝)에 자친(慈親: 어머니)이라고만 한 것을 바꾸어 신(臣)이라 칭하고 휘(諱)를 칭하며, 효사묘(孝思廟)에는 종묘에서 받드는 의식대로 하도록 했다.(연산군 10년 3월 25일 병술)

연산군은 제헌왕후를 추숭하는 의식을 이전에 비하여 더욱 중하게 했다. 10년 5월 6일(을미)에 백관을 거느리고 인정전에 나아가 옥책과 금보(金寶)를 진열하고 제헌왕후를 인정전에서 추숭했다. 그리고 백관의 하례를 받고 대사면을 내렸다. 그 교서를 보면 다음과 같다.

참소하는 사특한 무리가 궁중에 있고 아첨하는 무리가 밖에서 이어받아, 위의 뜻만 맞추어 은총을 굳히기만을 위주하고 종묘사직의 먼 계획은 생각지도 아니하여, 밝은 시기였지만 임금을 가리는 간계를 부려 이 소자로 하여금 세상에 다시없는 슬픔을 당하게 했다…. 그때 안에서 얽어 선동한 자와 밖에서 이어받아 따른 자, 혹은 힘써 간쟁하지 않은 자들을 그 죄의 경하고 중함에 따라 국법대로 하여 몸 둘 바 없는 슬픔[踠地之慟]을 풀고, 다소나마 하늘에 계신 원통을 씻었다.

이미 높은 칭호를 올리되 제헌왕후로 추존하고 이달 2일(을미)

에 삼가 시호 책보(冊寶)를 혜안전(惠安殿)에서 올리니, 예절이 국
가의 큰 법에 맞고, 아름다운 이름이 이에 큰 덕으로 돌아갔다.
어찌 크게 용서하는 은택을 베풀어 효성을 돈독히 하는 어진 일
을 넓히지 않을 수 있겠는가.　(『연산군일기』 권53, 10년 5월 6일 을미)

　　연산군은 생모 윤씨를 제헌왕후로 추존하고 시호와
책보를 혜안전에서 올림으로써 숙원사업이었던 생모 윤씨의
신원을 마침내 회복했다. 오랜 시간을 끌었던 폐비 윤씨 추숭
문제는 일단 완료되었다. 이제 참소를 한 후궁들과 참소를 받
아들인 인수대비, 그리고 폐비의 죽임을 막지 못했던 신하들
에 대한 복수만이 남아 있었다.

갑자사화 와중에 맞은 쓸쓸한 죽음,
초라한 상례

지금 대행대비께서는 정리(情理)로 말하면 자친이지만 의리로 말하면 의가 끊어졌다. 모든 일은 반드시 정리와 의리가 서로 합치하여야 하는 것이니, 상제를 이루지 못하는 것으로 의논을 정하는 것이 어떤가? 또 부모로 말하더라도 아버지에게는 참최(斬衰), 어머니에게는 재최(齊衰)이니, 부모 사이에도 원래 차등이 있는 것이다. 덕종의 상사에 이미 강등했으니, 대비의 상사를 덕종보다 더 중하게 하는 것은 불가하다. 성종은 덕종에게 친아들이지만 계통을 이은 것이 아니기 때문에 효질(孝姪)이라 하고, 예종에게는 효자라고 한 것은 대통을 중히 여긴 것이다.(『연산군일기』 권52, 10년 4월 29일 경신)

　　인수대비에 대한 원한이 큰 연산군은 그녀의 죽음에 이르러서도 애석해 함이 없었다. 이미 의가 끊어진지 오래라 생각했다. 정으로 말하면 할머니이지만 의리로 말하면 의가 끊어졌다고 했다. 그만큼 인수대비에게 응어리진 마음은 얼음장과 같았다.

　　폐비추숭 사업을 진행할수록 왕실의 가장 어른인 인수대비의 걱정과 남모를 고통도 심했지만 연산군의 분노도

커져갔다. 거의 이성을 잃은 연산군은 폐비 윤씨를 추숭하면서 폐비사건과 폐비 사사사건에 대한 복수를 진행했다. 그는 윤씨가 폐비·사사되도록 한 자들에 대해 들었다고 전제하고 복수심을 드러냈다. 생모를 죽게 한 사람들을 '나의 불공대천(不共戴天)의 원수'라며 먼저 성종의 두 후궁 귀인 정씨와 엄씨를 죽이고자 했다.

연산군은 10년 3월 20일(신사)에 폐비 윤씨를 질투로 몰아간 성종의 후궁 정씨의 아들 안양군(安陽君) 이항(李㤚)과 봉안군(鳳安君) 이봉(李㦀)을 창덕궁으로 압송해 와 곤장을 때렸다. 연산군은 이들의 목에 칼을 씌워 옥에 가두라고 하고 또 장 80대씩 때려 외방에 유배 보내라고 했다가 다시 이들을 창경궁으로 잡아오게 하고서는 밤늦도록 폭행을 가했다. 맹렬한 복수심에 불탄 연산군의 광기 어린 행동은 그날의 『연산군일기』에 생생하게 묘사되어 있다.

왕이 모비(母妃) 윤씨가 폐위되고 죽은 것이 엄씨·정씨의 참소 때문이라 하여, 밤에 엄씨·정씨를 대궐 뜰에 결박하여 놓고, 손수 마구 치고 짓밟다가, 항과 봉을 불러 엄씨와 정씨를 가리키며 '이 죄인을 치라.' 하니 항은 어두워서 누군지 모르고 치고, 봉은 마음속에 어머님임을 알고 차마 장을 대지 못하니, 왕이 불쾌하게 여겨 사람을 시켜 마구 치되 갖은 참혹한 짓을 하여 마침내 죽였다.

왕이 손에 장검을 들고 자순왕대비(정현왕후) 침전 밖에 서서 큰 소리로 연달아 외치며 '빨리 뜰 아래로 나오라.' 하기를 매우 급박하게 하니, 시녀들이 모두 흩어져 달아났고, 대비는 나오지 않았다. 그런데 왕비 신씨가 뒤쫓아 가 힘껏 구원하여 위태롭지 않게 되었다.

왕이 항과 봉의 머리털을 움켜잡고 인수대비의 침전으로 가 방문을 열고 욕하기를 '이것은 대비의 사랑하는 손자가 드리는 술잔이니 한 번 맛보시오.' 하며, 항을 독촉하여 잔을 드리게 하니, 대비가 부득이하여 허락했다. 왕이 또 말하기를, '사랑하는 손자에게 하사하는 것이 없습니까?' 하니, 대비가 놀라 창졸간에 베 2필을 가져다주었다. 왕이 말하기를 '대비는 어찌하여 우리 어머니를 죽였습니까?' 하며, 불손한 말이 많았다. 뒤에 내수사를 시켜 엄씨 · 정씨의 시신을 가져다 찢어 젓을 담아 산과 들에 흩어버렸다.

(『연산군일기』 권52, 10년 3월 20일 신사)

연산군은 귀인 정씨의 아들 안양군 항과 봉안군 봉을 불러다 어미를 때려서 죽게 했다. 그리고 정씨의 아들들은 귀양을 보낸 뒤 죽였다.(연산군 12년 4월 17일 병인) 정현왕후의 침전에도 장검을 들이대었다. 가장 큰 원한의 대상은 인수대비였다. 연산군은 인수대비를 향해 '어찌하여 우리 어머니를 죽였습니까?'라고 하며 대들었다. 또한 연산군은 '칠거법의 죄라면 버리면 되지 하필 죽여야 하는가?'라고 하며 생모의 죽음에 대해 울부짖었다.

그리고 그때 성종의 처사를 막지 못했던 재상들에 대해서도 분노를 나타내며, 그때는 자신이 너무 어렸지만 이제 '폐모의 원수'를 갚지 않을 수 없다는 비장한 각오를 나타냈다.(연산군 10년 3월 23일 갑신) 이른바 피비린내 나는 갑자사화가 진행되었다. 그 와중에 연산군은 처용의 가면을 쓰고 처용의 옷차림으로 칼을 휘두르며 처용무를 추면서 인수대비의 앞에 대들기까지 했다.

소혜왕후(인수대비)가 늘 왕의 행동이 무도함을 근심하니, 왕이 하루는 얼굴에 처용 가면을 쓰고 처용의 옷차림으로 칼을 휘두르고 처용무를 추면서 앞으로 갔다. 그러자 소혜왕후는 크게 놀랐는데, 그 후 왕후가 병들어 앓게 되니 왕은 미리 상례 기간을 짧게 하는 제도를 마련했고, 승하에 이르러서도 슬퍼하는 빛도 없었으며, 상례·장례 등 모든 일을 모두 등급을 깎아 내려 했다.

(『연산군일기』 권60, 11년 10월 9일 경신)

연산군의 지나친 행동에 크게 놀라 쓰러진 인수대비는 자리에 눕게 되었다. 이미 노쇠한 상태이기도 했지만 연산군의 행동은 인수대비의 죽음을 재촉하였다.

　　연산군은 인수대비의 병이 위독하자 재위 10년 1월에 정승 등을 불러 은밀히 상제(喪制)를 의논하게 했다.

　　인수대비는 결국 연산군 10년 4월에 창경궁 경춘전에서 68세로 세상을 떠났다. 『연산군일기』를 쓴 사신(史臣)은 연산군이 인수대비를 꾸짖고 욕하여 마침내 근심과 두려움으로 병이 나 죽게 했다고 평했다.

　　오랜 궁중생활 속에서 평생을 홀어미로 강직함과 엄한 모습을 보여주었던 인수대비는 폐비 윤씨의 죽임을 둘러싼 손자의 복수극으로 인해 결국 원망을 한 몸에 받으며 죽음을 맞이해야 했다.

　　연산군은 인수대비의 죽음에 임해서도 싸늘했다. 인수대비가 죽자 10년 4월 27일(무오)에 좌의정 유순, 우의정 허침, 예조 판서 김감 및 육조 당상들이 모두 빈청에 모여 상례에 대해 의논했다. 연산군은 나면 반드시 죽는 것이고, 인수대비의 나이가 이미 많고, 본래 오랜 병이 있었으니 인양전에 빈소를 모시고 3일 만에 성복하되, 상제는 일체 덕종의 옛일에 따르라고 했다. 인수대비의 상례에 3일 만에 상복으로 갈아입게 하고, 세자빈의 신분으로 대우했다.

▲ 창경궁 경춘전
인수대비는 여기에서 숨을 거두었다.

그리고 다시 인수대비는 조정에 임하신 지 오래되었
지만, 나라에는 별로 이렇다 할 일이 없고, 다만 자친(慈親)으
로 섬겼을 뿐이니 대통인 안순왕후와 같게 할 수 없다며 의경
대왕보다는 좀 높게 하고, 안순왕후보다는 좀 낮추어 하도록
했다. 세자빈보다는 높게 하고 왕후보다는 낮게 상례를 치르
라고 했다.(연산군 10년 4월 27일 무오) 연산군은 인수대비를 무시
하며, 그 위상을 안순왕후 아래로 떨어뜨렸다.

이어 시호를 소혜(昭惠), 휘호(徽號)를 휘숙명의(徽肅明
懿)로 올렸지만 인수대비의 죽음에 슬퍼하는 빛이 없었다. 연
산군은 인수대비의 상례기간을 단축하고 제사를 행하지 않았
으며 삼년상까지 폐지했다.(연산군 10년 5월 11일 경자)

정현왕후가 연산군의 처사를 따르지 못하겠다고 반대
하자 부인은 삼종의 의리가 있는 법인데, 시왕(時王)의 법을 어
찌 따르지 않을 수 있느냐며 화를 냈다. 심지어 인수대비의 상
례에는 왕이나 왕후들의 죽음에 임해 이를 슬퍼하여 올리는
애책(哀冊)도 마련하지 않았다. 연산군은 상례 자체를 생략하
려고 의도했다.

▲ 인수대비(소혜왕후)릉
　고양 서오릉 경내, 왕릉 형식을 갖추고 있다.(사진제공: 한국학중앙연구원)

연산군은 아예 상복을 입지 않으려고 했지만 우의정
허침의 반대로 단념했다.(연산군 10년 4월 27일 무오~29일 경신; 10년
윤4월 1일 신유, 2일 임술) 대신 인수대비의 상례를 모두 하루를 한
달로 바꾸어 최대한 짧은 기간 내에 끝내는 역월제(易月制)로

하게 했다.(연산군 11년 6월 30일 계미) 연산군은 '예는 시제(時制)를 따라 고금이 같지 않으므로, 날을 가지고 달을 갈음하는 제도 [以日易月制]를 쫓아 국가가 27일로 정했으니, 위아래의 상제가 다를 수 없다.'(연산군 11년 9월 25일 병오)며 참최(斬衰)의 상복을 모두 27일 만에 벗으라고 했다. 27개월의 삼년상이 아니라 27일 만에 탈상을 하게 했다.

또 기일과 재계를 폐지하고, 시신이 아직 빈소에 있는데도 평상시와 같이 풍악을 울리고 고기를 먹었다. 각 능의 수호와 향을 피우는 것도 아울러 폐지하여 거행하지 않았다.(연산군 12년 9월 2일 기묘)

사신은 이런 연산군의 행동에 대해 '국왕은 소혜왕후(인수대비)의 상기를 단축하고 제사를 시행하지 않고, 삼년상까지 폐지하니 강상(綱常)이 모두 없어졌다.'고 평했다.(연산군 10년 5월 11일 경자)

그러나 이렇게 생모 폐비 윤씨 사사 문제로 인수대비를 원망하며 패륜적 행위를 일삼았던 연산군도 결국 그녀가 죽은 지 2년 뒤 중종반정에 의해 왕위에서 쫓겨나고, 그의 뒤를 또 다른 손자인 중종이 계승하게 되었다. 만약 인수대비가 하늘에서 이를 내려다본다면 그 맘은 어떠했을까?

지금껏 살펴본 인수대비의 생애와 그와 관련된 주요 사건들을 정리해보면 〈표 15〉와 같다.

〈표 15〉 인수대비의 생애와 관련된 주요사항

연도	나이	행적과 주요 사건
세종 19년(1437)	1세	출생.
문종 즉위년(1450)	14세	9월. 어머니 홍씨 죽음.
단종 1년(1453)	17세	1월~2월 사이. 수양대군의 맏아들인 도원군 장과 혼인. 10월. 계유정난.
단종2년(1454)	18세	월산대군 출산. 단종 혼인.
단종 3년 세조 즉위년(1455)	19세	명숙공주 출산. 윤6월. 세조 즉위, 세자빈으로 책봉됨.
세조 2년 (1456)	20세	9월. 아버지 한확 죽음. 사육신사건.
세조 3년(1457)	21세	7월. 자산군(성종) 출산. 9월. 남편 의경세자 죽음. 10월. 단종 · 금성대군 사사됨. 11월. 해양대군 세자 책봉.
세조 7년(1461)	25세	12월. 장순왕후 인성대군 출산 후 사망.
세조10년(1464)	28세	2월. 원각사 창건.
세조 12년(1466)	30세	8월. 월산대군 혼인. 12월. 명숙공주 혼인.
세조 13년(1467)	31세	1월. 자산군 혼인.
성종 즉위년(1469)	33세	11월. 자산군이 성종으로 즉위. 12월. 정희왕후의 수렴청정이 시작됨.
성종 1년(1470)	34세	1월. 덕종 추존, 인수왕비로 추존됨.
성종 4년(1473)	37세	3월. 후궁 숙의 함안 윤씨(연산군의 모) 들임. 6월. 후궁 숙의 파평 윤씨(중종의 모) 들임.
성종 5년(1474)	38세	명으로부터 인수왕대비로 고명 받음. 5월. 성종 첫 번째 부인 한명회 딸 공혜왕후 죽음.
성종 6년(1475)	39세	2월. 인수왕대비에 책봉됨. 10월. 『내훈』 3권 4책을 펴냄.
성종 7년(1476)	40세	7월. 정희왕후의 수렴청정이 끝나고 성종이 친정을 시작하다. 8월. 후궁 숙의 함안 윤씨(연산군 모)를 왕비에 책봉함. 11월. 연산군이 태어남.
성종 8년(1477)	41세	3월. 중전 윤씨가 비상을 숨겨두었다가 발각됨. 3월. 윤씨가 빈으로 강등되어 자수궁으로 거처를 옮김.

연도	나이	행적과 주요 사건
성종 10년(1479)	43세	6월. 윤씨 폐비시킴. 10월. 회간왕비가 됨.
성종 11년(1480)	44세	11월. 숙의 파평 윤씨(중종 모, 정현왕후)를 왕비에 책봉함.
성종 13년(1482)	46세	8월. 폐비 윤씨 사사시킴. 8월. 윤씨의 어머니 신씨와 형제들을 유배시킴. 10월. 명숙공주 죽음.
성종 14년(1483)	47세	2월. 연산군을 세자로 책봉. 서연을 시작함. 4월. 정희왕후 죽음. 5월. 고모 명 황제의 후궁 공신부인 죽음.
성종 18년(1487)	51세	11월. 한명회 죽음.
성종 19년(1488)	52세	진성대군(후의 중종) 출생. 12월. 월산대군 죽음.
성종 25년 (1494)	58세	12월. 성종 죽음. 연산군 즉위.
연산군 1년(1495)	59세	3월. 성종의 묘지문을 읽고 모후가 폐비 사사 사실을 알게 됨.
연산군 2년(1495)	60세	윤3월. 폐비의 묘가 일부 무너졌다는 보고를 받자 성종의 삼년상이 끝난 뒤 천장케 함.
연산군 3년(1497)	61세	4월. 폐비 윤씨의 사당을 '효사'로 묘소는 '회묘'라고 이름함. 5월. 폐비 윤씨에 대한 존호 올림. 12월. 윤기견과 신씨 내외의 족친을 조사해 성명을 모두 기록하여 보고하라고 지시함.
연산군 4년(1498)	62세	7월. 무오사화 발생. 12월. 예종비 안순왕후 죽음.
연산군 6년(1500)	64세	9월. 폐비 윤씨의 형제들을 특별히 승진시킴.
연산군 8년(1502)	66세	6월. 인수대비가 대신들에게 국왕에 대한 간언을 독려함. 연산군에게 장녹수를 멀리하고 선정을 베풀 것을 타이름.
연산군 9년(1503)	67세	12월. 숙원 장씨(장녹수)를 숙용에 책봉함.
연산군 10년(1504)	68세	3월. 갑자사화가 시작됨. 성종 후궁 엄씨·장씨를 장살함. 폐비 윤씨의 묘를 회릉으로 고치고 제헌왕후로 시호올림. 4월. 인수대비 창경궁 경춘전에서 죽음.
연산군 12년(1506)		9월. 중종반정으로 연산군 폐위.

조선 왕실의 역사적 증인으로서 당대 새로운 여성상을 제시한 최고의 여성 지식인

경기도 고양시 서오릉에 가면 경릉이 있다. 이곳에는 인수대비와 그의 남편인 덕종이 잠들어 있다. 사적 제198호인 경릉은 조선시대 왕릉제도와는 다른 점을 보여준다. 덕종과 인수대비의 능은 서로 다른 언덕 위에 따로 만든 동원이강릉(同原異岡陵) 형식이다.

일반적으로 왕이 오른쪽에, 왕비가 왼쪽에 모셔지지만 경릉에서는 반대로 되어 있다. 왼쪽에 덕종이, 오른쪽에 인수대비가 모셔져 있다. 조선 왕릉 중에서 유일하게 왕비가 왕보다 높은 자리에 있다. 덕종은 조선 최초의 추존왕이다. 왕릉에는 난간석이나 망주석 등이 없고, 석양(石羊)과 석호(石虎)

도 2쌍이 아닌 1쌍만 설치되어 있다. 이렇게 석물들이 단출하고 소박한 것은 덕종이 세자 시절에 죽어 왕릉으로 조성되지 못했고, 또 부왕인 세조가 간소한 장례 의례에 준해 사대석(莎臺石: 묘를 보호하기 위해 병풍석 대신 둘러 세운 돌) 등을 설치하지 말 것을 명했기 때문이다.

이에 반해 인수대비의 무덤은 왕비릉의 형식을 갖추고 있다. 인수대비의 능이 덕종의 능보다 더 크고 장식물이 더 많다. 오랫동안 왕실의 실세로 살았던 인수대비의 위상이 실제 더 높았다.

또한 창경궁에 가면 인수대비가 마지막 숨을 거둔 경춘전이 있다. 어린 아들 성종이 왕이 되어 입궁할 때 함께 들어와 경복궁에 머물다가 성종 15년 창경궁이 완성된 이후 계속 이 곳에서 살았다. 창경궁은 성종이 할머니 정희왕후와 어머니 인수대비, 예종비 안순왕후를 위해 지었다고 하지만 사실 인수대비를 위해 지었다고 해도 과언이 아니다. 그러나 인수대비는 경춘전 바로 옆에 있는 왕비전인 통명전의 주인은 되지 못했다. 남편이 왕이 되지 못한 채 일찍 죽었기 때문이다.

조선시대 궁궐은 정치가 이루어지는 직접적인 공간이자 왕과 그의 가족들이 생활하는 공간이었다. 매우 공적인 공간이자 사적인 영역이 공존하는 곳이었다. 궁궐 안에서 부는 정치적 바람은 궁궐 속 가장 깊숙한 곳에 머물렀던 왕실 여성들의 공간에도 소용돌이쳤다. 왕비건 대비건 혹은 후궁이건, 자신들의 삶을 오직 궁궐 안에서만 보내야 했던 왕실 여성들은 자의건 타의건 매우 정치적인 인물들이었다. 각자에게 요구되는 현실적 의무들을 수행하되 서로 긴장과 경계의 끈을 놓을 수 없었다. 그것이 왕의 총애를 둘러싼 투기나, 왕실의 안녕, 질서를 위협하는 문제일 경우에는 그 갈등이 더욱 심화되었다. 인수대비가 깊숙이 관계되어 있는 폐비사사사건도 그러한 경우이다.

조선 초기 계유정난과 세조의 즉위, 단종의 폐위, 사육신 사건 등 격동의 정치적 사건들로부터 피비린내 나는 복수극인 갑자사화가 일어나던 그때까지 조선 왕실의 산 역사적 증인으로써 왕실 여성의 중심적 역할을 해 냈던 인물이 바로 인수대비였다. 17세에 왕실 종친인 수양대군의 맏아들 도원군과 혼인하여 현부인에서, 세자빈으로, 남편 잃은 (전)세자빈에서 다시 왕비로, 나아가 대비의 삶을 거치며 50여 년 동안 왕실을 지켰던 여성이었다. 딸로서, 아내이자 며느리로서, 어머니, 할머니로서 여성이 거쳐야 할 생애 모든 주기를 거치는 과정에서 21살의 젊은 나이에 청상과부가 되는 슬픔을 극복하고 어린 아들을 왕으로 만드는 야망을 실현했다. 그 삶의 애환 속에서 오직 그녀가 바랐던 것은 아들 성종을 성군으로 만들고 그의 치세를 태평성대로 만들고 싶은 것뿐이었다.

조선시대에는 여성의 사회 활동이 금지되고 더욱이 정치활동은 남성의 전유물로 여성들의 참여가 전혀 허용되지 않았다. 정희왕후, 문정왕후 등 몇몇 대비들에 의해 수렴청정이 이루어지긴 했지만, 이를 제외한 대부분 여성의 정치활동은 아들 또는 손자인 왕의 입을 통해서 대신 이루어질 수밖에 없었다. 여성은 정치의 일선에 나설 수 없었고, 대비일지라도 왕의 어머니로서의 생물학적인 역할만이 강요되었다. 인수대비의 정치적 입김은 남성 관료들로부터 '암탉이 울면…' '임금이 부인의 말을 쓰면 닭이 요물을 낳는다.'라고 비하되었다. 또한 대비가 국정에 참여한다는 강한 비판을 받았다. 그러나 인수대비는 때론 직접적으로, 때론 왕 뒤에 숨은 권력으로서 강한 정치적 입김을 불어넣기도 했다.

무엇보다도 인수대비는 당시 요구되던 새로운 여성상을 만들기 위해 여성 교훈서인 『내훈』을 썼고, 그 결과 우리나라 최초의 여성 저술가이자 여성 교육의 선구자가 되었다. 『내훈』은 오늘날 입장에서 볼 때는 효와 열(熱)을 강조해 남성 중심의 가부장제적인 지배체제를 더욱 공고히 한 면이 있지만, 당시에는 유교적 남녀관계를 새로이 정립하고 이를 실현하기 위한 시대적 과제를 제시한 책이었다.

조선왕조 517년 동안 왕은 추존된 5명을 포함하여 모두 32명이었고, 왕비는 폐비들까지 포함하면 모두 47명이었다. 실재 통치했던 왕은 27명이고, 그 부인의 수는 37명이었다. 이렇게 많은 왕비들 가운데 여성들의 교육을 위해 책을 쓴 여성은 오직 인수대비가 유일하다.

인수대비는 불교를 신봉하고 옹호하며 왕실의 안녕과 가족들의 장수와 죽은 이에 대한 명복을 빌며, 불경과 사찰 중수 등 많은 불사를 일으켰던 불교신자이기도 했다. 공과 사가 엄격히 구분되지 못했던 왕실 문화 속에서 치러지는 잦은 불교 행사 때문에 대비가 국가의 재정을 축내며 불교를 옹호한다는 대간들의 비판도 많이 받았다. 그러나 결과적으로 심화되는 억불정책 속에서 조선의 불교 수호와 발전을 위한 버팀목 역할을 했다.

또한 남편 의경세자를 덕종으로 추존하고, 윤비를 폐비시키고 나아가 죽이고, 또 계비를 책봉하고, 세자를 책봉하는 과정에서 명나라 황제로부터 고명을 받아내야 하는 문제나, 궁각 수입 문제 등 어려운 외교문제에 부딪칠 때마다 명 황제의 후궁인 고모 공신부인을 통해 큰 성과를 가져오게 했다. 이러한 문제는 왕실의 안정은 물론 국가의 안위를 위해 매우 중요한 과제들이었다. 인수대비는 왕실의 안정과 성종의 왕권강화를 위해 고모 공신부인과의 사적인 외교 통로를 적극적으로 활용했다.

인수대비를 못된 시어머니라는 부정적 이미지로 각인

시킨 폐비 윤씨의 죽임에 대한 책임은 사실 그녀의 몫만이 아니었다. 일차적으로는 당시 왕비에게 요구되던 부덕을 제대로 수행하지 못했던 폐비 윤씨와 수신(修身)과 제가(齊家)를 잘하지 못했던 성종, 왕을 둘러싼 왕실 여성들 간의 갈등과 폐비 사건을 빌미로 왕권을 강하게 견제하며 도덕적 이상 정치를 실현하고자 했던 당대 사림들의 공동의 몫이었다. 당시 정치적, 사회적, 가부장적 가족 질서의 강화 속에 놓여 진 여성문제 등 매우 복잡한 문제들이 얽혀서 만들어진 결과였다.

그러나 인수대비는 왕의 어머니로서 아들의 뜻을 따를 수밖에 없었던 옛 여인으로서 며느리 폐비 윤씨 죽임에 대한 역사적 책임을 오롯이 자신의 몫으로 되돌려 왔다. 그 결과 왕실의 안녕과 태평성대를 기원하는 온갖 노력에도 불구하고 그녀는 조선 왕실의 많은 대비들 가운데 어쩌면 가장 불행한 죽음을 맞이해야 했다. 통치자의 어머니이자 할머니이기 때문에 겪어야 했던 책임이자 운명이리라.

그렇다고 인수대비가 살아생전에 행했던 여러 행위가 모두 역사적 긍정성을 가진다고 말할 수는 없다. 여성 참여가 부정된 시대적 상황 속에서 그녀 역시 모든 여성들이 그랬던 것같이 정치적 훈련을 받을 기회를 부여받지 못했다. 대비로서 막강한 권력을 갖고 왕실의 공적 기능과 사적 기능의 혼재 속에서 국정참여에 있어 정치적 미숙성을 드러내기도 했다.

이것은 그녀만의 문제는 아니었다. 아들의 입을 통해서만 정치에 참여할 수밖에 없었던 남성 중심적인 시대의 유산이자 여성이 처해진 상황이었기 때문이다.

그러나 이후에도 오랫동안 여성들에게는 지위를 불문하고 문자 교육조차 제대로 이루어지지 않았던 시대적 상황을 고려할 때, 그녀가 여성들의 교육을 위해 여성 교훈서인 『내훈』을 만든 사실은 분명 역사적으로 매우 가치 있고 의미 있는 일이다.

오늘날에는 하루에도 수많은 책들이 쏟아져 나오고 있지만 조선시대에는 그렇지 못했다. 책을 만든다는 것이 매우 어렵고도 힘든 시기였다. 수많은 왕들 중에도 자신의 저서를 남긴 왕은 소수이다. 조선 초기의 왕은 없다. 한글을 발명한 세종도 자신의 이름으로 저서를 남겼다는 기록은 없다. 왕비 중에는 더욱이 없다. 조선 후기에 정조의 어머니 혜경궁 홍씨(헌경왕후)가 남긴 자전적 회고록인『한중록』이 있지만『내훈』과는 그 성격이 완전히 다르다.

비록 인수대비가『내훈』에서 추구한 이상적인 여성상이 조선의 이념인 성리학에서 요구하는 부덕을 갖춘 여성으로, 현재적 관점에서 보면 과거의 유산으로 극복대상이지만 그 책 안에 담겨진 시대정신과 여성교육의 의미는 매우 크다. 그런 점에서 그녀는 여성에 의해, 여성을 위한 여성 교훈서를 저술한 우리 역사상 최초의 여성 저술가이자 조선왕조 500년을 통틀어 최고의 여성 지식인, 나아가 여성 교육의 선구자로 평가되고 기억되어도 좋지 않을까?

또한 그녀가 있어 우리는 과거 우리 여성들이 아내와 아들의 어머니일 때만 존재가치를 가졌던 것이 아니라, 불행이 닥쳐 올 때도 현실에 좌절하거나 안주하지 않고, 또 자신의 삶을 주체적이고 미래지향적으로 이끌며 국가와 시대의 요구에 부응해 온 여성들이 있었음을 역사 속에서 찾을 수 있는 것은 아닐까?

이점이 15세기를 살았던 인수대비와 21세기를 살아가고 있는 우리가 시대와 공간을 초월하여 서로 대화하고 소통할 수 있는 이유일 것이다.

자료

『내훈』,『고려사』,『고려사절요』,『조선왕조실록』,『동국통감』

『열성왕비세보』,『국조인물고』,『연려실기술』

이규순 역, 1980,『내훈』, 오곡문화원.

육완정 역주, 1985,『내훈(內訓)』, 열화당.

청주 한씨 중앙종친회: http://www.cheongjuhan.net/

저서

김명호 외 13인, 2006,『한국의 고전을 읽는다』, 휴머니스트.

김범, 2010,『연산군-그 인간과 시대의 내면』, 글항아리.

김범, 2012,『사화와 반정의 시대』, 역사비평사.

김수지, 2014,『대비, 왕위의 여자』, 인문서원.

변원림, 2006,『조선의 왕후』, 일지사.

신동준, 2003,『연산군을 위한 변명』, 지식산업사.

양웅열, 2014,『조선의 왕비가문』, 역사문화.

이한우, 2006,『성종』, 해냄.

이화형, 2017,『강직한 지식인, 인수대비』푸른사상

장병인, 1997,『조선전기 혼인제와 성차별』, 일지사.

정구선, 2002,『貢女 -중국으로 끌려간 우리 여인들의 역사』, 국학자료원.

鄭杜熙, 1983,『朝鮮初期 政治支配勢力硏究』, 일조각.

정해은, 2011,『조선의 여성 역사가 다시 말하다』, 너머북스.

한국학중앙연구원, 2005,『조선 왕실의 여성』, 장서각.

한희숙 외, 2014,『조선 왕실 왕자의 생활』, 국립고궁박물관 연구용역 보고서.

연구 논문

강제훈, 2010,「조선 초기 勳戚 韓明澮의 관직 생활과 그 특징」, 『역사와 실학』43.

고은강, 2002,「내훈연구-유학의 여성윤리」,『태동고전연구』 18, 한림대 태동고전연구소.

奇倫慧, 2011,「朝鮮前期 仁粹大妃 刊行 佛書의 분석」, 경북대학교 문헌정보학석사학위논문.

김범, 2005,『조선 전기의 왕권과 정국운영-성종 · 연산군 · 중종대를 중심으로』, 고려대학교 박사학위논문.

김무봉, 2002, 「조선시대 간경도감의 역경사업」, 『電子佛典』 제4집.

김세서리아, 2009, 「조선 전기 가족 인식에 대한 여성철학적 성찰-소혜왕후의 『내훈』과 친불교적 발언을 중심으로」, 『한국여성철학』 제11권.

김우기, 2001, 「조선 성종대 정희왕후의 수렴청정」, 『조선사연구』 10.

남의현, 2007, 「明代 '土木의 變'과 北邊防禦戰略의 變化─河套와 遼東지역을 중심으로─」, 『중국학보』 56.

신명호, 2013, 「조선전기 王妃·大妃의 本宮과 私藏」, 『역사와 경계』 89.

육완정, 1996, 「소혜왕후의 『내훈』이 강조하는 여성상」, 『이화여대언문논집』 14.

이경하, 2004, 「소혜왕후의 불교옹호발언과 젠더권력관계」, 『한국여성학』 제20권 1호.

─────, 2006, 「15세기 최고의 여성 지식인, 인수대비」, 『한국고전여성문학연구』 12권

이미선, 2012, 「조선시대 후궁 연구」, 한국학중앙연구원 한국학대학원박사학위논문.

이숙인, 2014, 「소혜왕후: 최초의 여성 저술가」, 『내일을 여는 역사』 제56호.

-----, 2006, 「공녀: 변방 '국민' 이등 '시민'」, 『여/성이론』 통권 제14호.

이현주, 2010, 「〈완월회맹연〉의 역사수용 특징과 그 의미-토목지변(土木之變)과 탈문지변(奪門之變)을 중심으로-」, 『語文學』 109.

林常薫, 2013, 「明初 朝鮮 貢女 親族의 政治的 成長과 對明外交活動: 權永均과 韓確을 中心으로」, 『明淸史研究』 39.

林常薫, 2013, 「明初 朝鮮 貢女의 性格」, 『東洋史學研究』 122.

임혜련, 2012, 「한국사에서 섭정 · 수렴청정권의 변화양상」, 『한국사상과 문화』 62.

鄭求先, 2004, 「鮮初 朝鮮出身 明 使臣의 行跡」, 『경주사학』 23.

조용철, 2014, 「朝鮮 世祖代 懿敬世子 喪葬禮 구성과 특징」, 『역사민속학』 제45호.

崔然美, 2001, 「소혜왕후 한씨 『內訓』의 판본고」, 『서지학연구』 제22집.

한춘순, 2002. 「성종 초기 정희왕후의 정치청단과 훈척정치」, 『조선시대사학보』 22.

한충희, 1995, 「朝鮮初期 淸州韓氏 永矴(~1417 이전, 知郡事贈領議政)系 家系研究」, 『계명사학』 6.

한희숙, 2005, 「조선 초기 소혜왕후의 생애와 『내훈』」, 『한국사상과 문화』27.

-----, 2005, 「조선 초기 성종비 윤씨 폐비 · 폐출 논의 과정」,
『한국인물사연구』 제4호.

-----, 2006, 「조선 성종대 폐비 윤씨 사사사건」, 『한국인물사
연구』6.

-----, 2007, 「조선 전기 봉보부인(奉保夫人)의 역할과 지위」,
『조선시대사학보』43.

-----, 2008, 「연산군대 廢妃尹氏 追封尊崇 과정과 甲子士
禍」, 『한국인물사연구』 제10호.

-----, 2009, 「朝鮮前期 李世佐의 생애와 甲子士禍」, 『조선시
대사학보』50.

-----, 2010, 「조선 태조 · 세종대 세자빈 폐출 사건의 의미:
현빈 유씨, 휘빈 김씨, 순빈 봉씨를 중심으로」, 『한국
인물사연구』14.

-----, 2012, 「조선 성종 8년 왕비의 친잠례 시행과 그 의미」,
『아시아여성연구』 제51권 1호.

-----, 2012, 「조선 초기 韓確의 生涯와 政治活動」, 『한국인물
사연구』18.

-----, 2013, 「소혜왕후, 최초의 여성 저술가」, 『도서관』387,
국립중앙도서관.

-----, 2015, 「조선 초기 대군들의 이혼사례와 처의 지위」,

『여성과 역사』22.

-----, 2016, 「조선 전기 왕자 교육의 실태와 그 특징」, 한국사학보 64.

-----, 2017, 「조선 초 명 선덕제 후궁 공신부인 한씨가 조선에 끼친 영향」, 『여성과 역사』26

역사학자가 쓴

인수대비

초판인쇄 2017년 9월 10일
초판발행 2017년 9월 11일

지은이 한희숙
펴낸이 김재광
펴낸곳 솔과학

출판등록 제 10-140호 1997년 2월 22일
주소 서울시 마포구 독막길 295, 302호(염리동 삼부골든타워)
e-mail solkwahak@hanmail.net
대표전화 02)714-8655
팩스 02)711-4656

ISBN 979-11-87124-26-9
정가 15,000